知识产权法官论坛

互联网不正当竞争行为判定标准研究
——从流量的角度解析

◎闻汉东 著

知识产权出版社
全国百佳图书出版单位
—北京—

图书在版编目（CIP）数据

互联网不正当竞争行为判定标准研究：从流量的角度解析／闻汉东著.—北京：知识产权出版社，2022.12

ISBN 978-7-5130-8503-8

Ⅰ.①互… Ⅱ.①闻… Ⅲ.①互联网络—反不正当竞争—经济法—研究—中国 Ⅳ.①D922.294.4

中国版本图书馆CIP数据核字（2022）第234660号

责任编辑：刘 睿 邓 莹	责任校对：王 岩
文字编辑：潘凤越	责任印制：刘译文

互联网不正当竞争行为判定标准研究
——从流量的角度解析

闻汉东 著

出版发行：知识产权出版社有限责任公司	网　　址：http://www.ipph.cn
社　　址：北京市海淀区气象路50号院	邮　　编：100081
责编电话：010-82000860转8346	责编邮箱：dengying@cnipr.com
发行电话：010-82000860转8101/8102	发行传真：010-82000893/82005070/82000270
印　　刷：北京建宏印刷有限公司	经　　销：新华书店、各大网上书店及相关专业书店
开　　本：880mm×1230mm　1/32	印　　张：10.25
版　　次：2022年12月第1版	印　　次：2022年12月第1次印刷
字　　数：260千字	定　　价：78.00元
ISBN 978-7-5130-8503-8	

出版权专有　侵权必究

如有印装质量问题，本社负责调换。

前　　言

　　传统行业的竞争主要表现为经营者提供优质的产品或服务，以吸引众多消费者。在这一逻辑次序中，价格竞争和技术、质量、服务、创新、消费者体验等非价格竞争构成了表现各异的竞争手段。在互联网环境中，竞争手段可能没有发生太大的变化，但逻辑次序发生了颠倒：经营者只有吸引到众多消费者，才有可能提供产品或服务。伴随着互联网信息的泛滥，消费者的注意力成为稀缺资源，争夺互联网用户的注意力就成为实施各类竞争手段的目标，在互联网环境下，获取消费者的注意力，即表现为流量的获得。流量不仅代表着商业机会，更构成了互联网产业的核心竞争力。对于互联网企业来说，流量是互联网市场竞争中重要的资源，代表了企业现实的红利收益，更深刻影响着企业中长期发展和投资价值。互联网企业之间滋生的诸多竞争乱象，也无不指向流量这一利益综合体。

　　互联网环境下对流量的竞争，其复杂性和多样性已经远超传统竞争形态，仿冒、商业诋毁和虚假宣传等传统不正当竞争行为界定已无法覆盖互联网竞争形态，类型化条款的出现也未能追赶上技术创新和应用的脚步。经济性和道德性判定标准的单独或并行适用，在一定程度上缓解了类型化条款对互联网不正当竞争行为认定的机械性和滞后性，但经济性判定标准的中立性和道德性判定标准的主观性又大大限制了这一判定标准发挥作用的空间和效果，甚至出现仁者见仁、智者见智的重大误判和前后矛盾的尴尬局面。作为互联网竞争行为的唯一指向和消费者选择意愿的充分体现，流量正在聚焦于竞争舞台的中央，并作为互联网不正当竞争行为判定标准，接受学术研究和司法实践的检验。本书以流量作为研究的基点和角度，对互联网不正当竞争行为进行类型化分析，重新确认竞争关系作为互联网不正当竞争行为认定要件的意义，探究经济性判定标准和道德性判定标准发挥的作用和存在的局限。在完成互联网流量和消费者利益一致性论证的基础上，对经济性判定标准和道德性判定标准进行改良适用，最终结合流量的损害，完成互联网不正当竞争行为判定标准的多角度论证。

　　本书共分五章。第一章为流量综述。本章从流量的概念入手，从构成、获取方式和争夺渠道三个维度对流量的具体形态进行梳理和总结。然后从经济学的角度对流量的各类主体需求本质和流量作为企业收益和资产的价值进行深入分析。扫清流量法律属性论证的经济学障碍，在对流量中包含的多重利益进行分析的基础上，尝试对互联网流量进行财产权化论证。

　　第二章为互联网不正当竞争行为的类型化分析。本章先从竞争的概念、属性、类型和意义四个维度对竞争展开综述。在为类型化的划分铺垫理论基础上，对不正当竞争行为类型化的立法现状列举说明，并结合互联网竞争形态的发展历程，探讨采用流量进行互联网竞争类型化划分的依据。最终依据流量表达消费者选择意愿的自主性，将其作为类型化划分的标准，将互联网不正当竞争行为划分为控制流量行为、诱导流量行为和虚假流量生成三种类型。

　　第三章为竞争关系对互联网不正当竞争行为判定的影响。本章首先总结互联网竞争的特点。在对互联网竞争外延的论述中，将近几年颇具争议的商业模式纳入其中。在对互联网竞争中占据主要位置的平台商业模式和免费商业模式进行详细阐述的基础上，论证商业模式获得反不正当竞争法保护的可行性。对竞争关系的辨析必须建立在对竞争市场中的经营者、竞争关系的概念和分类明确的基础上，从立法和司法两个层面对竞争关系的法律表现进行解读。在互联网环境下，竞争外延、竞争内容和竞争手段等竞争要素均发生嬗变。行为标准的出现和利益标准的发展，使得竞争关系的范围愈加广阔，而流量要素的引入，使竞争关系对互联网不正当竞争行为判定的影响降到最低。

第四章为互联网不正当竞争行为现行判定标准评述。本章对互联网不正当竞争行为司法判定的各要素进行综合评述。首先，强调经济性判定标准的竞争秩序，在分析其内涵和特征的基础上，探究竞争秩序在竞争法上适用的意义，反思其作为互联网不正当竞争行为判定标准的局限性。其次，在对诚实信用和商业道德进行基本解读的基础上，对强调道德性判定标准的代表——商业道德进行综述，探究其内涵和特征，论证其作为互联网不正当竞争行为判定标准的合理性和局限性。最后，对兼具经济性和道德性双重评判标准的行业惯例进行评判，从其和法律的关系展开，贯穿行业惯例的定义、特征和作用，落脚于行业惯例的应用。

第五章为互联网不正当竞争行为判定的新角度。本章首先考虑利益衡量的进路，梳理在不正当竞争行为认定中常常被忽略或违反的三个要求——利益衡量的动态考量、损害常态、多要素集合，并采取价值排序、平等分配和比例原则三种方式来解决利益冲突，同时说明利益的多样性和衡量标准的主观性局限了利益衡量标准作用的发挥和影响的范围。在现行判定标准存在诸多缺陷，以及流量竞争核心地位凸显的大背景下，完成互联网流量和消费者身份的统一性论证极为必要。而互联网不正当竞争行为对流量造成的侵害，推动了流量正式迈入互联网不正当竞争行为判定标准的进程。同时，跨越不正当竞争行为判定中的误区，需要明确消费者在互联网不正当竞争行为认定中的作用，并对世界各国的立法例予以借鉴。论证过程以放宽竞争关系认定条件为前提，首先对经济性判定标准和道德性判定标准进行改良适用，然后借助初始兴趣混淆理论，确认互联网流量的归属和流量数据的利用主体，最后结合流量的损害，完成互联网不正当竞争行为判定标准的多角度论证。

| 目　　录 |

绪　　论 …………………………………………………… 1

第一章　流量综述 ………………………………………… 24
　　第一节　流量的概念和构成 ……………………………… 24
　　第二节　流量的经济学分析 ……………………………… 41
　　第三节　流量法律属性的界定 …………………………… 53

第二章　互联网不正当竞争行为的类型化分析 ………… 82
　　第一节　竞争综述 ………………………………………… 82
　　第二节　不正当竞争行为类型化综述 …………………… 91
　　第三节　互联网不正当竞争行为类型化划分 ………… 110

第三章　竞争关系对互联网不正当竞争行为判定的影响 …… 137
　　第一节　互联网竞争综述 ……………………………… 138
　　第二节　互联网竞争关系辨析 ………………………… 158
　　第三节　流量对竞争关系认定的影响 ………………… 173

第四章　互联网不正当竞争行为现行判定标准评述 …… 183
　　第一节　经济性判定标准 ……………………………… 183

第二节　道德性判定标准 …………………………………… 197
第三节　行业惯例的评判 …………………………………… 217

第五章　互联网不正当竞争行为判定的新角度 ………………… 233
第一节　利益衡量的进路 …………………………………… 233
第二节　流量的消费者属性 ………………………………… 247
第三节　适用流量判定不正当竞争行为的进路 …………… 263

结　　语 ……………………………………………………………… 294

参考文献 ……………………………………………………………… 296

绪　　论

一、研究意义

（一）研究范畴的选择

竞争法从理论分类上属于经济法的范畴，其更多地关注于市场竞争秩序，是对市场竞争主体的保护和竞争秩序的维护。第一，经济法确保竞争主体在市场经济中能够按照竞争规律行事，确保竞争机制能够正常发挥作用，保证社会总财富的增加，在此基础上，防止不正当竞争行为的发生和垄断的产生；第二，随着社会化大生产的发展和社会分工的细化，市场主体的利益呈现多元化和差异化的特征，单一市场主体的商业行为的影响会扩展至该行业和关联行业，经济法能够反映这一影响并调整之；第三，市场机制的发挥必须借助于市场主体的商业活动，市场机制对市场主体的逐利性和各方利益的差异性，难以进行自身调节，只能通过经济法予以规制。

但对竞争法的探讨也无法脱离民法概念、原则和法律关系的助力。首先，市场主体的资格在民法中得以确立，并对市场主体法律地位的平等和权利义务的对等进行了规定；其次，民法中财产所有权制度对竞争法具有重要的指导意义。市场主体的利益、权益等要素和民法中的财产权有着千丝万缕的联系，并存在事实转化的可能和实例；再次，物权中的信用手段和契约制度保证了交易的安全和公平，实现了资源的有效配置和利用；最后，民法中的基本理念、制度和原则对市场经济关系进行了最直接的调整。市场主体的逐利性在经济法中表现出的是特色和优点，但其缺点和弊端只能通过民法进行调整。民法的平等原则保证了商业主体能够获得竞争的机会，民法的公平原则对消费者、经营者和社会公众之间的利益进行了平衡，诚实信用和商业道德引导和规制了市场主体的商业行为。

所以说，对竞争法的作用发挥不能简单地判定为经济法的独舞。本书中对于互联网不正当竞争行为的判定，离不开对各个市场主体的利益衡量，离不开道德性判定标准中对价值的判断；而如果从流量的角度解析，离不开对流量是否构成民法的物或财产的论证，离不开流量中用户和消费者主体是否契合的考量，可以说，没有民法理论和方法的支撑，本书的论证将无法进行和深入，在本书论证中，民法的精神无时无刻不在闪耀着光芒。

（二）研究的必要性

早在1999年，网易创始人丁磊就在《广东电脑与电讯》（今改名为《电脑与电信》）第5期发表了《如何建立一个成功的中文网站》一文，其认为衡量网站受欢迎的程度可以网页访问人数来衡量，但如果不能带来网站广告收入的增加，那么这些访问人数对经营者也没有什么实际价值。文中使用了"人潮""人流量"等词汇来描述网页访问人数及其和营收的关系；2001年2月，发表于《中国信息导报》上的《互联网的游戏规则有待改变》一文中主张按照流量收费、缴费，即根据信息流量在ISP和ICP之间合理分配利益；2001年4月，《互联网周刊》刊载的《BIG/iP网络流量控制在航空公司应用》一文中将BIG/iP网络流量控制器功能描述为"自动将输入的服务请求路由到可用性最高的服务器"。应当说，在2006年之前，关于流量的描述更多的是关于网络基础服务提供商所提供的数据传输通道服务，从技术上侧重于网络访问请求的物理属性表现，主要指单位时间内通过网络设备或传输介质的信息量，其计量单位为 KB/MB/GB/TB 等。这种对于流量的表述和计量方式还可以作为对互联网产业整体发展状况的评估，据第 44 次《中国互联网络发展状况统计报告》显示，2019 年上半年，移动互联网接入流量消费达 553.9 亿 GB，同比增长 107.3%。

2004 年，张国勇在《雅虎，一定要赢》一文中报道"雅虎斥资 1.2 亿美元收购香港 3721，将 3721 的渠道、人才、流量等资源轻松揽入怀中"；2007 年 3 月，胡蓟在《互联网：生于流量死于流量》一文中，把流量和注意力纳入视野，将流量的内涵扩充为互联网用户的访问数量，并将流量变现的模式总结为第三方付费；而据 2007 年 7 月《电子商务》的报道，中国互联网协会发布的网站流量分析报告对各类热门网站按照流量进行排名，并且采用了自行设计定义的网站综合流量、网站独立访问量等 11 个流量指标，对网站流量进行体系化、指标化的衡量和分析；2013 年 8 月，崔恒旋在《中国电信业》发表《运营商流量经营之道》一文中对电信基础运营商经营的流量精确切割，将其出卖的流量称为底层流量，并建议运营商直接参与满足用户信息需求的业务运营，进军表层流量。

根据玛丽·米克尔（Mary Meeker）发布的 2019 年互联网趋势报告显示，全球互联网用户已达 38 亿，已超过世界人口的一半。据艾瑞互联网大数据服务平台 2019 年 12 月 1 日更新的监测数据❶显示，中国互联网活跃设备数已达 904 634 400 台；根据艾瑞指数对互联网用户行为洞察，2019 年 10 月移动 App 月度独立设备数冠军

---

❶ 艾瑞数据监测服务 [DB/OL]. [2019 - 12 - 05]. https：//www.data.iresearch.com.cn/home.shtml.

是微信，其设备数已达 113 357 万台，而 PC Web 指数中，2019 年 10 月网站月度覆盖人数冠军是百度网页搜索，其覆盖人数为 35 929 万人。❶ 互联网经营者费尽心思地进行商业模式的改进和技术研发的创新，其目的无非是改善互联网用户的访问体验，而最终表现为"流量"的各个指标的改善和实际交易的转化。理论是灰色的，生活之树常青。❷ 艾瑞咨询 2019 年第一季度发布的《中国互联网流量季度分析报告》中已经将流量作为标题，并以"整体流量变化趋势、移动网民规模持续增长，增速放缓加剧"进行表述，对"流量"进行用户、行业、终端硬件、软件类型、周期等要素分类，进行庖丁解牛般的排列、分析与解读，这些都说明"流量"已不再是文义学上的词汇，其已经具备经济学和法学解析和应用的价值。

与立法和理论研究相比，司法实践无法回避社会现实，法官亦不能拒绝裁判。基于此，司法判决中更早地接纳了"流量"，并对其展开有益的探索：本部分采取案例计量法，以"网络访问者""互联网用户""流量"作为关键词，将知产宝数据库作为案例来源，限定搜索范围为"本院认为部分"，结果如下：以"网络访问"和"竞争"为关键词进行搜索，得到 372 篇案例，最早判决发生在 2000 年；以"互联网用户"和"竞争"为关键词进行搜索，得到 485 篇案例，最早判决发生在 2004 年；以"流量"和"网络"为关键词进行搜索，得到 397 篇案例，最早判决发生在 2006 年（见图 1）。

---

❶ 艾瑞指数－互联网用户行为指数 [DB/OL]. [2019-12-05]. https：//www. index. iresearch. com. cn/new/#/.

❷ 海德格尔. 存在论：实际性的解释学 [M]. 何卫平，译. 北京：人民出版社，2009：33.

	2000	2001	2002	2003	2004	2005	2006	2007	2008	2009	2010	2011	2012	2013	2014	2015	2016	2017	2018	2019
流量&网络							1	2	1	3	2	2	5	13	39	60	44	66	96	63
竞争&网络访问	2	0	0	1	1	4	10	6	6	12	11	14	13	15	24	51	48	51	55	48
竞争&互联网用户	0	0	0	2	2	4	5	5	12	16	17	14	31	36	64	59	69	78	71	

图1 2000—2019年案件增长趋势

应当说，司法判决中对流量的评判和经济生活中对流量的观察、研究的时间节点是一致的。在（2000）一中知初字第11号民事判决书（杜邦公司诉国网案）中，在有关域名的论述中已经出现"吸引客户获得较高的访问率"的分析和评价；在（2004）沪二中民五（知）初字第251号民事判决书（信雅达公司诉盛银公司案）中，法院认为被告的行为误导互联网用户访问其网站，其中已经出现对流量表现形式的描述；北京市高级人民法院作出的（2006）高民终字第264号民事判决书（百度公司诉珠穆朗玛公司案）中，法院认为被告的行为对百度公司网站的访问量进行了分流，导致百度公司网站访问流量减少，在此判决中已经直接出现对流量一词的使用，并指向"网站访问流量"。至此，司法判决中出现大量有关流量和流量中蕴含利益的论述，但也多采取经营者交易机会和竞争优势的表达方式，来论证经营者的利益损失，很少从消费者利益的角度分析流量。

（三）研究的可行性

在互联网发展的初期，经营者处于萌芽阶段，为攫取竞争对手的竞争优势，不正当竞争行为充斥于市场；经过近30年的发展，部分互联网企业已在具体行业中占据主导地位，为保持竞争优势，它们会采取限制竞争的措施或非共谋的垄断行为。在互联网环境下，不正当竞争或垄断行为均指向流量这一互联网经营者的利益所在。竞争行为的非法性从广义上划分，包括不正当竞争行为和垄断行为，分别规制于反不正当竞争法和反垄断法。自由竞争构成了反不正当竞争法和反垄断法共同的保护目标，二者存在重叠竞合之处，但在立法目的、调整角度、调整范围和价值取向等方面存在巨大差异：在立法目的方面，反不正当竞争法旨在克服竞争行为的副作用，消除其对竞争秩序和竞争机制的负面影响；反垄断法重在保障竞争的自由，防止商业主体利用其优势地位妨害竞争。换言之，反不正当竞争法解决竞争的质量问题，反垄断法解决竞争的强度问题。[1] 在调整角度方面，反不正当竞争法维护竞争者的自由竞争权，防止经营者采取不正当竞争手段攫取竞争对手的竞争优势；反垄断法通过对限制竞争行为的规制，保持市场竞争的强度与活力，提高竞争效率。在调整范围方面，反不正当竞争法偏重于经营者具体商业行为对竞争对手的影响，注重局部和个案的公正；反垄断法对经营者操纵市场和限制竞争的行为进行规制，其辐射范围是整个行业，追求整体效率的提高。在价值取向方面，反不正当竞争法以诚实信用和商业道德作为衡量标准，追求竞争中的公平，同时兼顾效率；反垄断法以促进竞争自由为己任，追求效率，同时兼顾公平。本书从反不正当竞争法的范畴探讨互联网不正当竞争行为的判定标准。

---

[1] 张世明，胡洁. 反垄断法与反不正当竞争法关系论［J］. 内蒙古师范大学学报（哲学社会科学版），2015（2）：47.

绪　论

竞争法脱胎于侵权法，这是由经济发展状况和对经营者利益的单纯保护所决定的。但对绝对权或相对权益侵害的认定，都是由其背后的价值判断所决定：侵权行为强调对相关权利的侵害，并包含主观过错、因果关系等要件。侵权法的边界比较清晰，且保护强度大，行为的实施途径和表现形式并不成为侵权的构成要件。而相对于权益的侵害，只有特定的损害方式才会纳入侵权法的保护范围。竞争法中对不正当竞争行为的判定，必然反映市场竞争特有的价值取向，如强调维护竞争自由和规制对竞争机制的损害，并对保护对象背后的各种利益冲突进行取舍和平衡。对于绝对权的保护，反不正当竞争法已经退避三舍，对于法律未作明确规定的权益侵害，会从市场机制的正常发挥和竞争秩序的维护出发。对竞争行为展开具体分析，需要强调公序良俗、商业道德和竞争秩序等评判标准，竞争行为的不正当性必须体现在对上述价值和标准的违背上。

对于互联网竞争行为，其侵害对象蕴含的复杂利益，决定了反不正当竞争法和知识产权法均有着用武之地：抢注域名或域名指引失灵的行为，一方面影响了正常的竞争秩序，另一方面构成了对他人商业标志的混淆或淡化；侵害数据库的行为，一方面构成对他人商业成果的盗用，另一方面构成了对他人汇编作品的著作权侵害；侵害商业秘密的行为，一方面构成对他人经营资源的损害，另一方面则直接被划入知识产权保护的领地。但反不正当竞争法和知识产权法之间存在诸多区别：首先，财产法和行为法的区别。知识产权法围绕对象来建构权利，著作权法建构于作品之上，其类型决定了权利的范围和适用例外；反不正当竞争法涉及的是行为的正当性问题。在商标法领域，对于注册商标，其权利建构于注册商标之上，而对于未注册标识的保护，则属于反不正当竞争法的范畴，未注册标识获得保护源于知名度，而使用行为决定了其知名度。其次，绝对权与相对权的区别。知识产权属于专有权、绝对权，权利人享有的是占有、使用、转让等强保护；反不正当竞争法属于相对权，仅适用于消极保护。再次，二者在保护条件和保护程度上也有很大不同。知识产权的客体保护通常有公示要求，权利存在期限和限制，保护条件和程度比较严格；反不正当竞争法对保护客体的要求较低，并不存在上述限制。最后，在存在对明确权利的侵害时，只能适用知识产权法，二者不存在竞合关系。综上，对于互联网竞争行为，如果其直接指向客体具有权利属性，则必然落入法律的明确规定之中，而不会纳入本书的探讨范围。如果将知识产权纳入竞争法的领域或随意扩张专有权，则竞争自由和效率就会丧失，故在竞争法领域应以维护自由为原则，设定知识产权和专有权为例外。

互联网的产生和发展给我们的生活带来颠覆性变革，互联网技术和创新的应用改变了整个社会的经济形态。从芯片到路由器等硬件配置的完善，从操作系统到域名设置等软件和协议的出现，使网络访问成为可能，而众多网站、手机移动App以及网络平台的建设为网络访问提供了渠道支持和增长动力。在网络经济的大背景下，对互联网用户的争夺已经成为众多互联网投资的风口和互联网竞争的主战场，而互联网竞争对象的单一化带来的却是互联网不正当竞争行为的急速增长和多样化的形式体现。除了传统的商业诋毁、虚假宣传、仿冒混淆、侵害商业秘密、流量劫持、关键词搜索、数据抓取、视频广告过滤和大量的软件冲突等形式，都在商业竞争和司法实践中频频出现，引起理论界和实务界的广泛关注，并为本书的研究提供了大量的素材。

（四）研究意义

对竞争本质和内涵的理论探讨，可以拓宽对不正当竞争行为的研究视野,从而为互联网不正当竞争行为的实证研究打下坚实的基础。虽然现行《反不正当竞争法》设立了互联网专条来规制互联网竞争行为,但并不能解决众多互联网竞争形态的定性,且已经落后于互联网产业和技术的发展,对互联网不正当竞争行为类型化的系统研究,可以将研究范围尽可能覆盖至整个互联网竞争,避免挂一漏万。另外,不正当竞争行为在学术和司法领域均以竞争秩序和商业道德的标准进行了尝试和判定,但囿于各自的局限性,均存在理论和实践的漏洞。消费者利益标准器声渐起,但部分主体消费者身份的欠缺使得这一标准存在理论上的论证难度,寻找一种能够代表所有互联网访问者特征的客体,就成为本书逻辑论证的一大任务。

从现实来看,立法层面进一步定义了竞争自由和市场效率的概念,从最低程度干预的角度来确定不正当竞争行为的范围;市场竞争秩序的前置,体现了立法对竞争机制和效率的重视,明确了公共利益、经营者利益和消费者利益三位一体的保护目标,但并未解决不正当竞争行为的判定。司法实践层面虽然考量了竞争秩序、诚实信用和商业道德等判定标准,但仅仅是概念的借用,并未明确不正当竞争行为和上述标准的矛盾之处,让众多法官创造性地提出一系列原则,来解决互联网不正当竞争行为的认定,虽然司法能动性得以体现,但因缺乏论证逻辑而广受质疑。本书对已被认定为互联网不正当竞争行为按照流量标准进行类型化划分,期望通过抽象概括和归纳,找到互联网不正当竞争行为的共性,扬长避短,将包括流量在内的各项标准综合运用于互联网不正当竞争行为的判定,最大限度地保证司法审判的公正性和客观性。

二、研究综述

(一) 国内研究现状

竞争法基本理论为本书的论证打下了较好的根基。刘剑文等主编的《竞争法要论》、种明钊主编的《竞争法学》、逄锦聚等主编的《政治经济学》、王先林编著的《竞争法学》、吕明瑜编著的《竞争法》、徐梦洲和孟雁北编著的《竞争法》、吴宏伟主编的《竞争法有关问题研究》都对竞争的定义、基本属性和竞争关系的内涵与外延给予了深入、系统的阐述。在文献方面，王倩瑜在《互联网领域的竞争与公平》一文中，对互联网有别于传统竞争市场的特点进行了总结和梳理。冯兴元在《哈耶克的竞争观》《竞争是通往繁荣的必由之路》中，对竞争的动态属性进行了描述，表达了反对"有序竞争"的观点。邱本在《论市场竞争法的基础》一文中，对市场竞争法的根源、特定调整对象、社会公共性等特征进行了总结，并对反垄断法和反不正当竞争法两种调整方法分别进行了论述。高富平在《竞争法视野下创新和竞争行为调整的体系化思考》一文中，对知识产权和竞争法的共性和个性进行了归纳总结，并提出平衡创新与模仿、私人权益与社会公益关系的论断。

近年来，国内学者陆续出版了与反不正当竞争相关的研究专著，如薛虹的《网络时代的知识产权法》《知识产权与电子商务》《国际电子商务法通论》，在《网络时代的知识产权法》一书中，薛虹对涉及互联网不正当竞争行为指向的超文本链接和域名进行深入剖析，并对二者在知识产权大背景下的冲突进行论述。在《知识产权与电子商务》《国际电子商务法通论》中，薛虹主要论述了电子商务的相关理论和立法的最新发展，但电子商务平台经营者和各方主体之间的关系和冲突仍带有深深的不正当竞争的烙印。韩赤风的《德国知识产权与竞争法经典案例评析》一书从德国经典案例的角度对涉及反不正当竞争法的问题进行全面的评析和论证，反映了当时德国审判的发展趋势。李明德的《美国知识产权法》一书系统阐述美国知识产权法，其中对美国反不正当竞争法的发展演变从立法和司法判例的角度进行梳理。黄武双等人翻译的《全球反不正当竞争法指引》一书对世界各国的反不正当竞争立法进行详细分类，并对立法目的、立法体系和判定标准进行深入阐述。邵建东所著《德国反不正当竞争法研究》、范长军所著《德国反不正当竞争法研究》均对大陆法系国家德国在反不正当竞争法立法的沿袭和近年的发展变化进行详细介绍。王明湖主编的《反不正当竞争法概论》，孔祥俊所著《反不正当竞争法的创新性适用》《反不正当竞争法的适用与完善》，徐火明所著《公平交易法论——不正当竞争防止法》虽对互联网要素着墨不多，但对不正当竞争行为在竞争法中的表现和认定进行深入分析，已经开始尝试用消费者要素来论证不正当竞争行为的认定。在文献方面，曹泮天、尹维丁的《论竞争秩序的实现》，冯兴元的《哈耶克与欧肯的竞争秩序观及其意蕴》，徐士英的《市场秩序规制与竞争法基本理论初探》，邵建东的《论私法在维护正当竞争秩序中的作用——以中德不正当竞争法为考察对象》对经济性判定标准——竞争秩序的定义、内涵，竞争秩序在竞争法范畴中发挥的规制作用进行了逻辑论证。刘文琦的《〈反不正当竞争法〉互联网条款下商业行为正当性判别》、张占江的《不正当竞争行为的认定的逻辑与标准》，王磊的《法律未列举的竞争行为的正当性如何评定——一种利益衡量的新进路》，陈耿华的《论反不正当竞争法法益结构的转型》，孔祥俊的《论反不正当竞争的基本范式》，蒋舸的《关于竞争行为正当性评判泛道德化之反思》对竞争的动态性和竞争损害结果的中性观进行了论证和强调，并对不正当竞争行为认定的道德性判定标准进行了分析、批判。

在互联网不正当竞争领域，相关研究文献颇多。董笃笃的《互联网领域"公认的商业道德"的司法适用》、李龙生的《互联网领域公认商业道德研究》，朱理的《互联网领域竞争行为的法律边界：挑战与司法回应》，王艳芳的《〈反不正当竞争法〉在互联网不正当竞争案件中的适用》等对互联网环境下出现的不正当竞争行为进行梳理，并对判定标准进行分析和回应。而在本书所探讨的流量角度，文献中大多从消费者和大数据入手，仅仅是从财产的角度展开。王玉林、高富平的《大数据的财产属性研究》，郑宗金的《大数据的法律属性研究》，梅夏英、朱开鑫的《论网络行为数据的法律属性与利用规则》，李扬、李晓宇的《大数据时代企业数据权益的性质界定及其保护模式建构》等对数据主张以权利化的模式来进行保护，并提出了知识产权、邻接权、新型财产权、信息财产权等诸多保护路径。而覃腾英的《〈反不正当竞争法〉视域下屏蔽广告行为的定性——以消费者利益保护为视角》，杨华权、郑创新的《论网络经济下反不正当竞争法对消费者利益的独立保护》，兰磊的《反垄断法上消费者利益的误用批判（上）》《反垄断法上消费者利益的误用批判（下）》对经营者竞争的对象正本清源，归于消费者，并将消费者利益受到的竞争影响归结于竞争机制的扭曲，从而作为竞争法中判定竞争行为不正当的依据。

此外，本书采用文献计量法对互联网流量研究的发展进行梳理，对文献进行基本统计和分析，并制作"发表文献年度趋势表"。具体过程为：在学术期刊数据库中，将主题或题名设置为"流量"，在搜索结果中，将主题或题名设置为"互联网"进行二次搜索，得到文献1796篇（见图2）。

(单位：篇)

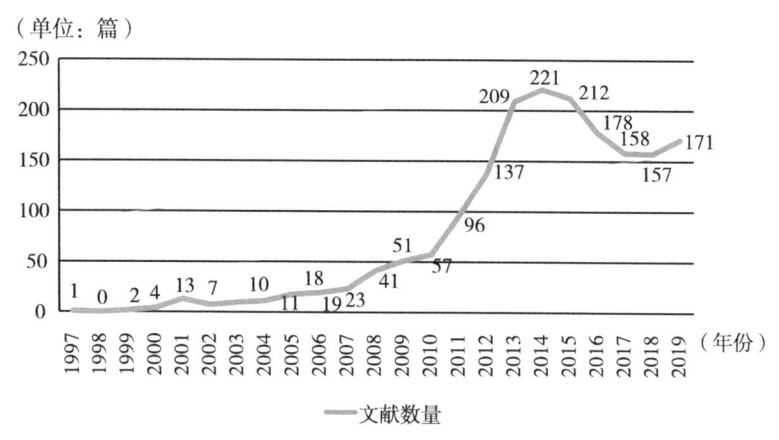

图2　发表文献数量年度趋势（1997—2019年）

研究结果表明，互联网流量的研究量级和在司法裁判中的应用频度在近几年呈现指数增长趋势，研究领域呈现多元化，司法裁判中的应用也从互联网用户、点击量到互联网流量的直接使用。经济生活中对流量的追捧，已经炙手可热；司法实践中对流量的分析，尽显你争我夺；而学术研究中对流量的论述，却仍门可罗雀。究其原因，在于对流量这一词语能否给予准确定义仍未可知；流量能否构成法律意义上的财产或权益，进而成为一个法律术语仍待论证；流量和数据的区别和联系，以及能否按照虚拟财产进行保护存在争议；流量和互联网消费者是否具有一致性，能否在消费者利益的范畴内解决争议也是全新的课题。季境在《互联网新型财产利益形态的法律建构——以流量确权规则的提出为视角》一文中将流量定义为用户使用网络所形成的数据集合，认为流量是网络空间的财产，并从物理属性、经济属性和法律属性等方面对流量进行论证，最终将流量定义为信息财产权；刘依佳、焦清扬在《流量劫持的不正当竞争认定问题研究》一文中将流量认定为互联网经营者互相交易的商品，具备财产价值性，在法律属性方面，认为流量兼具部分债权和物权属性，平台经营者对流量具有占有、使用、收益和处分的权利；吴青在《人工智能时代下流量竞争行为的法律规制》一文中，排斥将流量作为经营者享有的绝对权，主张应当将其作为民事权益予以保护。更多文献是将流量拆解为数据、信息等要素，分别从民事权利、新型财产权益或隐私权的角度对其进行论证，但都仅仅阐述了流量的一个或多个方面的表现或属性。

（二）国外研究现状

互联网虽然兴起于国外，但多数不正当竞争行为仍然借助于仿冒混淆、虚假宣传和商业诋毁等传统理论来认定。马特斯尔斯·斯达切尔（Matthias Stecher）在《网络广告：互联网上的不正当竞争和商标》一书中对互联网上发生的不正当竞争行为进行了列举式说明：超文本链接、误导广告、捆绑出售、比较广告和广告邮件等各类行为均有涉及，但因为类别较多，故深度不够。劳伦斯·莱斯格（Lawrence Lessig）在《代码2.0》一书中论证了空间的价值，对传统产业与互联网、网络空间进行比较，并对互联网环境特征进行深入剖析和论证，对互联网用户的网络行为方式进行总结。鲁普雷希特·波兹尊（Rupprecht Podszun）在"The More Technological Approach：Competition Law in the Digital Economy"一文中论证了互联网不断增强的影响改变了商业行为，并定义了数字经济的12个主题：知识性、数字性、虚拟性、分子性、一体性、去中介性、趋同性、革新性、推定性、即时性、全球性和不协调性，❶ 这些主题不仅代表互联网经营者和信息通信技术的紧密关系，还改变了整个经济形态。

---

❶ Rupprecht Podszun. The More Technological Approach：Competition Law in the Digital Economy [J]. MPI Studies on Intellectual Property and Competition Law, 2015 (26).

绪　论

在大陆法系，从经营者利益保护到消费者利益保护的转变是一个渐变的过程。直到"二战"期间，有关不正当竞争的立法都是相当具体的，其条文和指令大多是针对各种行会、手工业者协会和商会的特别需求而通过的。在文献当中，拉蒂姆·博科拉科（Radim Polcák）在"*Stone Roots, Digital Leaves: Czech Law against Unfair Competition in the Internet Era*"一文中，认为立法者对工商业最初特殊需求的回应，为规制不正当商业行为的法律的广泛应用和发展奠定了重要的基础。巴卫龙（Pavillon）在"*The Interplay between the Unfair Commercial Practices Directive and Codes of Conduct*"一文中，认为高水平的消费者保护可以增强消费者的信心，而同等力度的保护措施将会激励经营者参与市场竞争。《欧盟不公平商业行为指令》中的职业勤勉义务要件也是建立在惯例和规范性标准的综合之上。规范性标准确保经营者不会自行决定诚实商业行为标准的最低线，欧盟委员会并未给予行为准则以安全港地位。杰里·埃伯森（Gerrie Ebersohn）在对互联网商业行为进行评估时，认为互联网用户对与互联网经营者之间的通信应当保持隐私性是存在合理预期的，第三方不能进入通信或进行监控。但在互联网经营者监控通信是否构成对互联网用户隐私的侵害的判定上存在困难：一是对通信的监控或记录都是匿名的，所有互联网经营者获取的信息都是来自用户对其网站的访问；二是个人认证信息并不能通过此类监控获得；三是互联网用户是自愿进入经营者的网站并泄露特定信息。但当互联网经营者将此类匿名信息和具体个人认证信息相联系的话，由于经营者掌握着用户的浏览偏好等个人特征信息，这种监控就构成了对互联网用户隐私权的侵犯。但在互联网交易中形成的特定流量数据，经营者必须保存交易记录，这是由商业目的所决定的，并不具备违法性，如果经营者将个人认证信息销售给第三方，则踏入了违法的境地。但在反不正当竞争法的领域内考量上述行为，杰里·埃伯森认为这一监控行为或对流量数据的使用仅仅是为了统计，并未损害互联网经营者和用户之间的关系，也未对消费者造成不合理的歧视或不正当的影响。但在未得到用户同意的情况下，互联网经营者通过cookies❶技术汇总用户上网偏好组合而成的个人特征信息，损害了互联网经营者和用户之间的关系，导致互联网用户会因第三方获取自己的个人信息而不敢将信息披露于网上。如果涉及个人认证信息的流量数据被兜售或传输给第三方，将会对互联网用户造成不合理的歧视或不正当的影响，侵犯用户的隐私权。另外，如果互联网经营者欺骗用户，告知其未通过cookies或监控与个人认证信息相关的行为，此类行为构成欺诈商业行为，属于不正当竞争行为的范畴。❷

在英美普通法系中，在先判例构成了重要的法源，由于反不正当竞争法与知识产权法的密切联系和交叉，导致成文法在反不正当竞争纠纷的司法适用中发挥了相当大的作用。在诺厄·布卢默夫（Noah Blumofe）诉法尔玛特拉克公司（Pharmatrak）侵犯隐私权案中，某些医药公司引导互联网用户访问其网站了解药品，获得回扣。法尔玛特拉克公司向众多医药公司销售了一种名叫

---

❶ 中华人民共和国工业和信息化部. 中华人民共和国通信行业标准互联网统计服务指标 第1部分：流量基本指标 YD/T2134.1-2010［S］. 北京：人民邮电出版社，2011.
  cookies是一种支持服务器端（或者脚本）在客户端存储和检索信息的机制，通过增加简单、持续的客户端状态来扩展基于Web的客户端/服务器应用。服务器在向客户端返回HTTP对象的同时发送一条状态信息，并由客户端保存。状态信息中说明了该状态下有效的URL范围。此后，客户端发起的该范围内的HTTP请求都将把该状态信息的当前值从客户端返回给服务器，这个状态信息被称为cookies。

❷ Gerrie Ebersohn. Internet Law：Cookies, Traffic Data and Direct Advertising Practices［J］. S. Afr. Mercantile L. J.，2004（16）：763.

绪 论

"NETcompare"的软件服务,可以帮助其获得互联网用户的信息、收集特定信息,以和其他竞争对手的网站就流量和使用相同信息进行比较。代表互联网用户的原告以其个人信息被法尔玛特拉克公司收集为由,将法尔玛特拉克公司和医药公司诉至法院,称被告未经其同意拦截电子通信的行为,违反了1986年的《电子通信隐私法》❶。根据该法,原告赢得诉讼必须证明三个要素:被告具有主观故意;被告拦截、试图拦截或诱导他人拦截、试图拦截信息;拦截的对象是电子通信。电子通信已经囊括了互联网在内的标志、符号、书面、图像、声音、数据或智力成果等内容,这些内容包含了信息的实质、意图或含义。而在涉及双击公司(DoubleClick)的案件中,原告作为接收双击公司cookies的互联网用户,诉称一旦双击公司收集了用户在cookies中的信息,就会将用户信息整合并将编辑成图表文件,随后利用这些文件向用户发送条幅广告。原告认为被告的行为违反了《美国计算机欺诈和滥用法》❷,该法规定对于未经授权、超越授权,意图进入计算机并获取信息的行为,只要遭受损失的主体都可以寻求救济。法院最终认定双击公司进入原告计算机的行为未经过授权。

在英美普通法系,对于不正当竞争行为的认定,借助在先判例,实现了从道德性因素向经济因素的转变,最终引入消费者责任的概念。20世纪,美国联邦贸易委员会诉斯佩里哈特金森公司(F. T. C. v. Sperry & Hutcbinson Co.,)一案❸树立了检验不正当性的操作测试,即被诉行为是否违反了成文法、普通法中确立的公共政策,或者是在普通法或成文法等规定的不正当的概念之中;

---

❶ 18 USC § 2511.
❷ 18 USC § § 1030ff.
❸ F. T. C. v. Sperry & Hutcbinson Co., 405 U.S. 233, 244 n. 5 (1972).

被诉行为是否为不正当的、不道德的、受压制的、不诚信的；对消费者、竞争对手或其他经营者造成实质损害。而在1994年，《美国联邦贸易委员会法》第5条[1]对不正当进行了重新定义，即商业行为对消费者造成或可能造成实质性损害，且消费者无法合理避免，大于消费者或竞争所获利益。美国联邦贸易委员会应当将公共政策作为依据，但不应作为判定的主要依据。"不正当"是一个特别不精确且弹性十足的用语，其含义会随着时间的推移而变化。上述两种标准的侧重点明显不同，较早的立法侧重于道德和伦理观念，强调先例为重；后面的立法将经济因素放在首位。这一转变代表着整个国家对自由市场和消费者主权的认识发生巨大的转变。[2] 综合来讲，美国反不正当竞争诉讼实践中对不正当行为的认定，经历了对消费者特殊群体[3]、消费者与经营者之间信息的平等性[4]等主体身份的探讨，也对欺骗性虚假陈述[5]、强制性行为[6]、自动或电子支付中的直接窃取或帮助窃取[7][8]、合同关系的欠缺[9]等行为的不正当进行了论证。在互联网环境下，准入的低门槛、消费者联系的低边际成本和电子商务活动的无边界等特点，使欺诈无处不在。不正当竞争行为的灵活性和适应性使其存在于

---

[1] 15 U. S. C. §45（n）（1994）.

[2] Thomas B. Leary. Unfairness and the Internet［J］. 46 Wayne L. Rev.，2000（46）：1711.

[3] In re Audio Communications, Inc.，114 F. T. C. 414（1991）.

[4] File No. C－3859，1999 F. T. C. LEXIS 40（Mar. 25，1999） （complaint and final order）.

[5] 55 F. T. C. 55（1958），affld，295 F. 2d 302（7th Cir. 1961）.

[6] No. 97－0354 RSWL（BQRx）（C. D. Cal. complaint and stipulated final judgment filed Jan. 17，1997）.

[7] 1997 U. S. Dist. LEXIS 17114（N. D. Ga. Sept. 30，1997）.

[8] 99 F. Supp. 2d 1176（C. D. Cal. 2000）.

[9] No. 99－WM－783，1999 F. T. C. LEXIS 112（D. Colo. filed Apr. 21，1999）.

互联网，各种技术手段构成高科技的欺诈，对于网页劫持或鼠标陷阱等行为❶，美国法院也多借助欺诈、特殊消费者群体保护和隐私损害等理论来完成对不正当行为的判定。

在文献当中，埃里希·D. 希弗宾（Erich D. Schiefelbine）在 "*Stopping a Trojan Horse: Challenging Pop - up Advertisements and Embedded Software Schemes on the Internet through Unfair Competition Laws*" 一文中，认为由于互联网广告软件主要是为了劫持竞争对手的客户而设计，从商业正当性的角度考量，应当予以禁止。反不正当竞争法"反映了社会中关于某些形式的竞争行为是不正当的，应当予以谴责的观点"，旨在抢夺竞争对手客户的商业行为演变而形成了这些法律。而一般的商业行为还是借助仿冒混淆理论进行性质认定。对于消费初始兴趣的转变，也被认为是一种混淆的形式，违反了法律的规定。美国诸多法院的裁决也支持这一观点，并认识到兰哈姆法和反不正当竞争法都可以制止对消费者混淆的这种侵害。❷ 在互联网环境下，有三项要素在判断混淆可能性时尤为重要：标识的相似性、产品或服务的相关性以及各方将互联网作为营销渠道的同时使用标识。❸ 但普利亚·辛格（Priya Singh）在 "*Abolish Trademark Law's Initial Interest Confusion and Permit Manipulative*" 一文中主张废除这一原则，理由是互联网用户对网络的认识日益老练，虽然使用计算机曾是精英群体的专有领域，但现在每个人都能够畅游网络。另外，初始兴趣混淆违反了1962年修订的《美国兰哈姆法》的规定，相关的混淆并不只涉及购买者，而是会涉及任何人，包括消费者、潜在消费者、终端用

---

❶ No. 99 - 1367 - A（E. D. Va. filed Sept. 14，1999）.
❷ Brookfield Communs. Inc. v. West Coast Entm't Corp.，174 F. 3d 1063（9th Cir. 1999）.
❸ Goto. Com，Inc. v. Walt Disney Co. 202 F. 3d 1125.

户，甚至是不相干的看客。

　　国外对于注意力的研究由来已久，大卫·S. 埃文斯（David S. Evans）在"Attention Rivalry among Online Platform"一文中，将竞争指向消费者的注意力，并将提供商品或服务视为基础性工具，将消费者注意力视为竞争优势。西蒙内塔·维佐索扎伊（Simonetta Vezzosozai）在"Internet Competition and E‑Books: Challenging the Competition Policy Acquis?"一文中对互联网竞争的核心特征予以明确，并提出在对互联网竞争适用一般竞争规则时，需要予以特别的考量，将对具体产品或服务的关注转移至个体注意力竞争的标准上。在花花公子公司诉网景通信公司（Playboy Enterprises, Inc. v. Netscape）一案[1]中，法官对在搜索引擎中使用某商标关键词是否构成侵权法上的使用进行论证，最终认为如果经营者只是使用了词语本身的含义，则未体现混淆的可能性。托马斯·B. 利里（Thomas B. Leary）在"Unfairness and the Internet"一文中论证了较早的立法侧重于道德和伦理观念，强调先例为重，后面的立法则将经济因素放在首位，引入消费者责任的概念。西奥本·麦康奈尔（Siobhan McConnell）在"Consumer Protection from Unfair Trading Regulations 2008—What Constitutes a Commercial Practice"一文中将商业行为构成不正当竞争行为的要件归结为两项：一项是必须违反职业勤勉，另一项是必须实质上扭曲或可能实质上扭曲普通消费者对产品作出的经济行为。杰里·埃伯森在"Internet Law: Cookies, Traffic Data and Direct Advertising Practices"一文中确认了流量数据的价值，既可以帮助经营者判断其网上经营成功与否，还可以通过数据的匹配来确认访问者。对于广告过滤软件，

---

[1] Playboy Enters., Inc. v. Netscape Communs., Corp., 55 F. Supp. 2d 1070（9th Cir. 1999）.

泰勒·巴巴科维（Tyler Barbacovi）在"*Blocking Ad Blockers*"一文中虽然认为竞争对手竞相采取技术措施会最终将这一技术革新演变为猫和老鼠的游戏，但却不主张干涉相关商业行为，除非对访问保护采取的规避措施落入了著作权侵权的情况，否则尽可能保持中立。

三、研究反思

（一）研究创新

（1）流量在互联网经济和司法实践中已经是热门话题，但学术领域对其关注较少，甚至对流量是否能够作为法律概念存在都需要论证。本书从流量本体谈起，对其物理特征、经济构成、包含利益、法律属性进行论证，探讨其是否具有财产属性，对其能否成为财产权的客体进行论证。

（2）学界和司法界在对竞争行为进行判定之前，历来有论证竞争关系的传统。竞争关系如今虽然已逐渐转向广义概念，但仍是认定不正当竞争行为的前置要件。本书从竞争的内涵和外延出发，深入分析互联网环境下竞争要素的演变，对竞争行为、竞争利益等标准进行批判，最终从流量角度，将竞争关系扩张至整个互联网。

（3）通过对现行不正当竞争行为判定标准的论证和评析，并尝试利益衡量的方式，突出消费者要素的重要性，论证并扩充至流量领域。在互联网不正当竞争行为判定标准的建构中，尝试将经济性标准和道德性标准进行适当改良，作为判定的基础，然后借助初始兴趣混淆理论，将流量作为互联网不正当竞争行为判定标准的补充，尝试删繁就简，制定适用范式。

（二）研究不足

国外立法及文献当中对不正当竞争行为的论述，多借助仿冒混淆、虚假宣传和商业诋毁的传统角度进行，而我国理论界多从经济性判定标准和道德性判定标准的角度进行评价，但并未对多重标准的内涵和外延进行论证和说明。新的判定标准必须建立在对现行标准的准确把握和分析的基础之上，这就要求笔者对现行标准进行准确概括和批判总结，是一个宏大的工程。而对于流量这一论证角度，从笔者目前搜索的文献来看，国外的研究成果大多是从大数据的角度论证数据和个人隐私保护，并未涉及不正当竞争领域。国内虽然也已出现从消费者角度来论证对不正当竞争行为的判定，但互联网用户和消费者身份的对接需要加大论证。相关文献的缺乏、国内外论证角度的偏差和本书探讨角度的新颖，都进一步增加了比较研究的难度，也构成了本书研究的不足。

四、研究方法

本书采用了案例分析法、比较分析法、利益分析法和经济分析法进行研究。

（一）案例分析法

司法实践对不正当竞争行为的反应最为激烈，司法案例能够反映互联网竞争的实际和司法对不正当竞争行为规制的态度。本书收集了国内 200 多个互联网不正当竞争纠纷案例，采用扎根理论，对其中的竞争行为表现、经营者的认定、竞争关系的认定、主观状态的考量、不正当竞争行为的认定标准等多种要素进行总结归纳，同时对同期国外案例进行研读，力图寻找新的论证根源。

（二）比较分析法

竞争法与市场实际、技术发展的关系密切，世界各国在反不正当竞争立法、司法方面都存在很大的不同。同时，传统经济和互联网经济的差异也导致了不正当竞争在两种经济形态中区别较大，这都为比较分析法的应用提供了天时地利的条件，为流量研究角度的切入提供了空间。

(三) 利益分析法

反不正当竞争法更多地关注于各类利益。每一个竞争行为背后都存在利益的博弈，经营者利益、消费者利益和公共利益的冲突决定了竞争的表现形态，而竞争背后利益的损害和平衡能够成为判定不正当竞争行为的路径。现存判定标准和本书解析角度都需要用到利益分析法。

(四) 经济分析法

竞争的本质通过市场机制来体现，经济分析法能够帮助我们厘清供需关系、消费者剩余、生产成本和正负外部性等要素在竞争中发挥作用的形式。互联网环境下，对于免费商业模式、双边市场等迥异于传统经济形态的要素，如果不经过经济分析法的洗礼，就无法进入法学的论证空间，并担当解释互联网竞争现象的重任。

第一章

流量综述

随着互联网技术的发展和应用的普及，互联网用户日益增多，对互联网流量的竞争已经进入如火如荼的境地。但流量定义的缺失和表现形式的多样化直接限制了相关领域法律问题的研究：术语的概念模糊、内涵和外延的不确定，直接决定了流量能否作为学术研究的切入点，来衡量互联网不正当竞争行为。本章首先对互联网流量的概念和构成进行界定，然后探讨流量的经济价值，并对其中包含的权益和法律属性进行界定。

第一节 流量的概念和构成

流量一如水银泻地般侵入了我们的生活。我们能够在生活中熟练运用这一词汇，但如果没有限定严格的专门概念，我们便不能清楚、理性地思考法律问题。❶ 建构概念的价值，恰恰存在于概念的无限利用性中。❷ 流量概念的建构，可以帮助我们分析其构成，准确把握其进入经济学和法学研究范畴的可能性和意义，并

---

❶ 博登海默. 法理学：法律哲学与法律方法 [M]. 邓正来，译. 北京：中国政法大学出版社，2004：504.
❷ 菲利普·黑克. 利益法学 [M]. 傅广宇，译. 北京：商务印书馆，2016：25.

最终雕琢成一把刻尺,来准确判断互联网不正当竞争行为。没有概念,我们便无法将我们对法律的思考以一种易懂明了的方式传达给他人。❶ 而对流量进行庖丁解牛般的物理构成、经济价值和法律属性分析,就是为了确立其法律概念的工具地位,以辨识那些具有相同或共同要素的典型情形❷,辨识互联网竞争行为的丰富多彩。

一、流量的概念

随着互联网技术的兴起和网络经济的发展,流量这一词汇在人们的生活中已经耳熟能详。无论是三大电信运营商广告宣传中的"包月无限流量",还是市场营销中的"流量为王",虽然都包含流量一词,但代表不同的事物,演绎不同的方向。对流量这一词汇的准确定义决定着本书的探讨方向。

(一)流量概念的区分

人的生活就是人的世界,我们不能在生活之外进行观看和思考。❸ 不知从何时起,流量不仅成为市井百姓的饭后谈资,充斥于街头巷尾,更成为网络新型商业模式设计书和网络企业上市招股说明书中必须浓墨重彩、大书特书的一笔。大众可能并不了解"流量"的确切含义,但这并不影响社会各界措辞达意、积极成为"流量"中的一分子。在我们的生活中,对流量一词的区分使用应当是没有问题的。我们会支付一定的费用来购买一定的流量,也

---

❶ 博登海默. 法理学——法哲学及其方法 [M]. 邓正来, 译. 北京: 中国政法大学出版社, 1999: 464.

❷ 博登海默. 法理学: 法律哲学与法律方法 [M]. 邓正来, 译. 北京: 中国政法大学出版社, 2004: 501.

❸ 海德格尔. 存在论: 实际性的解释学 [M]. 何卫平, 译. 北京: 人民出版社, 2009: 14.

会去选择观看流量爆棚的网络影视剧,而上文中的两个"流量"很显然不是同一概念,圣奥古斯丁(St Augustine)关于时间观念的名言❶所表达的知道时间为何物,而无法向他人释明的困惑,同样存在于对流量概念的区分。

互联网中的流量(data),是指用户利用网络基础运营商提供的网络通道传输数据。对网络基础运营商而言,在意的是单位时间内通过传输通道的信息数据的字节数❷,其通过为用户提供网络通道进行数据传输来赚取利润。互联网用户上网观看一部电影所带来的价值要远超一条情真意切的聊天短信,流量数据内容的差异化价值对其提供的流量通道服务并无影响,单位流量的价格和信息传输的流量字节数才有意义。网络基础运营商提供网络流量通道服务主要通过"流量包"服务和宽带服务两种形式,前者主要针对移动设备,后者按单位时间收费,对流量的使用总额会有限制。❸ 我们支付的流量(data flow)费用,是网络基础运营商根据互联网用户传输和接收流量数据多少进行的收费,对于不同主体所传输的流量数据,无论是互联网用户向互联网经营者传递还是接收数据,都需要向网络基础运营商支付使用流量通道的费用。我们为使用互联网而购买的流量,仅仅是为使用流量通道而支付费用。对"流量"这一词汇的多重用法使其概念模糊不清,但当法律的字义出现模糊时,应该尽可能地采纳没有缺陷的含义,并与法的意志相连。❹ 本书探讨的是网站访问流量。

---

❶ 哈特. 法律的概念[M]. 许家馨,李冠宜,译. 北京:法律出版社,2011:13.
❷ 付超. 攻击流量生成技术的研究与实现[D]. 北京:北京邮电大学,2017:25.
❸ 但当网络用户使用流量超过一定总量后,网络基础运营商将限制流量传输速度。这一方式有违于其所宣称的"不限流"而被广大网民诟病。
❹ 优士丁尼. 学说汇纂(1)[M]. 罗智敏,译. 北京:中国政法大学出版社,2008:73.

（二）流量概念的形成与表达

通过把复杂的语句与命题分解成构成它们的基本成分来阐明它们的含义，具有特别的重要意义。❶ 描述流量，就应当回归我们在网络中的一般访问行为：我们要输入目标网站的网址（或点击链接），点击回车，访问请求就会以数据的形式，通过网络运营服务商提供的"哑管道"❷，被传送至目标网站的服务器，随后服务器会将受访网页的信息以数据的形式反馈给我们。在这一过程中，还存在域名解析等一系列复杂的活动和网络基础运营商等众多主体的参与。

概念乃是解决法律问题所必需的和必不可少的工具。❸ 概括来说，一次浏览或网络交易形成一个流量，其中包含互联网用户的访问、交易意向和各类信息要素。对于网络服务提供商（Internet Service Provider，ISP）和网络内容提供商（Internet Content Provider，ICP）来说，流量的数量和质量远非"1+1=2"的计算公式，更多的优质、稳定流量对企业来说，不仅意味着流量变现，更彰显企业的价值和发展潜力。对象要如其自身所给出的那样来规定，也应当如它们自身显现的那样来把握。❹ 不断发展的互联网经济，已经消除了时间和空间的隔绝，互联网消费者的一次线上访问，就代替了线下的一次要约和承诺，甚至可能直接构成交付。这对于互联网不正当竞争行为的探讨具有重要的指导作用和指向

---

❶ 博登海默. 法理学：法律哲学与法律方法 [M]. 邓正来，译. 北京：中国政法大学出版社，2004：504.
❷ 崔恒旋. 运营商流量经营之道 [J]. 中国电信业，2013（8）：69.
❸ 博登海默. 法理学：法律哲学与法律方法 [M]. 邓正来，译. 北京：中国政法大学出版社，2004：504.
❹ 海德格尔. 存在论：实际性的解释学 [M]. 何卫平，译. 北京：人民出版社，2009：79.

意义。

本书所探讨的流量，在英语词汇中也存在多种表达，如 traffic[1] flow 和 clicks。traffic flow 存在多种定义：一是"等同于一次访问或连接的人工逻辑"[2]；二是"网络中在一定时间段内通过观察点的系列数据包"[3]；三是"由一个特定的希望标注为数据流的源传送至特定的单播、任意播或组播目的地的系列数据包，一个流量可以由特定传输连接或媒体流中的所有数据包组成"[4]。后两种定义更多的是借鉴对车辆、液体流动等内容的描述，接近于流量这一词汇的字面含义和物理特性；第一种定义体现了互联网用户的主观意愿，更具有社会学意义上的研究价值。另一种表达 clicks[5] 更多地描述了互联网用户操作计算机、发出指令并跳转的过程。相比较来说，traffic flow 更加接近互联网用户的意愿和行为本身，当然，这一主体或客体描述的物理属性仍是 data flow。互联网环境下，流量皆产生于具有社会化属性的社会人。流量是以机器为载体传输数据来实现的，但这种传输行为仍然是由具有社会属性的人所实施，代表着用户价值观、态度、思想意识、心理

---

[1] Traffic 被解释为通过交换系统所传递的信息或信号。Merriam – Webster's Dictionary of Law, Merriam – Webster, Incorporated, 2018: 494 – 495.

[2] N. Brownlee, C. Mills, G. Ruth. RFC 2722 – Traffic Flow Measurement: Architecture [DB/OL]. (1999 – 10) [2010 – 02 – 11]. https://www.ietf.org/.

[3] J. Quittek, JT. Zseby, B. Claise, S. Zander. RFC 3917 – IPFIX Requirements. [DB/OL]. (2004 – 10) [2010 – 02 – 11]. https://www.ietf.org/.

[4] J. Rajahalme, A. Conta, B. Carpenter and S. Deering. RFC 3697 – IPv6 Flow Label Specification [DB/OL]. (2004 – 03) [2010 – 02 – 11]. https://www.ietf.org/.

[5] The Interactive Advertising Bureau. IAB Click Mearsurement Guidelines 2009 [DB/OL]. (2015 – 06) [2019 – 04 – 25]. https://www.iab.com/wp – content/uploads/. 其中对 click 进行了定义：the user – initiated action on an element, usually causing a redirect to another web location, thereby transferring the user from one site to another.

情感。❶ 即便是在数据的世界里，当个人属性开始闪现时，也就开启了相关法律问题的探讨。

流量的概念决定着本书下文探讨的方向和衡量标准的建立。季境将流量定义为"互联网经营者通过对网站运营过程中，基于用户使用网络过程中所形成的一系列数据集合"❷；李荪认为流量是用户访问网站和浏览页面所产生的数据交互流❸；崔恒旋将其定义为"更接近用户的、深度嵌入用户消费流程的、蕴含更丰富用户信息的流量"❹。上述定义对流量的数据存在形式进行了归类，并强调其出发点源于互联网用户的使用行为；不足之处在于未体现互联网用户的访问意愿、未突出对于互联网经营者的效用，且直接将其归属为互联网经营者。解释者的主观意志是被解释的法律新的生命力的来源，解释者的主观性正是解释成为一种创造性活动的原因。❺ 本书作者认为流量是指基于互联网用户访问行为所形成的、能够给互联网经营者带来收益的数据集合。

二、流量的构成

法学的词语多具有多重意义，这与其使用的语境有关。❻ 流量的技术原理和表现形式对我们理解其概念和属性具有重要意义。

---

❶ 阿丽艳·艾尼瓦. 网民社会属性与互联网应用特征 [EB/OL]. (2012-07-13) [2019-12-22]. http://www.cnnic.cn/hlwfzyj/hlwmrtj/201207/t20120713_32000.htm.
❷ 季境. 互联网新型财产利益形态的法律建构——以流量确权规则的提出为视角 [J]. 法律科学（西北政法大学学报），2016（3）：187.
❸ 李荪. 流量劫持的互联网不正当竞争行为研究 [D]. 北京：中国政法大学，2016：25.
❹ 崔恒旋. 运营商流量经营之道 [J]. 中国电信业，2013（8）：69.
❺ 徐国栋. 民法基本原则解释——诚信原则的历史、实务、法理研究（再造版）[M]. 北京：北京大学出版社，2003：23.
❻ 李彬. 竞争法的基本范畴研究 [M]. 北京：知识产权出版社，2016：4.

（一）流量的技术原理

由多种电子设备终端组成的网络为流量的流动提供了硬件基础，传输控制协议（Transmission Control Protocol，TCP）和网间协议（Internet Protocol，IP）所组成的专门计算机语言（协议）保证了流量访问地址的准确性和组成流量的数据能够被迅速可靠地传输。从技术上讲，简单的电子设备终端和ICP的服务器相比作用并无不同，都是为了发送、接收和存储指令和信息，只是在服务器接收、存储流量的容量和功能上存在一定差异。在网络中的一方通过流量的方式表达访问请求后，TCP将流量分割成若干数据包，以保证接收后数据能够得以还原。IP为每一个数据包标注两端服务器的地址，在经过域名系统（Domain Name Systems，DNS）的解析后，相关数据即可到达网络的另一方，并还原为可读状态。以浏览器访问为例，互联网用户通过浏览器向目标网页的服务器发送访问请求后，服务器会根据访问请求中所包含的网址等内容，反馈访问网址对应的网页内容。浏览器向服务器发送的请求信息中包含了Referrer（访问网站标记，包含一个URL地址）和User-Agent（表明浏览器类型等信息的标记，简称UA）两种信息。❶

有学者将互联网用户访问网站的过程分为五个环节❷，这属于对互联网用户访问网站行为的事实重构，并未根据流量的流向和技术原理进行提炼和归纳。一方流量到达对方服务器时，就等于已将己方的访问意愿和请求送达对方，得到对方的反馈则属于另一次流量访问，否则就无法解释屏蔽广告软件当中的技术构成。

---

❶ 北京市高级人民法院（2013）高民初字第3755号民事判决书。
❷ 即用户发出访问请求、到达某网站服务器、服务器返回访问请求给用户、最终网站获得流量、用户获得访问结果五个环节。季境．互联网新型财产利益形态的法律建构——以流量确权规则的提出为视角［J］．法律科学（西北政法大学学报），2016（3）：184.

屏蔽广告软件的原理是在互联网用户以流量的形式向互联网经营者的服务器发送观看视频的请求后，互联网经营者会从其服务器发送视频至互联网用户的接收终端，同时采取技术手段从其他服务器发送广告至互联网用户，而屏蔽广告软件会采取技术手段将发送广告的流量数据予以阻断。互联网经营者从其服务器向互联网用户发送的流量，代表着其向互联网消费者发出的要约邀请或互联网消费者流量的对价，在没有受到其他互联网经营者干扰的情况下，仅是合同一方的履约行为，并不在本书评判之列。互联网消费者请求访问互联网经营者服务器所构成的流量，以及该流量的各项衡量指标对互联网经营者才具有意义。

（二）流量的衡量指标

根据上文给出的流量定义，笔者并不否认单个流量对访问目标网站的意义，但流量的技术原理决定了针对目标网站流量的各项衡量指标更能够说明目标网站提供产品或服务的质量。由于流量的不可触摸性，目标网站对流量并没有直观的掌握，相关衡量指标能够帮助目标网站对互联网消费者的访问行为展开精细化分析，并改善其提供服务或产品的质量。《流量基本指标》[1]中规定了流量的 5 项指标，而业界根据数据内容和互联网消费者行为特性，将流量衡量指标划分为数据指标和用户行为指标。

1. 流量数据指标

数据指标包含"独立访客数"、"独立 IP 数"和"页面浏览量"3 项指标。

独立访客数（unique visitor），是指在一个周期内，不重复访

---

[1] 中华人民共和国工业和信息化部. 中华人民共和国通信行业标准互联网统计服务指标 第 1 部分：流量基本指标 YD/T2134.1-2010 [S]. 北京：人民邮电出版社，2011.

问目标网址的访客数量。这一指标一般通过客户端软件数量或cookies记录模式来统计，以cookies记录模式为例，其所识别的独立访客，并不完全等同于现实生活中的互联网消费者，而是指被使用的浏览器。如果互联网消费者的电子终端中装有多个不同的浏览器，就会被识别为多个独立访客，而当多个用户使用同一台电子终端的同一浏览器时，会被识别为同一访客。这一指标通常用来反映被统计对象的用户覆盖规模。独立IP数（Unique IP），是指在一个周期内，访问目标网址的不重复IP地址❶数之和。这一指标通常用来反映目标网址的覆盖范围。页面浏览量（page view），是指在一个周期内，独立访客访问目标网站时所浏览的网页数量总和。该指标用来反映独立访客接受互联网经营者服务的总量规模。其对于网站的意义，如同收视率之于电视，已成为投资者考量网站商业前景的重要标准。

2. 流量用户行为指标

用户行为指标包含"访问时长""访问次数"2项指标。访问时长（duration of view），是指在一个周期内，独立访客访问目标网站的停留时间。在实际应用中，通常表现为人均访问时长、平均单次访问时长、页面平均访问时长等指标。这一指标能够反映独立访客对目标网站提供产品或服务的满意程度。访问次数（number of view），是指在一个周期内，独立访客访问目标网站的次数总和。这一指标通常反映独立访客接受互联网经营者提供服务的频度。

流量的各类衡量指标与目标网站展示的广告数量、广告价值

---

❶ IP地址是指在互联网中，按照IP协议分配的固定长度数字标识符，用以标识数据发送的源和目的地。

等密切相关，直接影响互联网经营者的收入与财务运营指标。[1] 当然，单纯、粗放的流量统计方式并不能满足网站对流量的精细化分析，对于流量的衡量指标还有很多，像上网终端设备型号等互联网消费者浏览网站的方式，也被大多数统计网站所采用，以求对目标群体精确分析。商品的价值由其使用价值决定，并通过交换价值体现，而交换价值的高低由需求决定。对于互联网经营者来说，其需求就是流量，对流量的精细化指标分析，能够引导目标网站通过提供服务或商品的改善，来实现正向促进流量指标的提升。

三、流量的获取方式

互联网经营者对流量的渴求使得其纷纷构建互联网生态系统，以保证流量指标的优化。互联网生态系统是指由互联网产业链上的各方企业组成的整体系统。[2] 以淘宝、京东为例，均是借助平台优势，使消费者、平台经营者、平台内商户、广告主等多方产业链主体参与，围绕流量开展经营活动。在这一生态系统中，如何获取流量就成为互联网经营者考量的重点，从而实现客户价值最大化和持续盈利的目标。流量是衡量网站价值的重要指标，传统市场经济中的消费者口碑和商誉的累积在互联网时代依然通过流量的方式来发挥作用，但虚假流量也在侵蚀着互联网的竞争体系和良好秩序，起到"劣币驱除良币"的反向效果。在互联网信息泛滥的大背景下，如果互联网经营者仅仅依靠提供优质产品或服务来获取流量，则会面临无法找到第一个流量的窘境。互联网经营者只有在获得了初步流量后，才可能开始提供服务和商品，从而再获得流量，产生良性循环。互联网经营者主要通过以下途径

---

[1] Facebook，Form 10 – K for the Fiscal Year Ended December 31，2014（2015）：33.
[2] 胡世良. 移动互联网商业模式创新与变革［M］. 北京：人民邮电出版社，2013：69.

获得流量。

(一) 中介推广流量

在人气较高的论坛发帖，或将具有应用或参考价值的资料通过链接的方式放在论坛的相关版面，属于互联网发展早期的流量推广方式。轻资产的运营模式成为互联网经营者的特色和运营首选，众多浏览器运营商和门户网站纷纷设置的各类流量入口，成为各类软件和资讯的聚合平台；对于在互联网上漂浮的各类"免费"作品，互联网经营者也多采取设置加框链接的方式，力争将流量引向己方。更多的互联网公司是通过第三方网络公司代为推广流量，并采取单点结算的方式。在六丁六甲公司诉铁血公司一案❶中，六丁六甲公司在华为阅读、小知渠道，为铁血军事、军事头条两个板块进行业务推广，并约定了有效流量价格。流量推广过程中蕴藏的巨大商机，也为虚假流量的滋生提供了诱因。

(二) 直接购买流量或高额奖金吸引

互联网经营者花费巨资购买流量，这在上市公司的披露信息中并不鲜见。全通教育集团在其深交所问询函的回复中披露，2017—2018 年，全通教育为"吴晓波频道"提供了微信增粉服务，2018 年累计增粉 41.74 万人，花费约 40.02 万元。❷ 采取高额奖金刺激的形式完成流量的急速提升，也成为众多直播平台利用眼球经济获利的不二选项。在 2018 年兴起的直播有奖问答竞赛中，各直播平台均采取了高额奖金的经济刺激模式，以较低参与门槛迅速吸引公众参与，其获取流量的平均价格远低于市场预期。

---

❶ 北京市海淀区人民法院（2017）京 0108 民初 39882 号民事判决书。

❷ 全通教育集团（广东）股份有限公司. 关于深圳证券交易所重组问询函（二）的回复［EB/OL］. （2019-04-16）［2019-04-22］. http：//pdf.dfcfw.com/pdf/H2_AN201904161319576387_1.pdf.

(三) 购买关键词

网络搜索引擎不仅可以作为互联网经营者单独运营的工具，也可以嵌入众多平台，完成信息的筛选和流量的导入。谷歌、百度等搜索引擎经营企业会在自然展示搜索结果的同时，通过关键词的设置和销售，将流量以一定的价格发售给出价较高者。而在淘宝、京东等电商平台上，各类商品交易数、流量数、搜索人气排行等数据，各类商品的卖家数、卖家星级、占比数等自然算法的应用，使得诚实经营的商户能够进一步扩大网络效应，获得更多的流量，同时，关键词的购买亦可使平台内商品获得流量。关键词的精挑细选能带来不俗的流量，但也意味着巨大的投入。2016—2017年，云信公司多次设置了"迪蒙"等关键词，而其设置关键词所产生的投资达5万余元。❶

四、流量渠道的争夺

在早期互联网时代，流量的入口只能依赖于搜索引擎和浏览器。从互联网用户的上网习惯来看，很少有人会通过地址栏直接输入网址来访问网站，一般是借助于搜索引擎完成搜索，或通过浏览器上的网址聚合和搜索功能发现目标网站。2016年，连接互联网的终端设备已达22.9亿台，到2020年预计将达到50.1亿台。❷ 登录移动互联网也可以访问互联网上的所有资源，但面对方寸之间的手机屏幕，为了满足需求并方便用户体验，移动互联网应用程序App❸

---

❶ 北京市海淀区人民法院（2017）京0108民初20646号民事判决书。
❷ Nelly Rosenberg. An Uphill Battle: FTC Regulation of Unreasonable Data Security as an Unfair Practice [J]. DePaul L. Rev, 2017 (66): 1163.
❸ App是指通过预装、下载等方式获取并运行在移动智能终端上、向用户提供信息服务的应用软件。参见国家互联网信息办公室《移动互联网应用程序信息服务管理规定》第2条。

（Application 的简称）应势而生。互联网经营者开发的 App 应用程序属于垂直内容的搜索，更有利于流量在经营者提供的封闭互联网生态系统中长期存在。一般来说，获得流量的前提是互联网消费者知道自己需要获得信息的目标网址，一般通过两种方式获得：一是通过搜索引擎和浏览器门户网站聚合资源的方式获得目标网址；二是通过登录互联网经营者开发的应用软件，直接获得所需信息。在进入移动互联网时代后，互联网经营者和其开发的各类 App 纷纷进入各类移动终端的方寸之间，争相展开对流量的争夺。

（一）硬件渠道

手机的生产环节一般是首先选定芯片，然后由设计公司对手机软件、硬件进行设计组装，最后由手机品牌商决定选择何种设计方案。手机品牌商对在手机中预装其他经营者的软件态度不一，目前，主流的软件预装方式有两种：一是和手机品牌商进行合作，在手机中进行软件预装。二是和整机组装方（方案商）进行合作，在方案商的设计方案中加入手机软件。手机的销售量会影响预装手机软件的价位，这个价位和手机的销售量成正比。手机的销售量越大，软件的装机量也就越大。对于硬件厂商来说，采取"烧制"的方式将相关软件预装在各类终端进行销售已是明日黄花，即便是在销售渠道预装软件来获得流量的方式也已没落❶，更多的是围绕终端产品开发适用的各类应用软件以营造生态系统，来匹配终端产品的使用。如今各类手机品牌商均已通过建立自己的品牌应用市场和生态系统来争夺流量。

---

❶ 生产企业和互联网信息服务提供者应确保除基本功能软件外的移动智能终端应用软件可卸载，且升级时不被强行恢复，这就意味着相关应用不能采取"烧制"的方式预存在移动智能终端中。参见工业和信息化部《移动智能终端应用软件预置和分发管理暂行规定》第7条。

手机软件提供商向手机硬件生产商提供双方商定的手机软件客户端,并可为合作客户端设立单独、可识别的版本号。手机硬件生产商通过新机型应用内置、页面展示及应用商店推荐使用手机软件,并提供客户端下载和使用服务。双方的商业结算模式一般有两种:按有效激活量计费和按手机销售量计费(cost per sale)。

按有效激活量计费是指以有效激活量为基准结算推广服务费的商务模式,手机生产商在其方案或手机产品中预置或内置手机软件后,所产生的新增的手机软件激活用户向手机生产商支付服务费。一般将首次安装使用手机软件,并且首次使用手机软件联网功能的一个移动电话用户视为一个新增激活用户,新增激活用户数量以手机软件提供商的安装统计报告为准,每一个有效激活均能以具体约定产生一个有效的激活量计费。按手机销售量计费是指产品开发者或者相关权利人将产品运营收入的一部分作为推广服务费支付给推广服务提供方的商务模式。按照厂商的出货量进行计算,由手机硬件生产商进行统计,如今按照有效激活量计费的情况比较少。在手机软件预装方式中,App 的预装价格是 1.5~2 元/次。有些手机软件提供商会选择将多个 App 打包的方式,进行预装下载谈判。

(二)软件渠道

软件渠道可以分为搜索引擎和浏览器入口、应用分发入口以及各类平台入口 3 种。

1. 搜索引擎和浏览器入口

搜索引擎和浏览器是用户进入互联网的重要通道,导航网站的聚合通常位于浏览器首页,在为人们浏览网站带来便利的同时,也成为互联网经营者争夺流量的入口资源。手机浏览器是传统 PC

浏览器的移植和替代。无论是下载还是在定制机中预装，浏览器承担的功能是网站的聚合和搜索功能，浏览器的提供商在其界面当中，对相关网站的选择和排列可以产生直接经济利益。作为百度系导航网站中的头部企业，hao123 和百度网址大全占据着互联网搜索和浏览器流量入口的绝对优势地位，以浏览网页加速为卖点的搜狗浏览器和以安全为卖点的 360 浏览器的出现，预示着浏览器已成为兵家必争之地。新兴浏览器产品进入市场，一般是通过其拳头产品在和浏览器或搜索引擎的头部企业合作中，伺机争夺流量。在百度公司诉奇虎公司一案❶中，奇虎公司利用百度公司的搜索引擎推广其浏览器产品，主要手段是借助其所运营的 360 安全卫士实施插标和诱导行为；在百度公司诉搜狗公司一案❷中，互联网用户在使用搜索引擎进行搜索之前，需要借助输入法完成关键词的输入。在这一过程中，搜狗输入法就会在生成关键词时向用户提供与关键词相关词汇的诸多选项，一旦点击这些选项，就会自动跳转到搜狗公司经营的搜狗搜索结果页面。各个浏览器获取流量的方式类似，都是通过杀毒软件、输入法等基础软件的运行，向用户推广浏览器。搜索引擎和浏览器作为流量入口的重要性一次又一次在司法实践中得到诠释。❸

2. 应用分发入口

手机软件分发平台❹，即手机应用商店，是手机软件提供商进行 App 推广最重要的渠道之一。手机软件提供商在手机软件分发平

---

❶ 北京市第一中级人民法院（2012）一中民初字第 5718 号民事判决书。
❷ 北京知识产权法院（2015）京知民终字第 2200 号民事判决书。
❸ 高爽．浏览器战争［EB/OL］．（2012 – 10 – 11）［2019 – 12 – 22］．http：//www. cnnic. cn/hlwfzyj/fxszl/fxswz/201210/t20121011_36696. htm.
❹ 国家互联网信息办公室《移动互联网应用程序信息服务管理规定》第 2 条规定：手机软件分发平台是指通过互联网提供应用软件浏览、搜索、下载或开发工具和产品发布服务的平台。

台上进行推广的主流方式是按照下载量计费（cost per download）和按照广告展示方式计费（cost per time）。另外，手机软件分发平台的盈利模式还包括产品推广和游戏推广。

首先，按照下载量计费，是指按照 App 在分发平台上的下载量进行计费。如今，不同类型的 App 在分发平台上的计费标准存在巨大的差别，像新闻类 App，其价格处于中档，而电商类的 App 价格会很高，可能会达到 12~15 元/次，游戏类的价格也比较高；其次，广告展示方式主要是在某个时间段将 App 广告投放在分发平台的某个位置，在这个位置上对 App 的介绍或图片会以很直观的方式展示出来。手机软件提供商会根据 App 的属性，和分发平台进行谈判来决定投放广告的时间和类型，其收费标准最高可达 10 万元/天；再次，对于产品推广，不同的手机分发平台所采取的产品推广政策并不一致。以豌豆荚为例，App 开发者通过豌豆荚上传 App 是免费的，而如果希望能够在豌豆荚平台中获得展示，就需要购买广告位（banner）和关键词，获得用户的更多关注。这一方式和上文提到的购买广告展示位相似，购买广告位的用户在进入豌豆荚的时候就能够看到该 App，对于购买关键词的 App，当用户搜索关于 App 名称或特点的关键词时，就可以通过关键词直接找到该 App，如未购买该关键词则只能通过查询全称获得该 App。在联想开放平台，将会根据 App 的品质、是否独家、用户评价和下载量等要素进行评级，然后匹配不同的首发资源；❶ 最后，对于手机游戏，如果提供商同意采取游戏推广的模式，将会和手机分发平台签署合作协议。以豌豆荚为例，用户从豌豆荚平台中下载游戏，这个过程中豌豆荚没有盈利。如果用户在体验过程中希望

---

❶ 联想乐商店应用首发规则 [EB/OL]. [2015-10-29]. http://open.lenovo.com/developer/help/sdk.jsp.

能够在该游戏中获得更高成就感，就会进行充值，以购买一些游戏道具或是生命值。用户在豌豆荚下载的游戏中花费的实际金额，由电信运营商、分发商（豌豆荚）和游戏软件提供商按照约定的比例进行分成。联想手机游戏（网游）SDK 由联想生态系统和云服务业务集团推出，面向所有安卓手机游戏，整合了联想账号（联想 ID）统一认证、游戏应用内计费和支付等多平台支撑能力，接入简单快捷，游戏应用只需集成本 SDK。手机游戏软件提供商对游戏联运合作的游戏，按照协议约定的结算周期进行对账结算即可。❶

3. 各类平台入口

手机 App 能作为移动互联网流量的入口，和其操作的简单便捷有很大关系。App 与搜索引擎、浏览器在流量入口方面存在竞争，据中国互联网络信息中心（CNNIC）调查显示，相对于搜索引擎和浏览器，手机用户更偏好使用 App 进入网站，接受服务。各大视频网站、社交网站和游戏均拥有 App，用户使用 App 访问该类网站更为便捷。❷ 对各类应用入口流量的争夺，已经使我们很难判断一家应用平台的具体业务类型，像微信包含了微商、微信支付和微信小程序的设置，很难说微信仅是一款社交应用，其所构建的互联网生态能够为其延伸到的各类 ISP 或 ICP 提供源源不断的优质流量。各种同类应用之间，以及前后端应用之间对流量入口的争夺，像猎豹浏览器过滤优酷网广告❸、世界之窗浏览器过滤腾讯视频网

---

❶ 手机游戏（网游）SDK 接入必读 [EB/OL]. [2015-10-29]. http://open.lenovo.com/developer/help/sdk.jsp.

❷ 谭光柱. 移动互联网入口呈现多元化发展，各有优势 [DB/OL]. [2019-12-22]. http://www.cnnic.cn/hlwfzyj/fxszl/fxswz/201211/t20121129_37306.htm.

❸ 北京市海淀区人民法院（2013）海民初字第 17359 号民事判决书。

站广告❶、桔子浏览器过滤爱奇艺网站广告❷等情况，在司法实践中屡见不鲜。

第二节　流量的经济学分析

经济学是研究如何使用稀缺资源的学问，❸ 资源的稀缺性决定着供求关系变化。流量的有用性决定着其能否成为资源或能否成为商品，而流量的稀缺性决定其交换价值，并直接表现为价值的高低。

一、流量的本质

传统经济中，消费者和经营者之间存在主动和被动的联系；而在互联网经济中，消费者和经营者之间的联系是双向互动的，甚至于包括广告商在内，存在多向互动的联系，而流量的本质就包含在多重主体的需求之中，更多地体现为注意力。在互联网环境下，用户通过支付注意力而变身为消费者，以获取经营者提供的商品或服务，这并不悖于传统的线下交易中其他对价的支付形式。互联网作为培育注意力经济最肥沃的土地，实时记录着消费者的选择和注意力，而这些选择是通过流量显示出来的。❹

---

❶ 北京知识产权法院（2018）京 73 民终 558 号民事判决书。
❷ 北京市海淀区人民法院（2017）京 0108 民初 31800 号民事判决书。
❸ Machael H. Goldhaber. Attention Shoppers！［DB/OL］.（1997－12－11）［2017－10－15］. https：//www.wired.com/1997/12/es－attention/.
❹ 张雷. 媒介革命：西方注意力经济学派研究［M］. 北京：中国社会科学出版社，2009：214.

（一）互联网用户需求的体现

传统供求理论认为，商品或服务的价格和人们对其的需求成反比关系。需求价格弹性（price elasticity of demand）用于衡量需求量对价格变动的反应程度❶，如果消费者对产品或服务的需求随价格的变动反应很大，我们就认为对这一产品或服务的需求富有弹性。在互联网环境下，需求表现为消费者的点击。❷ 不可否认，流量产生的原动力是人们对互联网经营者提供的商品或服务的需求，真实、自由的流量反映着消费者的访问意向和选择。以下雨天的网约车为例，当网约车平台的流量增大时，代表着对网约车的需求在上升，在网约车平台采取提高价格的方式时，部分互联网消费者的需求会被抑制，而部分消费需求会直接转变为网约车供给，这种竞争的加剧推动网约车价格到达拐点。上述论证方式说明传统供求理论依然在互联网发挥作用。

消费者剩余❸使流量并不会因为商品或服务价格的上升而减少。按照商品价值理论，商品的价格产生于使用价值，决定于交换价值。但消费者剩余的存在，使得互联网经营者通过对流量主体以往的消费或浏览习惯的计算，能够最大限度地使价格接近消费者支付意愿，从而形成价格歧视。价格歧视存在于消费者的容忍限度之内，但这一价格的提升并非建立在为消费者提供额外服务的基础上，而是依据消费者个体流量数据的分析和预测，当消

---

❶ 曼昆．经济学原理微观经济学分册［M］．7 版．梁小民，梁砾，译．北京：北京大学出版社，2015：98.

❷ 芮廷先．网络经济学［M］．上海：上海财经大学出版社，2017：13.

❸ 消费者剩余（consumer surplus）是指买者愿意为一种物品支付的量减去为此实际支付的量．曼昆．经济学原理微观经济学分册［M］．7 版．梁小民，梁砾，译．北京：北京大学出版社，2015：145.

费者还在期望由市场供求决定价格时，价格歧视已丢弃了价格标尺。❶ 互联网环境下，我们不能指望整个市场的充分竞争能够打破价格歧视，因为随着大数据分析的广泛应用，互联网经营者形成了无共谋的市场垄断，任何商家都会赚尽其意图得到的每一个铜板。同时，互联网免费商业模式的出现，使得需求定理出现表面上的"扭曲"：互联网消费者需求的增加或减少并不能决定互联网经营者提供服务或产品的价格，因为此时价格已经失去弹性（elasticity）。❷ 更有甚者，互联网经营者会支付一定的费用，以期消费者接受其提供服务或产品。这一"扭曲"的现象和互联网经营者的需求密切相关。

（二）互联网经营者需求的体现

第一，流量代表着互联网用户的需求，亦代表着用户对信息的关注和对信息提供者的选择。区别于传统经济中提供商品或服务的有限性，网络世界的互联互通使互联网信息的呈现极为丰富，消费者能够冲破地域的藩篱，即时免费获取信息，这已经使得信息的价值发生变化。❸ 这一变化直接导致消费者获取信息的注意力呈现稀缺性❹，这一特性会使注意力资源去找那些能使其利用产生最大价值的所有者。注意力经济是指注意力资源的生产、加工、

---

❶ 阿里尔·扎拉奇，莫里斯·E. 斯图克. 算法的陷阱：超级平台、算法垄断与场景欺骗［M］. 余潇，译. 北京：中信出版社，2018：163.

❷ 曼昆. 经济学原理微观经济学分册［M］. 7版. 梁小民，梁砾，译. 北京：北京大学出版社，2015：98.
弹性是指衡量需求量或供给量对其某种决定因素的变动的反应程度的指标。

❸ 伯纳多·A. 胡伯曼. 万维网的定律——透视网络信息生态中的模式与机制［M］. 李晓明，译. 北京：北京大学出版社，2009：106.

❹ 曼昆. 经济学原理微观经济学分册［M］. 7版. 梁小民，梁砾，译. 北京：北京大学出版社，2015：3.
稀缺性（scarcity）是指社会拥有的资源是有限的，因此不能生产人们希望拥有的所有物品与服务。

分配、交换和消费的整个活动过程。❶ 互联网用户注意力的分配产生了流量，它代表着用户的浏览甚至交易意愿。托马斯·曼德尔和杰拉德·温德伦在《网络规则》一书中写道："注意力是网络世界的硬通货。"❷ 互联网经营者提供产品或服务的前提是获取用户的注意力，这是完成交易的必由之路。让我们再回过头来从互联网经营者的需求角度来审视这场交易：网络信息的丰富和注意力的稀缺相映衬，注意力这一硬通货衡量信息商品的价格，信息商品的供大于求，自然导致价格降低。经营者提供产品和服务仅是为了获取互联网用户注意力的一般对价，或仅仅表现为一种工具。

第二，是零和博弈的注意力交易。注意力经济就是一场零和博弈，一方有所得，另一方便有所失，二者不可互利共赢。总而言之，注意力构成经济的基础，因为其属于基础性的人类需求，且本质上不可避免地具有稀缺性。注意力交易是指把注意力交付给某个能够利用它的人或者能够把注意力传递给他人。涉足网络的人们每天都会从事大量的注意力交易，远超其可能参与的货币交易量。我们再来分析上述互联网经营者在需求方面的"扭曲"现象，注意力的稀缺已经使得产品或服务仅是互联网经营者获得注意力的工具❸，在出现对注意力的激烈竞争，使传统的产品或服务并不能在众多信息中脱颖而出时，免费甚至是支付真金白银来获取流量也就没那么稀奇了。从互联网广告经营者的角度来说，流量亦代表了互联网用户对广告的注意力，甚至有时候变现为直

---

❶ 张雷. 媒介革命：西方注意力经济学派研究［M］. 北京：中国社会科学出版社，2009：1-2.

❷ Machael H. Goldhaber. Attention Shoppers！［DB/OL］.（1997-12-11）［2017-10-15］. https：//www.wired.com/1997/12/es-attention/.

❸ David S. Evans. Attention Rivalry Among Online Platforms［J/OL］. University of Chicago Institute for Law & Economics Olin Research Paper，627.3. http：//ssrn.com/abstract=2195340.

接的购买力。

（三）互联网广告主需求的体现

流量是互联网广告主需求的体现。一方面流量体现在双边市场的促进作用。传统经济中单边市场构成了市场的主要形态，其参与主体只有作为卖方的经营者和作为买方的消费者。与之对应的双边市场，在互联网经济中普遍存在，多重主体的参加、多重客体的涉及使得这一市场形态迥异于单边市场。如果平台企业能够通过提高向市场一方的收费，同时降低由另一方支付的价格来影响交易量，即构成双边市场。❶ 对于传统的广告主来说，若代言能够获得最多社会公众的关注，自然愿意支付最高的代言费。进入互联网时代，流量明星和带货网红的诞生延续了这一趋势，广告主支付对价是因为能够获得更多的注意力——流量，只不过互联网经营者提供的优质商品或服务代替了传统广告中代言人的作用，毕竟单纯为了欣赏广告而产生的流量少之甚少。另一方面流量体现了网络外部性的正向互动。在双边市场中，各方主体的需求是互动、相互依赖的。❷ 当互联网用户被互联网经营者提供的产品或服务所吸引，从而增加流量时，网络广告主对互联网经营者的需求自然会增加，二者体现为正向的互动。同时，这一网络外部性跨边发生作用，一方获取效用取决于另一方数量的增长。互联网广告主支出的广告费用，可以覆盖互联网经营者提供产品或服务的支出，并获得流量所带来的注意力，从而对市场中价格敏感性更高的用户进行补贴或免费提供。

---

❶ 芮廷先. 网络经济学［M］. 上海：上海财经大学出版社，2017：120.
❷ 芮廷先. 网络经济学［M］. 上海：上海财经大学出版社，2017：122 – 123.

二、流量的价值

商品或服务的使用价值只有通过交换才可能转化为价值。注意力的付出不一定就保证能获得相应的价值,通过互联网流量的生成,注意力得以交换才会转化为价值。注意力的价值不仅仅决定于商品的产量,也决定于注意力本身的产量和供给量,因此这个价值只有相对意义,是一个双向动态的尺度。[1] 流量的稀缺性体现了流量的价值,但其并不仅仅存在于理论中。注意力既可以转化为行动,也可以转移给第三方,我们可以从中进行价值提取。

(一) 流量作为收益的体现

包括 ISP 和 ICP 在内的互联网经营者的收益,都来自互联网流量。以电子商务平台为例,平台经营者对流量的强烈追逐和大量获得,吸引了平台内经营者的加入;而其对平台内流量的分配和管控,使得平台内经营者俯首称臣。虽然对他人交易直接或间接的关注,通常并不涉及货币,但其背后所隐藏的收益依然体现为货币的形式。

一是交易收入。一如线下交易,互联网用户购买产品或服务时通常也会支付相应的货币对价,但这一过程也是通过注意力,并以流量的形态产生浏览或点击,最终转化为对商品或服务的购买。包含流量在内的实际购买并不是一个孤立的行为,在线流量中所包含的用户的购买和评价,会表现为对产品或服务的喜好,指引其他用户穿过信息密林,到达目标网站,形成新的流量,并转化为新的交易收入。究其原因,在于市场信息的不完备,导致用户无法自行确认商品或服务的品质,在线流量所产生的购买就

---

[1] 张雷. 媒介革命:西方注意力经济学派研究 [M]. 北京:中国社会科学出版社,2009:178.

成为用户的一个判断依据。同时，形成规模的产品或服务更容易获得相应的售后服务，这是间接网络外部性的体现。从生产者剩余❶的角度来说，生产者在投入互联网软件和硬件等沉没成本后，这些网络成本的分摊，将随着流量规模的扩大而趋向于零。此外，数据产品在不存在物理载体的情况下，其复制和分发的成本几乎可以忽略不计。流量规模的扩大直接导致生产者剩余等于销售收入，达到接近完全竞争的状态。

二是广告收入。传统广告业也一直在关注用户的注意力。以报纸为例，其发行量代表了阅读者的注意力，但这种注意力仅仅是对整份报纸，并不能对报纸中包含的信息或广告进行准确区分，我们无法知晓每一个阅读者是否翻遍了报纸的边边角角。传统经济时代，信息的不充裕使得注意力并未严重短缺，报纸发行量、电视收视率这些比较粗糙的计量方法，尚能为注意力的购买者所接受。互联网环境下，支付广告费用的主体呈现多样化，只要存在流量需求，都有可能成为支付广告费用的主体。同理，获得广告收入的主体也呈现同样的趋势，只要能够成为获得流量的入口，都可以获得广告收入，弹窗、内嵌、插标、设链、关键词购买，广告形式在所不论。流量的规模直接决定了互联网广告收入的多少，二者构成正向关系，直接代表了互联网经营者的收益。

三是信息数据收益。互联网环境下的流量数据如同工业革命中的燃料，推动社会的创新和进步。❷ 互联网用户在浏览访问的过程

---

❶ 曼昆. 经济学原理微观经济学分册［M］. 7 版. 梁小民，梁砾，译. 北京：北京大学出版社，2015：151.
生产者剩余（producer surplus）是指卖者得到的量减去其生产成本，用来衡量卖者从参与市场中得到的利益。

❷ 维克多·迈尔-舍恩伯格，肯尼思·库克耶. 大数据时代生活、工作与思维的大变革［M］. 盛杨艳，周涛，译. 杭州：浙江人民出版社，2013：230.

中，各类信息数据也提供给了包括广告经营者在内的互联网经营者。无论是流量中包含的个人信息，还是流量的衡量指标数据，以及流量数据二次加工生成的信息，都属于信息数据的范畴。数据和信息存在共同的特征：数据无限但有用的数据是有限的，具有稀缺性。

以上三类信息数据均体现着流量的价值，都构成互联网经营者的收益。

（二）流量的价值表现形式

流量作为经营者竞相追逐的资源，其价值主要体现在承载信息数据的有用性上。流量数据一般分为原始数据和二次数据，个人数据更多地指原始数据，而二次数据一般指大数据。在今天的市场里，个人数据是最抢手的商品，黄金有价、数据无价，我们的信息是每一个商家、行业、非营利机构和政府都梦寐以求的财产。❶ 其中个人流量数据明确指向自然人包括年龄、联系方式、家庭住址等在内的信息，均涉及自然人的隐私权。对于个人数据的获得，一般采取两种方式：一是用户在接受产品或服务的过程中，向互联网经营者提供的个人信息；二是经营者通过 cookies 等追踪技术进行收集。一开始，cookies 仅仅包含 IP 地址和时间等简单信息，但现代 cookies 技术要更加高级，甚至可以进行键盘追踪，即记录用户访问网址时敲击键盘的信息。❷ 在互联网追踪技术的帮助下，服务器能够通过用户的浏览习惯来识别其身份，并完成对相关信息的采集和整理。互联网数据追踪技术可以实时监控用户的网络活动，并完成对其地理位置、收入和消费水平、健康状况的

---

❶ Terence Craig, Mary E. Ludloff. Privacy and Big Data [M]. O'Reilly Media, Inc., Sebastopol, 2011: 26.

❷ Galina I. Fomenkova. For your eyes only? A "Do Not Track" proposal [J]. Information & Communications Technology Law, 2012, 21 (1): 33-52.

记录和分析。

对于互联网经营者来说，通过流量中的信息数据，一方面，可以提高广告主投放广告对象的精度，即根据用户的在线行为定向投放广告。对于投放纸尿裤广告的生产者，育龄女性的流量回报率要远高于青少年。对于广告商和互联网经营者，个人信息数据的获得能够产生不菲的回报。这些用户信息数据早已明码标价，谷歌公司在投资人大会上就宣称每个用户的数据价格为720美元/年。❶ 另一方面，如果经营者可以对用户进行个体区分销售，利润的最大化便能实现。❷ 超级平台、独立应用程序、各大网站正在合力追踪和解读个人信息，依靠源源不断的个人信息数据补给来进行用户整体画像，从而利用用户的认知实施价格歧视，诱导用户消费。

流量的衡量指标一方面能够直接表明互联网经营者提供商品或服务的质量和用户满意度，另一方面对经营者广告收入的增长也大有裨益。对于互联网经营者来说，上述指标的增长，不仅代表着现实收益的提升，更意味着网站长期效益的向好。互联网经营者还可以将包含上述基本指标的流量进行导流，以取得直接收益。广告数量、广告价值都与互联网流量密切相关，流量的趋势变化会直接影响互联网经营者的收入与财务指标。❸ 以网站流量贡献率❹为例，其计算公式为：网站总贡献流量÷网站总流量×

---

❶ Paragraph 204 of the House of Lords, Select Committee on European Union. Online Platforms and the Digital Single Market [DB/OL]. 10th Report of Session, 2015: 16.
❷ 阿里尔·扎拉奇，莫里斯·E. 斯图克. 算法的陷阱：超级平台、算法垄断与场景欺骗 [M]. 余潇，译. 北京：中信出版社，2018：133.
❸ Facebook, Form 10-K for the Fiscal Year Ended December 31, 2014: 33.
❹ 中国互联网协会. 网站流量分析报告 [DB/OL]. [2019-12-30]. https://www.chinarank.org.cn.
网站流量贡献率是指在一定时间内（30天），某网站通过超级链接，直接给外部网站贡献的流量。

100%，该指标可以体现在某网站投放广告的效果。此外，这些指标数据具有极大的商用价值，指标数据分类越细，受欢迎程度越高。美国联邦贸易委员会披露，诺米科技公司（Nomi）在销售信息分析数据时，分类细致到以下几种：未消费和已消费的手机用户的占比、消费者到店的频率、进店消费者的手机型号等。❶

流量大数据是指具有收集、存储、管理和分析功能的数据集合❷，其特点可以用"4V 理论"来概括。❸ 流量大数据所蕴含的价值体现在其交换价值，其形态已不再是单个流量数据的简单、原始集合。在通过数据统计和分析工具对原始数据进行加工后，能形成内容多样的分析报告。❹ 大数据的称谓不仅描述了数据集合的规模，更体现了数据获取的新技术，其价值不再单纯来源于基本用途，而更多源于其二次利用。❺ 大数据来源于互联网用户的个人流量数据，但大数据的规模只是其具备经济价值的基础，经过分析或有序排列的大数据本身将商机无限，可以进行转让，而大数据分析所创造的价值更令经营者侧目。脸书作为全球最大的社交网络，10 亿名用户、2400 亿张照片和 1 万亿次页面访问量成为其数据金矿。脸书通过 Graph Search 技术把用户的海量信息转换成为

---

❶ In the Matter of Nomi Technologies, Inc., a corporation, FTC No. 1323251 [DB/OL]. [2019 - 05 - 27]. https：//www.ftc.gov/system/files/documents/cases/150902nomitechcmpt.pdf/.

❷ 丁春燕. 大数据时代法学研究的新趋势 [J]. 政法学刊, 2019 (6): 5.

❸ Organization for Economic Co - operation and Development, Data Driven Innovation for Growth and Well - Being: Interim Synthesis Report [DB/OL]. [2019 - 05 - 27]. http：//www.oecd.org/sti/inno/data - driven - innogation - interim - synthesis.pdf/. 数据的规模（volume），数据收集、运用、传播的速度（velocity），聚合数据的多样性（variety），以及数据所蕴含的价值（value）。

❹ 阿里尔·扎拉奇, 莫里斯·E. 斯图克. 算法的陷阱：超级平台、算法垄断与场景欺骗 [M]. 余潇, 译. 北京: 中信出版社, 2018: 218.

❺ 维克托·迈尔·舍恩, 伯格肯尼思·库克耶. 大数据时代 [M]. 盛杨燕, 周涛, 译. 杭州: 浙江人民出版社, 2013: 198.

大数据，从而实现二次价值利用。❶

（三）流量作为资产的特征

资产是资源的转化形式，当用资产这一概念衡量流量时，研究就已经迈入法学、经济学和会计学的领域。资产是为特定主体拥有或控制，因过去的交易或事项形成，可为其带来预期的经济利益。❷ 流量具有资产的显著特征。

一是由企业拥有或控制。从流量的物理形态来说，其作为数据聚合，流向必然是互联网经营者的服务器。如果访问请求不能经过解析进入经营者的服务器，服务器就无法根据访问请求中所包含的网址等内容反馈访问网址对应的网页内容，也就不可能产生后续商品或服务的提供。从注意力经济的角度来说，新经济形态下的货币不再是金钱，而是注意力。❸ 互联网用户作为注意力货币的持有者，如果不去交换注意力的话，这一货币就失去了存在的价值。作为交换商品或服务的对价，流量必然脱离用户，为互联网经营者所控制。商品或服务注意力的使用价值是社会的财富，而其稀缺价值是个人的资产。❹ 但需要指出的是，商品或服务的提供者未必就是流量的控制者。优步公司并不拥有汽车，但其是世界上最大的出租车公司；爱彼迎公司并不拥有房屋，但其依然是

---

❶ 刘晓东．大数据的价值释放 – Graph Search ［DB/OL］．［2019 – 12 – 22］．http：//www.cnnic.cn/hlwfzyj/fxszl/fxswz/201303/t20130326_39146.htm.

❷ Financial Accounting Standards Board, Statement of Financial Accounting Concepts No. 6 ［EB/OL］．［2019 – 10 – 15］．https：//www.fasb.org/jsp/FASB/Document_C/DocumentPage? cid = 1218220132831&acceptedDisclaimer = true.

❸ Machael H. Goldhaber. attention shoppers！ ［DB/OL］．（1997 – 12 – 11）［2017 – 10 – 15］．https：//www.wired.com/1997/12/es – attention/.

❹ 康芒斯．制度经济学 ［M］．赵睿，译．北京：华夏出版社，2013：308.

世界上最大的住宿服务提供商❶，无论是谁提供商品或服务，注意力的获得者必然是用户访问意愿的客体——互联网经营者。至于流量权属的探讨，则已进入法律领域，将在下文中展开。

二是能够带来预期经济利益。价值决定于支付意愿。❷ 传统经济中，商品和货币的交易意味着二者都构成稀缺资源。在互联网环境下，产品或服务的成交依赖于相关信息能够被用户所关注，如果没有注意力的分配，则该产品或服务的价值就无法实现。流量代表的就是成交机会。❸ 从用户的角度来看，流量仅代表其一次访问，但如果没有访问，就不会存在最终交易。流量的价值不只是交易机会和竞争优势，在某些情况下，其可以和货币媲美。流量数据中包含了互联网用户的个人信息，聚合了公共利益，构成了互联网经营者开展竞争的动力和目标。❹ 流量是衡量网站和网页经济效益的核心指标，也已成为投资者选择投资对象的风向标。由于流量的商业价值或可能带来潜在的商业利益，使得流量必然成为各大互联网经营者争夺的对象。从商业角度来说，对流量的争夺意味着对商业机会、商业利益的争夺。❺ 从网络效应角度来说，商品或服务的普及程度会影响用户对商品或服务的使用效果。❻ 伴随着流量的增加，网站机器学习的试错成本会越来越低，用户搜索次数的增加将有效提高搜索引擎识别搜索结果的能力，

---

❶ 大卫·罗杰斯. 智慧转型：重新思考商业模式［M］. 胡望斌，译. 北京：中国人民大学出版社，2017：99.

❷ 波斯纳. 法律的经济分析［M］. 蒋兆康，译. 北京：中国大百科全书出版社，1997：15.

❸ 孙凡卓. 微商引流全攻略［M］. 北京：电子工业出版社，2017：222.

❹ Michael H. Goldhaber. attention shoppers!［DB/OL］.（1997 – 12 – 11）［2017 – 10 – 15］. https：//www. wired. com/1997/12/es – attention/.

❺ 北京市海淀区人民法院（2014）海民初字第15008号民事判决书.

❻ 阿里尔·扎拉奇，莫里斯·E. 斯图克. 算法的陷阱：超级平台、算法垄断与场景欺骗［M］. 余潇，译. 北京：中信出版社，2018：175.

并改善搜索结果的准确性,从而丰富用户体验。❶

三是由过去的交易或事项构成。决策者应当认识到未来要实施的行动所带来的机会成本❷,但企业预期在未来发生的交易或者事项并不形成资产。我们在谈论某一个体流量时,代表互联网用户访问意愿的点击行为已经完成,流量已经产生;即便是从流量的各项衡量指标来看,流量数据和指标不过是对已发生的访问行为的统计分析。即便是提供实体商品或服务的互联网经营者,只有先获得用户的注意力,才有可能转化为购买力。换言之,互联网经营者是在吸引用户注意力的基础上实现交换和价值。在注意力经济时代,流量就成了互联网经营者最有价值的资产。❸

第三节　流量法律属性的界定

上文已对流量进行了需求原理和资产客体的论证,但流量是否构成法律意义上的财产,能否承载相关的权益,直接决定其能否进入法律视野,受到法律的保护,最终影响到流量能否在互联网不正当竞争行为判定中发挥作用。

一、流量财产权化的法律论证

(一) 对财产和财产权一般概念的考察

罗马法中,财产与物的含义是一致的,在罗马法的演变中,

---

❶ 戴维·L. 马瑟斯博,德尔·I. 霍金斯. 消费者行为学 [M]. 陈荣,许销冰,译. 北京:机械工业出版社,2018:370.
❷ 曼昆. 经济学原理微观经济学分册 [M]. 7版. 梁小民,梁砾,译. 北京:北京大学出版社,2015:5-6.
机会成本 (opportunity cost) 是指为了得到这种东西所放弃的东西。
❸ 胡世良. 移动互联网商业模式创新与变革 [M]. 北京:人民邮电出版社,2013:105.

逐渐把物限定为人力可以支配、具有有用性,能够构成人类财产的事物。《学说汇纂》中,狭义的物的范畴包含有体物、权利和诉权。❶ 大陆法系也对物与财产赋予同等的意义,并力图将无体物也纳入其中。但如采取狭义定义,则会导致对无体物财产性质的否定,将其他权利形式的利益排除于财产之外;如采取广义定义,无体物必然借助一定的物来表现,一种物权将借助另一种物权来体现,从而陷入"物权的物权"的怪圈。❷ 洛克指出,"property"(财产)是指人们在"persons"(身心)和"goods"(物质)方面的"property"(财产)❸,可见,洛克论述的财产并不只限于物质财产的占有,而是包含生命、自由、财产等客体。

对某物的拥有意味着对该物享有所有权。如果无法在物上设置所有权,也就不构成财产。罗马法和大陆法系对权利和权利客体的混淆,导致无体物的所有权也归于有体物。德国民法典将所有权仅限于有体物,对有体物和无体物的区分按照物和客体(权利)来进行。英美法系的财产法虽然也有具体物和抽象物的区分,但二者存在于同一客体上时,并无主次之分,抽象物被视为基本的财产权。即便其代表实际利益,亦能受到法律的独立保护,有体物的所有权保护并不具有特殊性和优先性。基于以上分析,财产属于法律概念,其表现形式为财产权,二者相伴而生,具有相同的范畴。从物过渡到财产权,须具备两项要件,即独立经济价值和排他的支配可能性,物才会成为权利的客体。❹ 成为财产权,

---

❶ 周枏. 罗马法原论 [M]. 上册. 北京:商务印书馆,1994:298.
❷ 马俊驹,梅夏英. 财产权制度的历史评析与现实思考 [J]. 中国社会科学,1999(1):92.
❸ 洛克. 政府论 [M]. 下篇. 叶启芳,瞿菊农,译. 北京:商务印书馆,1964:107.
❹ 马俊驹,余延满. 民法原论 [M]. 北京:法律出版社,2010:67-68.

首先要以经济学为基础，分析财产权成立和存在的价值和依据；其次财产代表的是针对稀缺资源的权利冲突，但财产权却是权利冲突的规范❶，具有排他的支配权能乃财产权的应有之义，这一权能只能来自法律的明确规定。

1. 财产权需要具备独立的经济价值

财产权的这一构成要件，突出财产的效益性和交换价值。经济学的目的在于以较小的成本获得最大的收益，市场经济是资源配置的最佳方式。但市场运行中的缺陷，诸如交易成本和其他因素，使资源配置的效率降低。法律通过维护正常的经济运行秩序和降低交易成本来发挥作用，以提高市场效率，这是法律确立财产权的基础。交易或交换是财产的获得方式，也是财产价值的实现方式，必须建立在财产的稀缺性和权利人对财产价值最大化的追求上。正如休谟所指出的，所有权的基础是稀缺性。合作、同情、正义和财产的基础在于稀缺性，假如产品或服务是无限丰裕的，自私、正义和财产权都将不复存在。❷ 即便是阳光，仅能被拥有有利地势和位置的工厂和住宅占有，也反映了其供应的有限。包括消费者剩余（consumer surplus）和生产者剩余（producer surplus）在内的剩余权无一不在体现对财产价值最大化的追逐。❸

2. 财产权需要具备排他性

财产权的核心表现为拒绝权，即排斥非权利人的干涉。如果将财产比作一棵树的话，其他权利仅构成分支，而拒绝权构成主干。❹ 财产权的排他性来自财产和财产权的界定，物的排他性和物

---

❶ 康芒斯. 制度经济学 [M]. 赵睿, 译. 北京: 华夏出版社, 2013: 328.
❷ 康芒斯. 制度经济学 [M]. 赵睿, 译. 北京: 华夏出版社, 2013: 7.
❸ 蒋悟真. 论竞争法的基本精神 [M]. 上海: 上海三联书店, 2008: 230.
❹ 贾森·布伦南, 彼得·M. 贾沃斯基. 道德与商业利益 [M]. 郑强, 译. 上海: 上海社会科学院出版社, 2016: 40.

的使用效率成正比。❶ 财产权的排他性不仅表明权利主体具有自主决定财产的使用权，而且能够排他性地获得利用财产所产生的收益。同时，财产的排他性决定了其转让的可能性，明确权利边界的财产可以根据市场价格完成交易，降低交易成本。从经济学角度来说，市场价格发挥作用是市场竞争机制的表现，市场价格发挥作用，反映了市场竞争秩序，从而实现财产的交换价值和有效分配。价格机制的有效作用表现在财产的交换是价高者得之，这就从整体上使财产具有自由转让的特性。但排他性的实现必须借助于法律之力，即便是具有天然排他性的权利，没有法律予以明确，也仅仅是镜中花、水中月。

（二）流量构成财产的理论探索和困境

流量的归属必然建立在流量能否作为财产的基础之上，流量在物理形态上表现为数据集合，对流量财产化的理论探讨呈现百花齐放的局面，但其中所涉及的财产权法律关系要素却存在理论困境。

1. 流量财产化的理论探索

在对流量财产化的理论探讨中，出现了邻接权客体说、信息权客体说、虚拟财产权客体说以及新型财产权客体说等多种理论观点。

邻接权客体说认为，对流量数据采用著作权法中的邻接权进行保护属于最佳选择，流量数据是邻接权保护的客体。林华❷认可法律中并不存在与大数据完全对等的概念，但可以依照著作权法中的汇编作品标准，依据对于内容选择和编排的独创性来获得著作权法的保护，同时，数据库的内在价值在于传播和充分利用数

---

❶ 刘坤，赵万一. 财产权制度的存在基础 [J]. 现代法学，2004 (5)：139.
❷ 林华. 大数据的法律保护 [J]. 电子知识产权，2014 (8)：84.

据信息。秦珂[1]将流量数据的保护等同于数据库的保护，将其纳入邻接权的保护范围，使其享受"双轨制"的保护标准，即基于其独创性和人力物力的投入来进行衡量。邻接权客体说的法理基础来自国外对不具有独创性的数据库的法律或条约规定，但流量数据的数据来源、构成和数据主体的复杂性都决定了邻接权保护无法适用于流量。

信息权客体说认为，作为信息数字化的形式，信息通过数据形式生成、传输和存储，二者具有共生性和一致性。季境[2]将流量定义为"存在于网络空间的系列信息集合"，主张将流量作为信息权的客体，纳入民事法律关系的客体范畴。流量是数据集合，信息的外延远大于流量数据，而流量数据兼具信息本体和信息媒介的双重属性。流量所体现出的用户访问行为，也是通过数据的形式体现出的行为信息。不可否认，在互联网环境下，信息秩序的建立必须依赖于数据的传输和共享，对信息的保护也必须通过对数据的保护来完成和实现。但信息权调整的角度在于信息的内容，即通过对个人信息、隐私或智力成果的立法来实现对特定内容的保护，如果将流量作为信息权的保护路径，那么流量仅仅成了信息承载的工具，而非信息权保护的客体。

在虚拟财产权客体说中，林旭霞[3]将虚拟财产权定义为"特定主体对网络环境下的数字信息所享有的权利"，但要求"以现实事物为其外观"，并将对用户协议的无条件接受作为虚拟财产生成的必要条件，认为技术规则不仅需要事实判断，更需要进行价值判断，才可以上升为法律规则，虚拟财产权方可纳入物权的范围。

---

[1] 秦珂. 大数据法律保护摭谈 [J]. 图书馆学研究, 2015 (12): 101.
[2] 季境. 互联网新型财产利益形态的法律建构——以流量确权规则的提出为视角 [J]. 法律科学（西北政法大学学报），2016 (3): 190.
[3] 林旭霞. 虚拟财产权性质论 [J]. 中国法学, 2009 (1): 90.

流量作为数字信息的集成，并不依赖于其所负载的信息而产生价值，也不必然表现为现实事物，相反，经过匿名和模糊处理的大数据具有分析和运算的便利，因此具有更高的效用。另外，虚拟财产权如果产生于用户协议，则意味着虚拟财产产生于债权，如果将流量代入其中，等于将流量的讨论局限于具体的合同场景，限缩了流量探讨的应用范围；此外，应用代码和技术规则对数据的控制，只是为了信息的分享和流动，并不因为物理层面上技术规则的应用，从而使建立垄断性权利的法律规则成为不可能。最后，将虚拟财产权归于物权，则流量无法满足物权对权利客体化和财产化的基础性要求，无法进入虚拟财产权的探讨范围。

新型财产权客体说认为，对越来越多的权利已经不能简单地区分为绝对化的物权和相对化的债权，而是包含着多种财产利益在内的综合权利或新型财产。财产法是一种利益分配的制度，财产权存在的目的是实现资源的最优化配置和利用，利用是财产价值实现的唯一路径。对于财产权的意义也不应仅仅归于权属或占有本身，而在于对其的利用和排除他人的使用。有的人认为，流量体现了物权与债权的融合，将手机流量财产权定义为特定用户和网络运营商之间的特定利益关系，将运营商提供的流量服务定义为债权行为。❶ 但网络运营商提供的流量通道服务并非本书探讨的流量，这种新型财产权的论证方式并不能解决流量权利化的困境。

2. 流量财产化的困境

财产是指与物有关的各类主体之间形成的特定关系。❷ 给予流

---

❶ 马俊驹，梅夏英.财产权制度的历史评析与现实思考 [J].中国社会科学，1999 (1)：101.

❷ 芒泽.财产理论 [M].彭诚信，译.北京：北京大学出版社，2006：14.

量财产权地位，是为了解决互联网竞争中对流量的控制和利用的行为秩序问题，并由此建立流量所涉及的权利义务关系。但流量中所涉及的财产权法律关系中的各方缺乏稳定的理论基础，困境重点体现在以下几个方面。

首先，流量权利主体具有不确定性。流量体现为数字化信息符号，并以比特（bit）的形式进行交互，其存储于互联网各端的服务器或个人终端中，多个主体共享这一内容，何方享有对流量的权利直接决定着权利的行使。互联网用户的访问行为形成了流量，如果其作为流量的权利主体存在，将会产生一系列的问题：对互联网经营者服务器中存储的流量数据，其是否享有权利？其是否对建立在单个流量基础上的大数据享有权利？在流量数据的整个利用环节，是否都贯穿互联网用户这一权利主体？根据现行的法律，未经其明确授权许可进行的数据利用和流动，并不具有合法性基础。如果按照个人信息数据进行保护的话，并不能解决权属问题。无论是将数据视为集体财产（collective property）❶，还是对用户搜索数据拥有财产权，都无法解决流量的个人信息和流量的权属冲突。

其次，流量权利客体具有不确定性。民事法律关系的客体包括物、行为、智力成果和人身利益四类，呈现多元化的特点。❷ 但如果多元化客体集流量于一身的话，则充满矛盾：流量的表现形式是比特，以此作为客体的话，我们无法发现每个比特之间的异同，从而也无法论证其经济价值所在；流量产生于互联网用户的访问行为，代表着用户的访问意愿，但我们无法将这一事实归于

---

❶ E. Rose. Data Users versus Data Subjects: Are Consumers Willing to Pay for Property Rights to Personal Information? [M]. HICSS, 2005: 2.
❷ 马俊驹，余延满. 民法原论 [M]. 北京：法律出版社，2010: 66.

债权中的给付；如果将流量纳入智力成果的范畴，我们无法从一次简单的互联网浏览中发现人类智力成果的创造；互联网访问从源地址到目标地址的信息传递，并不能时时纳入人身权法律关系的客体范畴。

最后，流量的垄断性不同于智力成果。流量无体性的形式，促使我们尝试用知识产权的保护方式来解决流量相关的问题，但流量又与智力成果无体性的形式不同。一方面，知识产权除了人身权利的控制之外，其财产权主要体现在对智力成果的利用，而流量的利用价值不在于产生的过程，而在于对其分析和挖掘所产生的潜在价值，对于流量的垄断并不能产生智力成果垄断的利用效果；另一方面，单个流量的价值体现于用户的访问意愿和其中负载的信息，物理意义上的数据垄断并不产生任何的价值，单个流量数据并不具有独立的价值和身份，相较于智力成果，就犹如元素之于化合物。[1]

（三）流量构成财产权客体的论证

完成流量的财产权法律论证的前提，是重新审视流量的定义。从物理角度来说，流量是数据及数据的集合；从技术角度来说，流量反映了互联网用户的访问行为；从经济角度来说，流量能够给流量的接收者带来收益。数据本身是否具有客体性和财产性，直接决定了流量能否成为财产权的客体。

1. 流量是否具备客体性

作为权利的客体，应当具备确定性、独立性、无体性和体系性的特征。

首先，流量作为客体是否是确定的。上文将流量从物理角度

---

[1] 梅夏英．数据的法律属性及其民法定位［J］．中国社会科学，2016（9）：178．

定义为数据及数据的集合。从表面上看，流量借助数字化信息符号等电子形式存在，由非物质性的比特构成。这意味着流量不需要有体物作为载体，其载体只是符号，只需要系统化的数字工具加以呈现，使人们可以直观识别。这一无须有体物载体呈现使其具有抽象性的特征，但这一数字化信息符号的电子形式并不能为民事主体所独占和控制。有学者认为，可以通过法律规定义务的方式赋予数据主体对自身相关的数据具有控制性的权利。❶ 但何为"自身相关的数据"、何为"控制"并不清晰，在流量是否作为财产权客体未予明确的前提下，以法律赋权的方式确定主体的控制权过于仓促。知识产权通过法律赋权所解决的仅仅是相关智力成果的传播和利用问题，而非客体的确定性。总结来说，作为民事客体的确定性，并非来自法律的赋权，而是来自其自身的确定性。作为数据的集合，流量天然具有流通和分享的特性，即数据的生成、利用、传输、删除为其固有功能。如果具备民事客体地位，则流量基于多主体享有或删除灭失等情况的发生而处于变动状态，并不符合权利客体确定性的特征。

其次，流量作为客体是否是独立的。民事客体作为民事权利的指向，必须能够为主体实际控制，且能够划分利益界限，具有独立载体。流量无法脱离数字化信息符号的电子形式，即便访问者是流量的控制主体，也无法控制流量。对于流量来说，其只有访问方向的区别，且均表现为一种访问行为。换句话说，即便数据主体控制了数据终端或存储设备等数据载体，也无法控制基于数据的复制或传输而产生的分享行为。有学者认为，数据具有独立性的理由在于其"具有独立的利益指向，并和形成事实和活动

---

❶ 李爱君. 数据权利属性与法律特征［J］. 东方法学，2018（3）：67.

的主体相分离"[1]，但独立的利益指向并不能代表民事客体所要求的独立性。从流量的角度来说，经营者利益、消费者利益和公共利益等多重利益杂糅其中。数据会由人们根据不同用途进行分析，但这只是流量产生之后的用途，而流量产生的起因却是获得商品和服务。总结来说，数据在产生之后根据用途而进行划分，而流量并不能为主体所控制，亦无法划分利益范围，无法满足民事客体独立性要件。

再次，流量作为客体是否是无体的。我们需要从物理和法律角度探讨流量能否满足民事客体无体性的要件。流量作为数据集合，具有无体性的表征，但却不是民事客体意义上的无形物。大陆法系中的物是指有体物，权利才构成无体物，无体物是用来标示权利，而非物理意义上的无形。知识产权通过其智力成果的创造性和识别性被纳入法律视野，而非仅凭其无体性满足民事客体的要件以获得保护。流量是以比特形式来彰显其无形，而非凭借其负载的信息来界定权利义务，并不具备智力成果具有创造性的内在特征。当然物权法中也将一系列诸如声、光、电等无形物作为民事客体，但其本质上属于有体物的延伸，从而被纳入法律保护的范畴。

最后，流量作为客体是否是体系化的。民事法律关系的客体，是指民事法律关系的主体享有的民事权利和承担的民事义务共同的指向。[2] 强调客体作为权利和义务共同指向的对象，是为了满足这一体系的稳定性，实现这一体系的表彰功能。流量作为数据集合，其本身并无任何意义，只有在赋予其内容后，才获得意义。上文已经提到，单个流量从技术角度代表着一个用户的访问行为，

---

[1] 李爱君. 数据权利属性与法律特征 [J]. 东方法学, 2018 (3): 67.
[2] 马俊驹, 余延满. 民法原论 [M]. 北京: 法律出版社, 2010: 65.

即流量是为民事主体的相关民事行为而服务，并不能创造新的民事权利义务关系，仅是协助民事主体取得或转让某种民事权利，在网络中体现为商品或服务的获得。对于互联网领域内的违约或侵权行为，依靠传统民法体系从结果上即可准确定性，无须将流量纳入民事权利义务体系。

2. 流量是否具有财产性

民事法律关系的客体，必须满足主体的物质和精神需要，即客体应当是以财富的形式存在。❶ 互联网流量和经济活动紧密相关，不容许我们质疑其会带来一定的经济价值。但经济价值的源泉是来自流量中的数据集合，还是流量中负载的个人信息，抑或访问者的注意力资源，值得我们细细梳理。财产权属性的认定必须满足经济价值的独立性、财产的可交易性和以财产为保护客体等要件。

首先，流量是否具有独立的经济价值，需要我们结合其构成进行讨论。上文中，我们将流量划分为个人信息数据、流量的衡量指标数据以及流量数据二次加工生成的数据。应当说，个人信息、浏览习惯等负载的数据，属于用户个人信息的数据集合。从传统交易的角度来看，这些数据仅仅是交易的副产品，流量仅体现为用户完成交易的电子形式，并不产生独立的经济价值。流量存在于服务协议、交易合同等整体交易之中，并不能独立实现权利义务。其能否作为财产进行衡量，必须依赖于数据载体和交易法律关系等条件，并不具有独立的经济价值。对于流量的衍生品，包括流量的衡量指标数据以及流量数据二次加工生成的数据，属于对流量数据的分析和挖掘后形成新的价值。流量的基本用途并不产生独立价值，独立价值更多源于其二次利用。所以说，流量

---

❶ 马俊驹，余延满. 民法原论［M］. 北京：法律出版社，2010：65.

大数据具有独立的经济价值。

其次,财产的可交易性要求民事客体能够自由流通。流量表现为数据形式,而数据能否流通或交易,不是数据本身可以决定的,而是由流量所包含的信息内容决定。信息的财产性决定了信息的可交易性。即便是同样的数据形式,其显示内容的不同会产生不同的性质。流量是互联网用户的访问行为,其中包括个人信息、消费习惯、浏览习惯等个人隐私内容和其他虚拟财产。这些信息的控制者只要不违反法律的强制性规定或征得用户的同意,就可以就流量展开交易,但这一交易常常受制于个人隐私权等保护制度而无法完成。即便是流量的衍生品,在经过告知与许可程序,并经历严格的模糊化或匿名化程序处理形成的数据,也都难以通过合法性的审查进入流通领域。

最后,以财产作为保护客体要求法律明确予以规定。对于流量的表现形式——数据,2017 年 3 月 15 日通过的《民法总则》(已于 2021 年废止)保持了一种开放的态度,但并未明确予以保护。[1] 在法律没有进行明确保护的情况下,流量事实上是通过访问者的访问行为来实现其价值的。从注意力资源的角度来说,即便没有个人信息、消费习惯、浏览习惯作为数据的信息内容,访问者对于注意力资源的分配也能实现流量的财产价值。这就得出一个结论:流量成为财产,并不是来自其数据集合的价值,而是访问者对注意力资源的控制和分配。这个结论也就形成一个悖论:注意力资源决定了流量的财产属性,但注意力的付出并不必然获得对价,注意力的获得又不能保证变现和长期持有。注意力难以通过购买而可靠、准确地实现价值的真正让渡,那么注意力就不

---

[1] 《民法总则》第 127 条规定:"法律对数据、网络虚拟财产的保护有规定的,依照其规定。"

是商品，或者说不应该是商品。❶ 将流量作为财产权的客体将直接导致流量的不可捉摸。

英美法系始终认为，"财产是权利的组合，这一组合描述了个人对其所拥有的资源可以占有、使用、改变、赠与、让渡抑或禁止他人的侵害"❷。通过上文对流量在客体性和财产性方面的论证，我们不难发现，由数据集合组成的流量，不同主体各行其是，所以无法完成对流量权属的完全支配或控制；权利客体又呈现多样化、难以具化的特点。财产所体现的财产权则要求对权利集合圆满占有，之后才可产生使用、收益、分配等后续法律关系。流量，特别是个体流量，和传统的财产权结构存在巨大鸿沟，无法以所有权为基础完成流量财产权的构建。

二、流量中的利益分析

流量中蕴含的利益成分，决定了其能否作为客体，受到相关法律的调整和保护。民事权利由特定利益与法律之力构成❸，法律之力是指法律的确认、保护和限制❹，而利益是权利最深层次的内容，虽无法律之力，但利益的形成和价值能为当时的社会所认可，亦可受到私法一定程度的保护。❺ 权利和利益二者可以相互转化，再经过立法或司法的确认，均可以实现利益的权利化。❻

---

❶ 张雷. 媒介革命：西方注意力经济学派研究 [M]. 北京：中国社会科学出版社，2009：57-58.
❷ 罗伯特·考特，托马斯·尤伦. 法和经济学 [M]. 张军，译. 上海：上海三联书店，1996：125.
❸ 张文显. 法学基本范畴研究 [M]. 北京：中国政法大学出版社，1993：76.
❹ 马俊驹，辜明安. 民法 [M]. 武汉：武汉大学出版社，2012：53.
❺ 程啸. 侵权责任法 [M]. 北京：法律出版社，2015：113.
❻ 王胜明. 中华人民共和国侵权责任法解读 [M]. 北京：中国法制出版社，2010：10.

(一) 互联网流量中的权益综述

1. 互联网利益的需求表现

利益由需求和价值两个要素构成。❶ 利益的需求表现需要他人以作为或不作为的形式配合才能得以实现。在互联网环境下，这些"配合"是以作为的形式体现出来，用户的访问需求建立在经营者真实、准确的信息和良好的商业信誉基础之上，同时需要其他竞争对手以不作为的形式，避免对经营者提供信息和用户获取信息造成干扰。在商业竞争中，利益更多地体现为竞争行为所涉及的各方需求的满足和价值目标的体现。以互联网平台企业为例，其利益直接表现为互联网平台规模的扩大、投资和回报的因果关系等，其价值目标体现在平台良好的运行秩序；对于平台内经营者，其利益表现为竞争优势的建立和交易机会的获得，价值目标体现在提供的商品或服务交换价值的实现；对于平台用户，其利益表现为优良商品或服务的获得，价值目的体现在使用价值的实现。

2. 互联网利益的价值表现

价值判断的结果表现为利益的取舍。在自然界和物质生活中，价值和利益紧密相连，人们只会对其认为有价值的东西展开追求，其中必然蕴含利益。❷ 在互联网竞争中，对于利益的追求亦体现着其对价值的判断，在合一公司诉金山公司一案❸中，法院将互联网经营者的利益表述为"吸引并维持用户"❹，合一公司通过提供在线视频以吸引流量，同时以流量吸引广告主投放广告来获得收益，

---

❶ 乔尔·范伯格. 对他人的损害 [M]. 方泉, 译. 北京: 商务印书馆, 2013: 38.
❷ 冯晓青. 知识产权法利益平衡理论 [M]. 北京: 中国政法大学出版社, 2006: 2.
❸ 北京市第一中级人民法院（2014）一中民终字第3283号民事判决书.
❹ 倪斐. 公共利益法律化研究 [M]. 北京: 人民出版社, 2017: 20.

合一公司虽然不能从用户处获得直接的收益，但流量中蕴含的巨大利益（广告收入）引导着其向用户提供优质的服务和体验；金山公司开发的猎豹浏览器能够屏蔽视频广告，改善用户观看视频的体验，这一特色功能也是为了吸引流量。增加流量、维持流量的忠诚度意味着互联网经营者可以赢得商业机会，获取交易利润。两家企业虽然提供的服务范围和种类不同，但都以追逐利益为己任，对流量的价值判断和利益追求使二者展开竞争，并走向诉讼。在存在市场竞争的地方，就会有多重利益的存在和冲突。通过利益衡量判定利益的相对重要性，必须建立在对各方利益的深入考量之上。根据竞争行为的指向对象，我们将互联网竞争中流量所涉利益划分为经营者利益、公共利益和消费者利益。

（二）经营者利益

反不正当竞争法保护的重点一直包含经营者利益，各国反不正当竞争立法当中列举的禁止行为是对经营者利益的集中体现。从动态的竞争层面来说，经营者的权益体现为自由竞争、自由发挥经济能力和在市场上不受阻碍地提供其成果❶，这一经营者权益或利益更多的是从竞争秩序的角度进行的解读。流量为互联网经营者带来的投资与回报、竞争机会、竞争优势、商业信誉等内容，具有明确的来源和指向性，均构成互联网经营者具有一定稳定性的财产性权益。理论界和司法界亦多将流量中的经营者利益分解为投资与回报、交易机会、竞争优势和商业信誉等要素。

1. 投资与回报

有的学者将经营者利益直接理解为投资与回报，即竞争行为对竞争者的影响可以从竞争者的投资与回报之间的联系来判断。

---

❶ 吴莉娟. 互联网不正当竞争案件中商业模式的保护［J］. 竞争政策研究，2015（9）：43-49.

流量所能带来的直接收入，除了直接转化而来的用户购买外，广告点击行为也能为企业带来不菲的广告收入，在流量达到一定量级后，对流量的二次利用所形成的衍生数据产品亦能产生直接收益。❶ 从竞争法的层面分析，法院将经营者利益认定为投入与预期收入，即"只要经营者对经营行为投入资源，且该经营行为构成经营者预期收入的基础，有助于直接或间接获取经济利益，即应视为经营者对此具有可诉利益"❷。互联网经营者为获得流量，投入当中包含有沉没成本和购买成本，互联网经营者前期的软件、硬件等基础设施投入属于不可收回的沉没成本，无论能否获得流量，均不构成互联网经营者的财产性权益，而有的法官仍将其作为不正当竞争中损失的考量因素❸，实属不妥。

互联网经营者诸多疯狂的行为显示着流量已成为直接投资的风向。快手公司宣布成为2020年《春节联欢晚会》红包项目独家互动合作伙伴，将推出10亿元春晚红包；字节跳动公司旗下8款产品参与红包游戏，总额增加至20亿元，众多电子商务平台也纷

---

❶ 浙江省杭州市中级人民法院（2018）浙01民终7312号民事判决书，法院认为，具体包括如行业、产品、属性、品牌力度下的热销商品榜、热销店铺榜、流量商品榜、流量店铺榜等流量指数、交易指数与搜索人气的排行数据，各类商品关键词的搜索人气与点击率排行数据及趋势图；商品人群的性别、年龄、职业、支付习惯的占比数等数据。上述数据分析被作为"生意参谋"数据产品的主要内容进行了商业销售，可以为淘宝公司带来直接经营收入，无疑属于竞争法意义上的财产权益，同时基于其大数据决策参考的独特价值，构成淘宝公司的竞争优势。

❷ 浙江省高级人民法院（2018）浙民终1072号民事判决书。

❸ （2015）浦民三（知）初字第143号民事判决书中，法院认为，原告通过上述广告费以及会员费等收入支付视频内容版权以及带宽、推广等经营成本；《上海耀宇文化传媒股份有限公司诉广州斗鱼网络科技有限公司不正当竞争纠纷案一审民事判决书》，上海知识产权法院（2015）沪知民终字第641号民事判决书中，法院认为原告负责赛事的执行及管理工作（包括选手管理、赛事宣传、场地租赁及搭建布置、设备租赁及购置、主持人聘请、赛事举行、后勤保障以及节目拍摄、制作、直播、轮播和点播等），承担执行费用等，进行了一系列的人力、物力、财力的投入。本节认为上述投入已构成沉没成本。

纷加入。流量业已成为互联网经营者投资的直接回报，且丰厚异常：在百度送出价值 9 亿元的红包后，百度 App 的日活动峰值从 1.6 亿元冲到 3 亿元；微信在 2015 年开启"5 亿现金红包"活动后，其微信摇一摇流量达 110 亿次，2 天的时间内，微信实现了 2 亿人的绑卡纪录，而支付宝为了实现这一数据，用了 8 年的时间。互联网经营者在经营活动中为增加流量而支付的相关费用应当构成财产性权益❶；对于具有真实访问意向的流量，其访问目的地是明确的，对于互联网经营者，这些流量已具有转化为现实盈利的可能性。另外，流量是互联网经营者估值的重要指标之一，互联网经营者通过竞争提升流量，再通过流量变现进行盈利，而流量高的企业，可以更好地获得融资以及发展空间。❷

2. 交易机会

有的学者认为，竞争的目的是经营者通过对交易机会的争夺，实现经济利益的最大化❸，即经营者利益表现为交易机会。按照传统竞争理论，竞争实质上是指两个或两个以上的经营者以价格、数量、质量或其他条件作为竞争手段，争取交易机会的行为。❹ 经营者实现经济利益最大化，不能靠直接攫取其他经营者的收益，而必然通过和消费者的交易来完成。一方交易的发生，就意味着另一方交易机会的丧失。在争夺互联网流量的过程中，经营者所获得的注意力资源或流量并不存在差别，上述互联网经营者疯狂的行为，获得的虽然不是直接的收益，但流量的转化和留存必然

---

❶ 北京市海淀区人民法院（2016）京 0108 民初 26547 号民事判决书，法院查明，在搜狗科技公司与案外人于 2014 年、2015 年间订立的数份《合作协议》中约定，搜狗手机助手为推广案外人客户端软件，每新增一个激活，案外人向搜狗科技公司支付 2 元。

❷ 湖北省武汉市中级人民法院（2017）鄂 01 民终 4950 号民事判决书。

❸ 李彬. 竞争法的基本范畴研究 [M]. 北京：知识产权出版社，2016：89.

❹ 孔祥俊. 反不正当竞争法的适用与完善 [M]. 北京：法律出版社，1997：49.

意味着交易的实际发生。需要明确的一点是，在流量的语境下，特定经营者利益的交易机会，是由访问者的访问意愿决定的。在并未明确访问意愿时，对于流量的争夺则属于交易机会的正当竞争行为。

3. 竞争优势

竞争优势是指在相同商业领域内，一家公司和其他公司相比，能产生较多收益、发生较少支出，以较高效率完成商业活动的方式。❶ 竞争优势体现在经济学上，即为帕累托最优❷，这一状态非静止状态，会随着竞争行为的发生和竞争态势的加剧而不断变化。有的学者主张经营者利益除了交易机会外，还包含竞争优势，指出"不正当竞争则是以优质优价的正当竞争以外的不正当手段获取交易机会和竞争优势"。❸ 通常新技术的应用或经营行为的改进都有可能形成竞争优势，但竞争优势的建立也意味着竞争壁垒的存在，在互联网竞争中首先表现为流量的增加。截至 2016 年 12 月，视频行业付费用户已突破 7500 万，爱奇艺一家占据了 40% 的市场规模❹，而至 2019 年底，爱奇艺一家付费用户人数就已突破 1 亿。

4. 商业信誉

商业信誉作为经营者利益的组成部分，一般无法给予准确量化，但其对于经营者的发展和收入的增加具有正向的促进作用。

---

❶ Gary P. Schneider, Jessica Evans. New Perspective on The Internet [M]. 8th edn. Boston: Course Technology, 2010: 499.

❷ 帕累托最优是指当资源配置达到某种状态，无法再让至少一个人得到好处，而又不损及他人时，达到效率。冯玉军. 法经济学范式 [M]. 北京：清华大学出版社，2009: 218.

❸ 孔祥俊. 反不正当竞争法的创新性适用 [M]. 北京：中国法制出版社，2014: 4-5.

❹ 杜义飞. 潜模式——大数据时代下的商业模式创新新思维 [M]. 北京：科学出版社，2018: 86.

流量的产生和增加，对于经营者的商业信誉具有一定的指向和示范意义，而伴随流量产生的各类评论和信用值，来自具有访问经历的用户。分类处理解决了信息泛滥的问题，能够成为其他用户作出访问决策的重要信息来源。形成的流量从规模上说明了互联网经营者的商业信誉，而其中的各类评论和信用值可以形成巨大的力量，在约束互联网经营者经营行为的同时，直接构成了经营者的商业信誉。❶ 而对竞争对手的流量和附随信息的虚构，也会影响商业信誉，对经营者利益造成损害。在奇虎诉百度一案❷中，法院认为百度公司传播明确指向奇虎公司的负面信息，对奇虎公司商誉造成损害，影响了公众的判断及选择。

（三）公共利益

边沁有关若干成员的利益总和构成公共利益的论断❸虽然浅显，但也说明了公共利益的源泉，但公共利益应表现为全体成员从社会整体的繁荣和进步中受惠，而非仅仅部分社会成员的享有和占用。❹ 这和社会福利最大化的市场竞争终极目标具有内在的契合。从内容来说，市场竞争秩序亦属于托马斯·阿奎那所总结的公共利益的内容之一❺，而日本法学界主流观点直接将公共利益视为自由竞争秩序本身。❻ 但这种以一个概念解释另一概念的方式并不能厘清互联网竞争中公共利益的内涵和外延。

---

❶ 应飞虎. 消费者评价制度［J］. 政法论丛，2018（1）：112.
❷ 北京市第一中级人民法院（2014）一中民初字第3588号民事判决书.
❸ 刘全德. 西方法律思想史［M］. 北京：中国政法大学出版社，1996：135-138.
❹ 邓小平文选［M］. 北京：人民出版社，1994：175.
❺ 托马斯·阿奎那. 阿奎那政治著作选［M］. 马清槐，译. 北京：商务印书馆，1982：117. 托马斯·阿奎那认为，公共利益至少包括三个方面的内容：公共精神利益需要、社会秩序和国家安全。市场竞争秩序显然属于社会秩序的组成部分.
❻ 服部育生. 比较·独占禁止法［M］. 第7版. 泉文堂，2006：34.

1. 公共利益的定义

公共利益的定义，必须根植于与财产权利相关的意义之上。[1] 庞德将公共利益表述为"以政治组织名义提出的主张、要求或愿望，涉及政治组织社会的生活",[2] 这一表述将公共利益的范畴扩展至更接近公共利益的内涵。边沁认为，公共利益就是组成共同体的若干成员的利益总和,[3] 这和阿奎那"促进公共利益，就是促进个人利益，正如各部分同一个整体的关系一样"[4]的论断没什么两样。这种"将公共利益和社会利益当作是个人利益的算术总和"[5]的论断，也仅仅是经济学意义上公共效用是私人效用的总和论断的翻版。反映在法理层面，公共利益的概念在法律上等同于"整体经济利益"等包括了社会中多数人的利益。种明钊认为，除竞争者之外的利益总和都可归入公共利益。[6] 张千帆认为，即便是保障社会安定与市场繁荣的集体利益，其好处终究还是要体现在具体的个人身上。[7] 上述用人数占优的标准确定公共利益落脚点，并不能解决何种价值应受保护的问题。

虽然先贤已经给予公共利益很多定义，但争议颇大。究其原因，首先，公共利益的内容非常宽泛，经济利益和非经济利益交织在一起，如果仅以经济利益考量公共利益，则很容易滑向人数占优标准，而诸如网络安全等非经济利益又非常抽象，难以具体

---

[1] 费恩塔克. 规制中的公共利益 [M]. 戴昕, 译. 北京：中国人民大学出版社, 2014：33.
[2] 博登海默. 法理学：法律哲学与法律方法 [M]. 邓正来, 译. 北京：中国政法大学出版社, 2004：155–156.
[3] 刘全德. 西方法律思想史 [M]. 北京：中国政法大学出版社, 1996：135–138.
[4] 倪斐. 公共利益法律化研究 [M]. 北京：人民出版社, 2017：6.
[5] 康芒斯. 制度经济学 [M]. 赵睿, 译. 北京：华夏出版社, 2013：245.
[6] 种明钊. 竞争法 [M]. 北京：法律出版社, 2016：16.
[7] 张千帆. "公共利益"的构成——对行政法的目标以及"平衡"的意义之探讨 [J]. 比较法研究, 2005 (5)：7.

把握其标准和限度。其次，公共利益内容处于不断变化发展之中，属于一个开放的概念，在传统竞争和互联网竞争中，其包含内容就存在很大差别，江平教授指出，从正面无法言尽公共利益，但反推之，公共利益的保护范围内不应包括商业开发、以营利为目的。❶ 再次，公共利益本身即具有不确定性，其概念的确定属于价值判断，判断主体的不同易导致内容的差别，甚至有学者根据主体与互联网竞争行为的关联紧密程度，将公共利益划分为不同的三个层次❷，将消费者利益和经营者利益整体纳入公共利益，对公共利益扩大化解释。最后，整体利益本身具有层次性，国家利益等典型公共利益，个人生命健康等基本价值利益，社会文化教育利益，交易安全等内容构成了公共利益的不同层级。

公共利益清晰定义的缺失导致其适用和行使方面的困难。❸ 公共利益难以定义会带来三方面的"遁入"。❹ 一是立法的遁入。即立法者径采一般条款的立法方式，不再进行利益衡量和判定标准的确定。诚如《保护工业产权巴黎公约》中"诚实的习惯做法"的表述，我们无从猜测诚实的定义和其中涉及的判定标准和利益衡量。二是司法的遁入。在司法实践中，法官直接使用一般条款来评判竞争行为，原因自然在于具体条款和公共利益定义的缺失。在爱奇艺公司诉大摩公司一案❺中，法院直接认定具有"看视频不等待"功能的软件将损害公共利益。从中我们无法得知公共利

---

❶ 韦景竹. 版权制度中的公共利益研究［M］. 广州：中山大学出版社，2011：30.
❷ 石必胜. 互联网不正当竞争认定中的公共利益考量［J］. 电子知识产权，2015（3）：31.
❸ 徐国栋. 民法基本原则解释——诚信原则的历史、实务、法理研究（再造版）［M］. 北京：北京大学出版社，2003：17.
❹ 王泽鉴. 王泽鉴法学全集［M］. 第九卷. 北京：中国政法大学出版社，2003：300－301.
❺ 上海知识产权法院（2016）沪73民终33号民事判决书。

益的具体内容及其遭受何种侵害，这种认定方式直接将此类承担责任的认定标准陷入违心境地。三是法律思维的遁入。演绎代表着行为是否符合合理性和社会性的证明，归纳代表着某类行为是否符合自然法或具有较大的可能性的证明。[1]不采取演绎或归纳的论证方式，径直以概括条款作为依据，将成为思考法律问题的常态。

诸多学者一方面承认公共利益难以定义，另一方面却试图在一般意义上对其实体内涵进行准确界定。[2]在日本法学界，公共利益即自由竞争经济秩序本身成为主流观点。[3]应当说，自由竞争秩序是公共利益的重要组成部分。社会公共利益寓于个体利益之中，社会公共利益具有整体性和普遍性的特点，表现为整体利益和普遍利益。[4]公共利益在竞争中的外在表现，应当是竞争利益不被扭曲和市场竞争机制的健康运行。

2. 公共利益的特征

首先，公共利益具有公共性。相较于私人利益，公共利益的提供一般是由政府承担，随着公共职能的转移，为了增进公共利益，非政府组织和公民加入了现代"公共集体产品"提供者的行列。公共利益是一种公共集体产品或公共服务，其对象是所有社会成员。换言之，公共性体现在社会供给的连带性，公共利益的受益人不可能只是特定的利益共同体。只有旨在实现提供普遍利益的服务，并能够使所有人从中得到利益，有助于改善其生活状态和生活质量的利益，才是真正的公共利益。在腾讯公司诉世界

---

[1] 博登海默. 法理学：法律哲学与法律方法 [M]. 邓正来，译. 北京：中国政法大学出版社，2004：45.
[2] 余军. "公共利益"的论证方法探析 [J]. 当代法学，2012（4）：18.
[3] 服部育生. 比较·独占禁止法 [M]. 第7版. 泉文堂，2006：34.
[4] 蒋悟真. 论竞争法的基本精神 [M]. 上海：上海三联书店，2008：198.

星辉公司一案[1]中，法院认为广大互联网用户的利益即为社会公共利益。这一论述只是强调了利益的普遍性，而非公共性，只有使所有人都得到利益，才能称为公共利益。而在该案二审判决中，法院将消费者利益、经营者利益纳入公共利益或社会总福利，将经营者扩展至"其他同业或相关经营者"，毋庸置疑，个人利益一定条件下可以转化为公共利益，但其仍是一种独立的利益，并非个人利益的简单相加。公共利益指向对象的多少只能辅证某一行为公共利益的强弱，不能决定其有无。

其次，公共利益具有不确定性。这主要体现为不确定的利益内容和不确定的受益。不确定法律概念来自德国公法学，一般分为两种：描述性概念和规范性概念。描述性概念来自经验，是指可以感觉和体验，并凭借经验可以推论的状况或事件，如危险、干扰等。规范性概念由于和真实事物并无联系，必须通过主观评价来填补价值、阐明意义，如善良风俗、重大损失等。[2] 公共利益一般指影响所有人，并被普遍认可的利益，如安全、环境。[3] 这一高度概括的内容包罗万千，但竞争行为所指向的公共利益内容必须具体化，需要对具体场景中公共利益的组成部分进行具体解释。随着历史、经济、文化等形势发展而不断变化的公共利益，又会伴随着新生事物的出现不断扩展内涵和外延。互联网互联互通的特性和活动空间的拓展，使得传统经济下不曾存在的大数据安全和网络空间治理等内容成为互联网时代公共利益的重要组成部分。

最后，公共利益的实现具有非直接性。社会利益寓于个人利益之中，构成个人利益的基础，但其必须借助于个人利益的介质，

---

[1] 北京市朝阳区人民法院（2017）京0105民初70786号民事判决书。
[2] 倪斐. 公共利益法律化研究［M］. 北京：人民出版社，2017：19.
[3] 张千帆. "公共利益"的构成——对行政法的目标以及"平衡"的意义之探讨［J］. 比较法研究，2005（5）：7.

通过不同形式的利益和强度来表现。❶ 在竞争环境中，公共利益必然借助于一定的主体来实现，无论是良好的竞争秩序或市场机制的正常运行，其福祉必然惠及具体主体。另外，消费者利益常与公共利益交叉，或者说代表或延伸了公共利益。判决中将违背用户意愿、强迫交易等行为认定为损害公平竞争秩序，损害社会公共利益❷，从而将消费者利益的损害和公共利益的损害连为一体，彰显了公共利益实现的非直接性。

3. 公共利益的构成

托马斯·阿奎那将公共精神利益需要、社会秩序和国家安全等三个方面归纳为公共利益。❸ 公共利益包括个体对文化传统、国防、公共秩序、生态环境和各类公共服务的利益。相较于个人利益，公共利益在分配上不具有排他性，具有普惠的性质，且在消费上不具有对抗性，某一主体对公共利益的占有，并不妨碍其他主体的享有。我国立法将社会整体利益、公共利益、社会公共利益和社会利益等词汇混杂使用。有学者❹将公共利益归纳为：公平秩序；健康的经济秩序、安全及效率化；合理利用社会资源；保障社会弱者利益；维护公共道德和人类文明发展方向。还有学者❺按照"公益是任何人但不必是全部人的利益的主张"，将公共利益按照主体范围的大小分为三个层次。但竞争法维护的社会公共利益，是每个人的利益，是所有人的利益，而不能依据和

---

❶ 公丕祥. 马克思法哲学思想论述 [M]. 郑州：河南人民出版社，1992：283-284.

❷ 北京知识产权法院（2015）京知民初字第13号民事判决书。

❸ 托马斯·阿奎那. 阿奎那政治著作选 [M]. 马清槐，译. 北京：商务印书馆，1982：17.

❹ 徐梦洲，孟雁北. 竞争法 [M]. 2版. 北京：中国人民大学出版社，2014：33.

❺ 石必胜. 互联网不正当竞争认定中的公共利益考量 [J]. 电子知识产权，2015（3）：31.

竞争行为的关联密切程度进行区分，其反映的是一种利他性的价值观，其中蕴含着浓厚的公益精神。

竞争法意义上的公共利益应当包括竞争秩序、消费者保护和市场整体经济利益。具体到各国立法，1973 年《英国公平交易法》将符合英国消费者利益和促进新技术的应用纳入公共利益的判断要件。《德国民法典》第 823 条确立的损害赔偿模式是为了规制侵害对世权的行为，而不正当竞争行为对应的一般法益客体并不在此之列，即便拓展至该法第 826 条所规定的"故意以违背善良风俗的方式致害的行为"，也未能覆盖不正当竞争行为。为了解决救济面过窄的缺陷，德国学界和实务界采取了"企业权"这一框架性权利来解决这一问题，后来，德国通过对不正当竞争专门立法来规制这一特殊类型，以解决私人主体之间的竞争损害和利益平衡，其中并不涉及公共利益。私人之间展开竞争只是为了追求私人利益的最大化，在这一过程中，技术的创新、公共利益的增进只是竞争的副产品，并非企业追求的直接目的，但竞争行为所产生的副作用却可能辐射到公共利益。

4. 互联网中的公共利益

以对公共利益的损害作为判断不正当竞争行为的依据，应当对互联网竞争中公共利益的构成进行分析，从而测量互联网竞争和市场竞争之间的距离。互联网竞争属于新兴的竞争形态，其依托于互联网技术的发展，主要在互联网上展开，但竞争带来的后果和影响却已跳出互联网的范围。公共利益在互联网竞争中的构成要素应当包括以下几个方面的内容：互联网安全的维护；互联网经济资源的合理分配与利用；互联网经济秩序的维护和信息的自由流动；互联网整体经济利益的维护。

首先，互联网安全的最高目标是社会公共利益，互联网空间权是一种发展权，也是一种人权。互联网安全是开展互联网竞争的基础和保障，其涉及公权与私权之间的平衡，但这种平衡必须以网络安全为前提。其次，分配正义应当存在于互联网资源的合理分配和利用，但这种正义也仅仅是一种分配正义的机会，并不保证正义的结果。❶ 互联网经营者之间地位的差别直接导致了所获得资源数量的多寡。以基础软件为例，一般软件经营者之间并不存在数据或信息的共享，而输入法作为连接各个软件的起始通道，掌握了流量的文字输出内容，决定了其能够获得更多的流量信息。而以保护网络安全为己任的安全软件在计算机系统中拥有优先权限，使其能够警示、阻断甚至灭杀其认定的病毒或恶意软件。再次，互联网经济秩序的维护更多地体现在竞争效率。在市场交易成本过高而抑制交易的情况下，权利应赋予最珍视它们的人❷，竞争主要是机会竞争，其结果是由竞争者的竞争优势决定，而竞争优势常处于变动之中。互联网竞争更多的直接体现并非价格，技术的进步所带来的效率提高属于竞争秩序中的永动力，在没有特别因素介入时，对提高效率所带来的资源配置结果应当予以尊重维护，从而促进互联网竞争的优胜劣汰。另外，经济自由运行中，资源的分配必将通过各种私人决策过程来完成，这些明智、充分知情的决策总体上构成公共利益。❸ 最后，互联网整体经济利益的维护更多地落脚于社会弱势群体平等的经济机会和社会的实质正义，在保证效率优先的竞争秩序的前提下，社会弱势群体平等更多地体现在对整体弱者，即一般消费者利益的保护。综上，互联

---

❶ 博登海默. 法理学：法律哲学与法律方法 [M]. 邓正来，译. 北京：中国政法大学出版社，2004：33 - 34.

❷ 波斯纳. 法律的经济分析 [M]. 蒋兆康，译. 北京：中国大百科全书出版社，1997：20.

❸ Virginia State Bd. of Pharmacy v. Virginia Citizens Consumer Council, 425 U. S. 748, 765 (1976).

网竞争中的公共利益体现在对互联网竞争秩序的维护和对一般消费者利益的保护。❶

（四）消费者利益

流量中的消费者利益具有整体性、独立性以及易侵性的特点。

1. 流量中的消费者利益具有整体性

传统市场交易通过个体选择来完成，消费者可以选择不同的经营者进行交易。地域和信息的限制使消费者对于某些重要经营者的选择余地并不大，而经营者基于垄断地位，对于具体消费者的选择就显得无关紧要。进入互联网时代，通过讨价还价来完成交易的方式已经逐渐消失，流量的产生意味着交易的程式化，消费者的个体差异在互联网交易中并未显现。由于交易条件的整齐划一，消费者的利益只能通过整体的方式体现。另外，反不正当竞争法保护的是消费者从"未被扭曲的竞争"中可获得的利益，而非消费者权益保护法当中保护的是"弱者"的合法利益。另外，竞争法关注的也仅仅是流量的归属和流量数据的利用主体，而非消费者权益保护法中的消费者个体，并不考虑用户的个体差异。❷

2. 流量中的消费者利益具有独立性

在市场竞争中，正当的竞争应当是以质优价廉的方式向消费者提供商品或者服务。❸ 消费者是一切经济活动的前提，也是市场竞争行为的归宿，在互联网环境下也不例外。竞争给消费者提供了更多的选择。❹ 按照经济学原理，经营者所提供的商品或服务的价格也决定于消费者的需求。市场经营者获得最大限度的利润只

---

❶ 蒋悟真. 论竞争法的基本精神 [M]. 上海：上海三联书店，2008：212.
❷ 种明钊. 竞争法 [M]. 北京：法律出版社，2016：89.
❸ 北京市西城区人民法院（2015）西民（知）初字第07795号民事判决书.
❹ 保罗·纽尔. 竞争与法律：权力机构、企业和消费者所处的地位 [M]. 刘利，译. 北京：法律出版社，2004：12-13.

能通过同消费者的交易来实现，消费者利益的保障和实现并不依附于任何第三方而独立存在。在交易中，消费者作为注意力这一稀缺资源的持有者，可以自主选择互联网经营者作为交易对象。在竞争法的语境中，消费者利益在竞争冲突中扮演着"裁判者"的角色，能够进行独立的判断价值。❶

3. 流量中的消费者利益具有易侵性

"消费者"是法律对交易行为的不平等和消费者弱者地位的认可。❷ 在互联网环境下，不对称的交易信息使消费者仅具有表达是或否的权利，无差别的流量使交换的可选择性严重偏差，交换的条件会倾向于选择能力较强的经营者，消费者的选择权受到弱化和剥夺。作为流量主体的消费者已经失去了自主确定合同内容的可能性，价格已非以互联网流量形成为中心，更多的是以消费者体验为中心，消费者剩余趋近于零。作为流量客体的数据中包含着消费者的个人信息、消费习惯和上网习惯，互联网经营者可以通过cookies或数据传输渠道获取。现代数据追踪技术和软件已经可以做到在用户删除数据后悄无声息地实现自我复制。❸

流量是由单个用户构成，单个用户的浏览方向或购买意愿决定了其访问的对象，流量代表了消费者对浏览对象或交易对象的了解程度。一方面，真实的、基于用户自愿产生的流量，能够正确反映用户喜好，代表了消费者对浏览对象和交易对象的选择，从这个角度来说，流量中包含了消费者的知情权、选择权；另一方面，流量中的原始数据来自互联网用户浏览、搜索、收藏、加

---

❶ 种明钊. 竞争法 [M]. 北京：法律出版社，2016：89.
❷ 谢晓尧. 消费者：人的法律形塑与制度价值 [J]. 中国法学，2003（3）：20.
❸ 阿里尔·扎拉奇，莫里斯·E. 斯图克. 算法的陷阱：超级平台、算法垄断与场景欺骗 [M]. 余潇，译. 北京：中信出版社，2018：217.

购、交易等行为❶，所负载的不仅仅是用户的浏览或购买意向，还包含有消费者的个人信息、浏览习惯、消费习惯等诸多个人综合特征，这些都属于个人隐私范畴。流量中的这些权益都属于消费者的人身利益。这里需要明晰一个观点：**流量体现为数据集合，但流量不只是数据，流量的产生是消费者分配注意力资源的结果。**消费者的每一次点击链接都生成流量数据，流量的归属远比数据的归属更为复杂，作为互联网经营中的核心竞争力，何种流量属于互联网经营者，不仅决定着互联网竞争行为的形态，更影响着互联网不正当竞争行为的判定标准。

---

❶ 浙江省杭州市中级人民法院（2018）浙 01 民终 7312 号民事判决书。

第二章

互联网不正当竞争行为的类型化分析

互联网不正当竞争行为的认定，建构在对竞争概念和竞争属性的准确把握之上，而竞争手段和竞争类型反映了互联网时代的特征和竞争的激烈程度。没有效率的提高、创新的推动和分配的促进，竞争就没有存在的意义，这些构成了探讨互联网不正当竞争行为的前提。

第一节 竞争综述

一、竞争的概念

（一）经济学派的观点

古典经济学派提出了多种竞争内涵，其中最具代表性的是亚当·斯密（Adam Smith）提出的竞争概念：竞争的概念主要由五个层次构成：过程的动态性、参与主体的丰富性、获取资源和信息的及时性、竞争效果的长期性以及交易规则的自由性。新古典经济学派集成了古典经济学派对各种竞争行为的特征定义，认为产品生产量与市场需求存在正相关性，产品的产量与市场总产量之间没有任何关联，并完善了竞争概念的内涵，构建了完全竞争的初始概念架构。古典经济学派将竞争定义为一种交易过程，是市场经营主体通过对产品价格未来走势的预测，产品的价格成为竞争活动的主要目标。亚当·斯密认为市场中的所有经营者都会在市场规则的约束下调整产品价格，并控制价格变量；而价格的变化来自产品价格的对抗。新古典经济学派研究的对象主要集中在竞争的效果上，认为产品的价格并非关键的竞争因素。由此可见，在经济学概念中，竞争是一种基于利益驱动和市场要素驱动的活动过程，竞争的思想以人们的认知和思维为主导。消费者通过对产品价格和产品类型的优化选择，使市场中的产品供给与产品需求达到了对称状态，使社会利益获得了相对平衡的配置。

（二）法学学者的观点

但凡存在各方企图获得并非都能获得的某些东西时，就会产生竞争。[1] 经济领域内的竞争由经济法调整，众多学者对竞争定义存在不同的表述：种明钊教授认为，竞争是指经营者为实现自身经济利益最大化，而在提供产品或服务的各个方面的争胜行为。[2] 逄锦聚认为，竞争是指经济利益主体，为了获得更多的经济利益而角逐有利的生产或销售条件。[3] 孔祥俊认为，竞争是指经营者之间以价格、质量等有利条件争取交易机会的行为。[4] 王先林认为，竞争是指经营者在特定市场提供价格、质量、服务等有利条件，争取交易机会，获得经济利益的行为。[5] 相关表述不尽相同，但均

---

[1] 约翰·伊特韦尔，默里·米尔盖特，彼得·纽曼. 新帕尔格雷夫经济学大词典：第1卷 [M]. 陈岱孙, 译. 北京：经济科学出版社，1992：577.
[2] 种明钊. 竞争法 [M]. 北京：法律出版社，2016：5.
[3] 逄锦聚. 政治经济学 [M]. 北京：高等教育出版社，2003：103.
[4] 孔祥俊. 反不正当竞争法的适用与完善 [M]. 北京：法律出版社，1997：49.
[5] 王先林. 竞争法学 [M]. 北京：中国人民大学出版社，2015：5.

包括以下要素：其一，多主体的参与；其二，发生于市场领域；其三，与经济行为有关；其四，为经济利益目标。故对于将竞争表述为在经济领域内不同主体为了经济利益而实施的经济行为这一概念，本书赞同并进行应用。

二、竞争的属性

（一）动态性

市场竞争具有强烈的对抗性，体现了动态的竞争特征。市场资源配置达到平衡和优化只是静止的一个瞬间，通过竞争达到这一瞬间的整个过程都是动态的。受市场机制引导的众多竞争行为，呈现为激烈对抗的动态过程，最终达到竞争秩序的协调。这种内生的市场机制，不断地以市场需求为导向，表现为奉行适者生存法则的动态竞争，是一种创造性破坏过程。❶ 竞争的结局只是一幅优胜劣汰的静态画卷，技术的进步所催生的多样化竞争行为，不断动态化地展现于竞争的整个过程。以安全软件为例，对病毒、木马等有害程序代码进行防御、清除是其基本安全防护功能，但今天这些软件已经发展到能辅助用户管理相关软件、提升用户体验。❷ 软件功能的增加和经营模式的变化必然导致竞争范围的扩张，并加剧竞争的动态性。

（二）损害性

竞争的损害性体现在竞争损失，竞争损失是竞争风险的体现，不仅意味着竞争需求无法得到满足，往往还意味着诸如投资无法收回等经济损失。竞争损失对于竞争参与者而言，还意味着竞争

---

❶ 孔祥俊. 论反不正当竞争的基本范式 [J]. 法学家，2018（1）：57.
❷ 北京市高级人民法院（2015）高民（知）终字第1071号民事判决书。

机会的丧失。只有参与竞争，才有可能获得稀缺资源，以满足生存和发展的需求，丧失竞争机会则意味着失去了获得资源的可能性。如果生活的目标是吃到树叶，脖颈最长的长颈鹿活下来就是一种必然，而脖颈较短的长颈鹿只能饿死。❶ 这种资源配置的失衡带来的是优胜劣汰，体现为一方获取较少稀缺资源的同时，另一方获得较多的稀缺资源。竞争失败是绝大多数竞争的必然结果，特别是在稀缺资源的竞争中，但竞争性损害是效率和激励机制之所在。❷ 存活下来的必然是"脖颈最长的长颈鹿"，从而保证社会整体的进步和发展。这种损害具有常态性，其深植于竞争的各种形态之中，不因为竞争性质的正当与否而有所改变。

（三）交　织　性

竞争具有交织性，体现在竞争形态的多样和损害对象的多样。在平行竞争状态下，经营者仅需调整产品的价格，即可选择快速进入或退出市场竞争，并不与竞争对手发生直接冲突，二者处于平行状态，这种竞争是完全竞争市场的理想状态。事实上，即便是在传统的竞争形态中，竞争也会包括超越式和嵌入式等多种形态。在各国都予以认可的商业诋毁、虚假宣传和仿冒混淆等不正当竞争形态中，除了虚假宣传涉及对自身提供商品或服务的妄称外，其他两项均涉及对竞争对手生产经营行为的干扰。加之技术的发展也促使你中有我、我中有你的近身搏斗成为竞争的常态，❸ 竞争的结果必然是优胜劣汰，有收益必然有损失，这是由社会财富总量所决定。在损害对象中，除了竞争对手的损失，往往还包

---

❶ 凯恩斯. 通往繁荣之路 [M]. 李井奎，译，北京：中国人民大学出版社，2016：61.
❷ 孔祥俊. 论反不正当竞争的基本范式 [J]. 法学家，2018（1）：50-68.
❸ 北京市海淀区人民法院（2015）海民（知）初字第4135号民事判决书。

含多重主体的多重利益损失。应当说,竞争的交织性体现在技术融合上,也是为了提高互联网用户的消费体验,获得竞争优势。对于竞争所造成的损害,不可能仅仅指向单一主体或一类主体,损失主体的泛化和多重利益的损失亦是竞争交织性特征的重要表现。

三、竞争的类型

对于竞争的类型,学界基于研究领域和观点存在不同的划分角度,本书从竞争的手段和形态进行分类,以助于把握和理解竞争行为的影响和特征。

(一)价格竞争和非价格竞争

按照传统的价格理论,价格可以衡量需求对经营者以及商品个别地对购买者的边际效用❶,从而判断生产者剩余和消费者剩余的多少。价格上升的幅度,要看商品的缺乏程度及竞争者的数量所引起的竞争激烈程度。❷ 正当的竞争应当是以物美价廉的方式向消费者提供商品或者服务,健康的竞争机制就是鼓励经营者以上述方式开展竞争,但物美价廉本身就是伪命题,所压缩的只可能是经营者的生产剩余。如果竞争单纯地表现为价格竞争,则经营者提供的产品或服务则具有高度的替代性,价格竞争构成了传统市场中竞争的基础方式。

除了价格竞争,非价格竞争也日趋激烈。随着市场竞争的发展,在产品差异化明显,技术创新和消费者体验等非价格因素成为重要竞争形式的领域,价格竞争的作用逐渐式微。非价格竞争

---

❶ 马歇尔. 经济学原理 [M]. 上卷. 朱志泰, 译. 北京: 商务印书馆, 1964: 122.
❷ 亚当·斯密. 国民财富的性质和原因的研究 [M]. 上卷. 郭大力, 王亚南, 译. 北京: 商务印书馆, 1972: 51.

的手段具有多样性,新商品、新技术、新供给来源、新组织类型等均属于该竞争手段。在互联网免费商业模式下,价格竞争已不存在,甚至转向了反向价格竞争:由互联网经营者向用户提供补贴,并根据补贴的多少来展开竞争、获得流量。互联网经营者在竞争中更加注重消费者体验等方面的竞争,其利用低价或免费策略降低生产成本,在获得巨大流量的同时,利用增值业务和广告收入实现盈利。但此时需求价格是富有弹性的,即用户对价格具有高度敏感度,哪怕是收取较小数额的费用都可能导致用户的大量流失。❶

（二）静态竞争与动态竞争

静态竞争是一个经济学概念。古典竞争理论和波特竞争理论都是从静态的角度分析竞争,认为竞争中各类要素都是静态的,难以发生共同作用,企业一旦拥有战略性资源和能力,就可以创造出持续竞争优势。❷ 在静态竞争下,竞争策略的制定很少考量竞争对手的状况,竞争只需要一次互动,经营者就可以长期保持竞争优势。静态竞争在竞争法的范畴内体现为竞争对手处于平行竞争关系,彼此之间不应存在介入或干扰;经营者长期保持的竞争优势具有法益的特点,对竞争优势的侵蚀或破坏多具有不正当性或非法性。

奥地利学派的熊彼特认为,竞争从时序和内部结构看,是一个创新和技术进步的动态演进过程。❸ 动态的竞争不仅促进市场价格的平衡,还能促进产品生产方式、消费过程、服务过程的创新。

---

❶ 最高人民法院（2013）民三终字第4号民事判决书。
❷ 徐彪,温晓俊. 开放环境下企业动态竞争优势研究——对静态竞争优势模型的动态修正 [J]. 科技进步与对策,2009（12）：80-81.
❸ 王先林. 竞争法学 [M]. 北京：中国人民大学出版社,2015：12.

创新带来的利润对企业具有较大的诱惑，在产品和服务方面的创新是促进企业体制变革的重要动力。提升技术研发和新品上市速度，能够极大地帮助企业获得更多的经营利润，在短期内增强企业的市场竞争优势。同时，产品的创新竞争也能促进社会资源配置结构的不断优化，使社会资源的效能得到提升。劳动力资源和社会资本资源在不断竞争的过程中会加速流转效率，使资源的配置结构更加合理。

竞争是一个动态的过程，这一认识可以帮助我们厘清对竞争损害的错误判定。任何经营者的竞争优势都具有暂时性的特点，如果其在竞争中未能保持竞争优势，则可能是竞争的必然结果，并不能据此认定不正当竞争行为的存在。另外，竞争中的各方主体的利益也处在变动之中，仅对一方利益的一时考量并不能得出不正当竞争的结论。竞争的动态性，对竞争损害的常态、相关权益的损失和不正当竞争行为认定的因果关系认定，具有正本清源的作用。

四、竞争的意义

（一）竞争产生效率

稀缺性是买卖交易的普遍原则，而效率却是管理交易的普遍原则。❶ 稀缺性和效率之间存在限制且互补的相互依赖关系，稀缺性的存在推动了竞争的产生，效率作为竞争的普遍原则，可以通过合作克服稀缺。为了赢得竞争，经营者必须以较低的成本提供最好的商品或服务。在这一过程中，各方必须借助技术和创新的手段来提高效率，从而达到社会整体效益的提升。竞争会激发劳

---

❶ 康芒斯. 制度经济学［M］. 赵睿, 译. 北京：华夏出版社, 2013：74.

动生产过程的不断优化，以及生产效率不断提升。企业在参与市场竞争的过程中，会通过生产技术和内部管理体制的创新，来强化企业的管理质量，减少企业开支，使企业从生产活动中获得更多的收益。不同企业对创新行为的效仿，则会使创新的过程得到延伸，对社会生产效率的提升产生积极的推动作用。同时，在利益最大化追求欲望的趋势下，企业的创新意识不断提高，对各种市场要素的利用效能不断提升。

（二）竞争推动创新

竞争是一种创新机制。即便是在单纯的价格竞争形式下，单位商品中凝结的无差别的人类劳动时间的多少，也必然决定于创新所带来的生产效率。创新竞争在效率上和其他竞争手段的区别犹如炮击和徒手攻门的区别。[1] 竞争迫使人们不断创新，而创新主要体现在技术的提升和颠覆，是一种连续的"创造性的破坏过程"[2]。市场竞争能够促进生产领域的不断延展。在市场需求规模不断扩大的情况下，市场上的商品种类不断增多。在不同产业企业满足人类多元化需求的过程中，会主动拓展产品的生产种类，并引发不同产品之间的深度竞争。这在一定程度上促进了不同生产领域的全面拓展，使原有的市场供给方式和供给结构发生变革，使优质的生产技术得到延续，能力较差的企业和产品会逐渐被市场中的其他要素取代。数码技术的创新直接将胶片照相机扫入历史的垃圾堆，即为明证。

竞争的法则是优胜劣汰，获胜的竞争者会得到更多利益，而

---

[1] J. A. 熊彼特. 资本主义、社会主义与民主主义 [M]. 绛枫，译. 北京：商务印书馆，1979：106.

[2] Dominick T Armentano. Antitrust and Monopoly [M]. New York：John Wiley & Sons, Inc.：1982：31.

处于劣势地位的竞争者会逐渐被市场淘汰，进而产生了竞争激励效应。这种效应是一种基于客观思维的强制性动能，对所有竞争主体产生的刺激作用是相同的，能够促进竞争主体不断审视自己的生产问题和产品质量问题，使其通过不断的创新，来降低产品的生产成本。竞争现象促进了生产规模的不断扩大。企业在竞争规则的驱动下，不断优化内部结构，整合资源优势，并通过与其他企业的兼并重组来增强企业的发展能力，进而使生产能力不断提高，产业规模不断扩大，资产的聚焦效应不断强化。生产规模大有利于科技的应用、劳动组织的更新，从而推动生产力的发展。技术和创新本身具有中立性的特征[1]，可以用作竞争的工具，但并不因其中立性而得出竞争行为正当性的结论。

（三）竞争促进分配

竞争是一种分配机制。竞争结合消费者的需求来实现优胜劣汰，只有能够最大限度满足消费者需求的竞争，才有可能参与分配并获得分配。从竞争的实现来看，只有在竞争的状态不稳定的情况下，商品或服务的价格才具有动态调整的可能。在产品的生产者之间引入竞争机制，能够使市场产品的劳动时间和生产成本得到平均配置，体现商品真实价值。市场竞争通过分配机制，促进了产业结构的不断变革。经营者在参与市场竞争的过程中，基于对利益的最大化追求，会根据产品的经营利润高低来制定生产要素的转移机制，使各种资源和技术的价值得到不断的提升，使原有的产业格局和产业发展模式不断更新，市场供给与市场需求之间的协调性不断提升。

---

[1] 浙江省杭州市中级人民法院（2018）浙01民终7312号民事判决书。

第二节 不正当竞争行为类型化综述

一、类型化划分的理论思考

类型化规则是社会积累知识、传递经验的工具。[1] 类型化的分析方式，一方面可以避免对竞争形态进行流水账式的罗列，防止陷入"头痛医头"的尴尬境地；另一方面可以在总结竞争特征的基础上，降低一般条款的适用频度，努力跨越不正当竞争行为主观性的判定标准。类型化划分在理论上有其存在的必要性和合理性。

（一）类型化划分的意义考量

类型化划分可以总结各类现存不正当竞争行为的共性，并为类型化划分的立法规制扫清障碍，类型化规则存在的合理性在于其内容的完整与准确，具体体现在具体条款对不正当竞争行为形式和构成要件的概括。

1. 类型化划分可以有效降低社会成本

普遍真理很难掌握，我们大多数人通过努力积累下来的只是一些有关具体事务的知识。[2] 对竞争行为进行类型化划分的基础，是我们对世界的已知认知，这些认知模型帮助我们解决了信息不足的问题，并降低了信息搜寻的成本。在类型化立法设置得当的

---

[1] 蒋舸.《反不正当竞争法》网络条款的反思与解释——以类型化原理为中心 [J]. 中外法学, 2019 (1): 189.
[2] 本杰明·卡多佐. 法律的成长 [M]. 李红勃, 李璐怡, 译. 北京: 北京大学出版社, 2014: 35.

情况下,其对于相关问题的解决,就无限接近于正确答案。对于成文法国家来说,行为类型化划分和规则制定,需要对于社会互动中所产生的变化多样的行为方式,进行庖丁解牛般的特征界定和构成要件的提取,并对以往的司法实践的经验教训进行总结,最终以立法的方式公之于众,降低了社会公众实施特定行为的决策成本,并起到法律的引导作用。对于普通法系国家,遵循先例原则的适用,使得成文法中提炼出的抽象特征更能够在具体案件中对比行为异同,以达到同案同判的目标,这也是类型化划分的集中体现。

2. 类型化划分能够应对竞争行为多样性

互联网新技术的涌现将陈旧的技术和涉及的法律争执扫入历史的角落。我们很难想象,十年前我们所讨论的软盘等存储工具涉及的法律纠纷,已经随着软盘应用的萎缩快速消散;系统缓存所涉及的复制侵权问题,也已经随着5G技术的发展和带宽的拓宽而喧嚣不再。互联网竞争方式的多样化呈现已经使我们应接不暇:传统的中心化辐状传播,已被去中心化的网状传播替代;传统的水平式网络信息获取,已被垂直化的移动互联网替代;传统的同业竞争者之间的竞争,已被网络生态中的任一主体参与所替代。对多样化的不正当竞争行为进行分析,总结共性和个性,进行类型化的划分,是规制互联网不正当竞争行为的有效措施。

3. 类型化划分能够避免一般条款的泛滥

在存在成文法的国家里,一般条款的弊端显而易见:偏离具体性的、较为抽象性的规范,往往含义并不清晰明确,通常情况下会降低一定层面的法律稳定性。一般条款虽然从某种程度上克服了列举立法决定不正当竞争行为的局限性和不灵活性,但不可避免地也增加了不确定性,抛弃了稳定性。法律是以安全正义为核心价值的规则,必须以确定性为目标和表现形式。一般条款作为规制不正当竞争行为的帝王条款，受到法官的偏爱，一方面，可使法官在个案的判断时，借助法学理论和司法经验加以补充、拓展，另一方面，一般条款的原则性使法官的判断直接进入主观状态，任何竞争行为都难以逃出公平正义或诚实信用的审视。从反不正当竞争法的整体来看，一般性的规定条款与列举性的具体条款之间，存在一般和特殊的区别，以及抽象与具体的差距。当抽象的一般概念及其逻辑体系，不足以把握生命现象的各种表现形式或意义语境时，补贴思维形式的第一思维是"类型"。[1] 借助于类型化的划分，可以构成要件的特征形式，将各种情形按照某种特征排列呈现，并直接应用于司法审判，无须法官过多地补充和拓展，避免形而上学的主观认定。

4. 类型化划分能够防止同类行为认定的反转，规范法官自由裁量权的行使

世界上不存在同样的两片树叶，也不会存在完全相同的互联网竞争行为。相同或相似竞争行为的不同认定，会使经营者陷入无所适从的迷茫境地。对于违反机器人协议（Robots 协议）的数据抓取竞争行为，多数判决仅论述了机器人协议的运行机制和技术特征，未对行为主体和其他合作情形进行划分，导致机器人协议的效力如弹簧般左右摇摆；而对同一侵权行为的正反认证，更反映了类型化划分标准的欠缺。在腾讯诉星辉一案中，一审、二审法院对浏览器过滤广告的商业模式给予了不同的认定，这些认定的反转对司法公信力造成极大影响。类型化行为的划分和规则的制定，可以有效增加法律对法官裁判的指向性和引导作用，防止出现同案不同判的窘境。要求法官运用一般条款去评价每个不

---

[1] 卡尔·拉伦茨. 法学方法论 [M]. 陈爱娥, 译. 北京: 商务印书馆, 2003: 337.

正当竞争行为不切实际，要求法官在每一起案件中都能够凭借自己对于一般条款的理解处理案件也过于苛刻，这就出现了适用类型化条文的内生动力。基本原则的本质特征是不确定规定，法官的自由裁量即基于此，也曾有法官在案件中提炼出不正当竞争行为的判定原则。在百度公司诉奇虎公司不正当竞争纠纷一案❶中，法官总结了"互联网经营者遵守的五项基本原则"，单从形式上来说，法官作为裁判依据的法律原则，应当具有法律层面的依据，且法律原则的适用并不是排他性的，而是诸多法律原则适用的均衡。这一原则的确立使得数据分享成为虚妄，一是平台并无分享数据的动力；二是这一原则名义上促进了数据的保护，但使各类数据成为收集平台的私产，为数据二次使用设置了障碍。

众所周知，面对复杂的社会生活，任何立法和规定都不能穷尽一切社会现象，遑论一般条款的约束力。虽然在商业领域，一般条款已经被用来限制不正当竞争，但还远远不够。一般术语无法囊括全部不正当竞争行为，互联网技术和创新的快速迭代，决定了法律无法跟上互联网的迅速变化，我们很难预测将来互联网将产生何种新型不正当竞争行为。类型比概念更具体，介于个体直观与抽象概念之间，不仅可以将不同的行为进行划分，而且可以朝着泛化和区域分化的方向发展，即一般规范可以划分为特定的类型❷，类型化划分势在必行。

(二) 类型化划分的适用要求

1. 类型化划分应当考量立法和司法成本

制度和制度环境直接界定了行为的收益和成本，自然决定了

---

❶ 北京市高级人民法院 (2013) 高民终字第2352号民事判决书。
❷ 齐佩利乌斯. 法学方法论 [M]. 金振豹, 译. 北京: 法律出版社, 2009: 109 - 110.

行为作出的可能性。❶ 当类型化的边际成本小于边际收益时，我们应当提高类型化的适用程度，反之，应当停止对行为的类型化划分。

一方面，应当从立法的角度考虑类型化成本。首先，立法成本的产生来源于对行为信息的收集和整理。社会中存在的信息以杂乱、零碎的形态分布于各个角落，收集整理相关信息已经困难重重。其次，探究信息之间的关联性也困难异常。虽然世间的万事万物都具有关联，但我们如果需要找到类型化的行为之间的关联性，就会进行大量的甄别和剔除工作。最后，从现象到本质的探求更需要多次论证。因果关系的确定并非一蹴而就，我们需要多因一果地反复论证，只有如此，类型化规则才可能具有适用性，而不会成为法律适用中被攻击的箭靶。

另一方面，应当从司法的角度考虑类型化成本。类型化规则的确定，需要在各个类型化规则之间划定泾渭分明的鸿沟，而不能出现你中有我的具体特征。这不符合类型化规则的适用要求，也会对法官的法律选择造成困惑和误导。像互联网竞争中违反爬虫协议的行为，是从互联网所崇尚的互联互通的角度出发，还是尊重爬虫协议所代表的行业惯例，将会得出不同的司法适用路径。另外，确定类型化规则的内涵并不难，难点在于从众多表现形式中抽茧剥丝，找到应当适用的要件和特征。平台经济中众多经营者不同的利益诉求，对司法应用造成袭扰。对于提供视频内容的经营者，其希望加大视频收费＋广告商业模式的保护力度，防止其他经营者"搭便车"；对于电子商务平台经营者，其希望平台内经营者从一而终，保证流量的持久存在，以防止竞争对手的袭扰；

---

❶ 应飞虎.信息、权利与交易安全：消费者保护研究［M］.北京：北京大学出版社，2008：61.

对于包括安全软件在内的基础软件经营者，则希望能够高举公共利益大旗，肆意纵横互联网生态世界，成为竞争规则的制定者和裁判者。互联网产业的众多利益集团更多的是从自身利益出发，对不正当竞争行为进行分类和适用，以期说服法官。

2. 类型化划分应当确定适用的要素

类型化行为的划分和规则的形成，必须建立在确定共性类型化行为和界定鲜明个性特征的基础之上。确定共性能够保证类型化规则高效适用于类型化行为，而不会产生同因不同果的悖论。界定个性能够明确类型化行为的适用边界，确保多因有多果。这一因果关系出现的恒常性❶和产生特定结果的各种高频因素，将会纳入立法者的视野。如果不能确定因果之间的相关性，则共性、个性的把握就无从谈起。以互联网竞争为例，经营者所处的行业地位、所实施的技术特征、所造成的多重利益影响等多种因果变量交织，立法者需要找出何种损害结果的发生才可以作为不正当竞争行为的判定标准。

上文中已经提及，互联网竞争中存在多重变量，对多种变量存在范围、边界和影响的把握决定着类型化规则能否确定。以电子商务平台为例，平台内经营者的经营范围存在于平台之内，其竞争行为的范围决定了其只能影响平台内流量的分配，自然不可能对其他平台的经营产生影响。当然，对类型化的因果变量进行全面、整体把握，更有利于准确作出决定和选择。但实际上，立法者不可能达到这一程度。变量的重要程度取决于模型的使用场景和目的❷，而且类型化规则必然要求对所有变量进行取舍，只能

---

❶ 大卫·休谟. 人性论 [M]. 上卷. 关文运, 译. 北京: 商务印书馆, 2013: 186.
❷ 蒋舸.《反不正当竞争法》网络条款的反思与解释——以类型化原理为中心 [J]. 中外法学, 2019 (1): 193.

选取对结论产生直接、决定影响的因果变量纳入模型，才可能最大限度地保证结论的正确性。在不正当竞争行为认定中，主观过错要件的考虑与否是一个众说纷纭的问题。有法官将侵权法的主观过错要件嫁接至竞争法领域，认为只有被告系主观故意，才能认定其行为构成不正当竞争。❶ 在法律未对不正当竞争行为进行类型化划分的情形下，采取主观判定的方式评价竞争行为，并套用侵权行为法当中的主观要件进行判定，似有穿新鞋走老路的嫌疑，且与市场竞争的目标和竞争法的立法原意相去甚远。上述观点正确与否姑且不论，但相关变量的增加与否，直接决定了类型化规则的适用结果是产生漏网之鱼，还是出现漏鱼之网。

3. 类型化划分应当警惕样本的分布数量和划分标准的滞后

类型化的分类方式使用要求较高。要总结类型化行为的个性和相似度，就需要一定数量的样本基数。在相似性给予的启示中总结行为特征，仅仅依赖少量的互联网不正当竞争行为难以提炼出"类型"，并对以后的竞争行为进行规范和引导。类型化的划分，首先需要竞争行为的足够频度的重复和较长时间的延续，然后经过长期细致的观察和司法评判的收集，才可能进行比较分析，并得出类型化的划分。互联网竞争中不断涌现的新技术催生着转瞬即逝的新型竞争行为，并不适用于这种不断循环的解决方式。相较于一般条款的抽象和不确定，法官更喜欢适用类型化规则来评判案件，但如果立法者对类型化的划分依据和理论基础未仔细思考，就很容易对技术性用语和类型化特征的真正内涵产生背道而驰的理解和适用，从而导致法律大前提和事实小前提的双重误判。

---

❶ 曹丽萍. 互联网不正当竞争行为的主观故意判断［J］. 人民司法应用，2019（10）：11.

稳定性是法律的内在属性之一，法律一旦制定就具有稳定性，这是国家发展的客观要求。在日新月异的科技影响之下，商业模式和社会经济关系都在不断发生变化，相较于社会经济的发展，稳定性这一法律内在属性是滞后的。法律是由多层立法规范构成的体系，顶层是一般条款，用以划定法律规制的整体范围和目标；中层是一般的类型化规范，用以解决特征恒定的行为方式；底层是具体的类型化规范，用以解决特征明显、行为精细的法律适用。伴随着互联网科技的发展，互联网商业模式的与时俱进，许多新形式的不正当竞争行为此起彼伏，直接漫过具体甚至是一般的类型化规则的防线，横于一般条款的面前。包括《反不正当竞争法》在内的任何法律，都希望能够在一定程度上突破滞后性，但法律与行为之间总是存在不可避免的滞后关系。也正是因此，一般性条款存在的意义昭然若揭。

互联网技术的变革导致互联网不正当竞争行为的多样性，也导致法律适用的滞后逐步凸显。由于类型化条款本身的特质，单一条款对行为主体概括不完整，无法覆盖所有行为内容，对部分新行为的法律责任和义务规定也不甚明了，各类型化条款的列举内容已无法满足互联网竞争的需求。伴随互联网商业模式的迭代，不正当竞争的行为表现日新月异，在适用《反不正当竞争法》上也显得捉襟见肘。区别于一般条款的概括和统领作用，类型化条款规制具体竞争行为，会造成具体条款的单一性特性。类型化条款是针对某一类型的社会现象做出集中的划分与规定，使抽象的、难以理解的法律概念得到直观的、有限的、准确的诠释。如果没有一般条款，类型化条款这种单一性的缺陷必定会在很大程度上局限法条的适用范围，使《反不正当竞争法》在层出不穷的不正当竞争行为面前显得单薄无力。

二、不正当竞争行为类型化划分实践

（一）国外立法总览

对不正当竞争行为进行类型化划分，旨在通过对不正当竞争行为的列举和关键要素的概括，达到规则精准适用于某类不正当竞争行为的目的。类型化规则的完整性和准确性决定了其适用的生命力。囿于网络技术发展的迅捷，各国立法多数并未对互联网不正当竞争行为进行明确列举。类型化规则对不正当竞争行为构成要件的准确概括，保证了其在互联网司法中的准确适用。

1. 国际条约

《巴黎公约》对仿冒、商业诋毁和虚假宣传三种不正当竞争行为进行了类型化划分，并总结了其特点。在对混淆的划分中，强调了混淆发生的环境要件；在对商业诋毁的划分中，对商业诋毁的对象进行了规定；在对虚假宣传的划分中，对公众产生误解的对象和行为方式进行了规定。在 1994 年通过的 TRIPS 协议中，又规定了在《巴黎公约》第 10 条之二的框架内，应当提供对商业秘密的保护。在 1997 年 WIPO 制定的《关于反不正当竞争保护的示范规定》❶ 中，也仅规定了上述行为在内的 5 种行为。上述国际条约历经几十年并没有发生大的变化，究其原因，在于各国基于不同国情和经济发展阶段，对本国经济状况的综合考量，最终难以达成共识，无法对国际条约进行统一修改。这也同时佐证了不正当竞争行为的界定，与不同国家的现有政策和经济发展直接相关。

2. 区域条约

2005 年，欧盟通过了《欧盟不公平商业行为指令》（简称指

---

❶ 世界知识产权组织国际局. 关于反不正当竞争保护的规范规定——条款和注释 [R]. 世界知识产权组织出版物 No. 832（C），63 – 68.

令），以实现对不公平商业行为的监管，该指令旨在阻止不公平商业行为，帮助消费者认识和保护自身的合法权益，之后相继转化为欧盟成员国法律。指令对不公平商业行为的判定是从具体走向抽象的递进过程：首先应用黑名单标准，在附件一中列举了31种适用于所有情境的不公平商业行为。其次应用类型化规则进行判定，根据误导性商业行为❶和侵犯性商业行为❷的特征进行综合判断：在对误导性商业行为的描述中，其规定了诸多因果要件，如虚假信息误导一般消费者或者真实信息导致消费者作出非正常交易决定❸；在对侵犯性商业行为的描述中，规定了不当影响——损害一般消费者选择自由——作出非正常交易决定。最后进入抽象判断，根据职业注意要求、一般消费者、实质扭曲与产品有关的行为等要素，综合评估商业行为是否公平。这一逻辑适用顺序，最大程度保障对商业行为公平性判定的一致性和稳定性，降低了抽象判定的错误比例。

3. 各国立法例

有市场的地方就会有竞争，保护正当的市场竞争，反对不正当竞争，是市场经济的必然要求，也是竞争法在市场活动中义不

---

❶ DIRECTIVE 2005/29/EC OF THE EUROPEAN PARLIAMENT AND OF THE COUNCIL of 11 May 2005 concerning unfair business – to – consumer commercial practices in the internal market and amending Council Directive 84/450/EEC, Directives 97/7/EC, 98/27/EC and 2002/65/EC of the European Parliament and of the Council and Regulation (EC) No 2006/2004 of the European Parliament and of the Council [2005] OJL149/22 art 6.

❷ DIRECTIVE 2005/29/EC OF THE EUROPEAN PARLIAMENT AND OF THE COUNCIL of 11 May 2005concerning unfair business – to – consumer commercial practices in the internal market and amending Council Directive 84/450/EEC, Directives 97/7/EC, 98/27/EC and 2002/65/EC of (EC), art 8.

❸ 非常交易决定是指"真实的信息涉及下面所列的一些因素，而这些因素会导致或者可能导致消费者作出在其他情况下不会作出的交易决定"。

容辞的责任。不正当竞争行为是一种伴随市场竞争而来的自然经济现象，在世界各国经济活动中普遍存在。为了维护正常的市场秩序，保护市场经营者和消费者的合法权益，预防和阻止不正当行为对市场经济的不利影响和伤害，各个国家都先后制定了反对不正当竞争行为的类型化规则。

德国作为成文法体系，反不正当竞争法是其判断不正当竞争行为的主要依据。德国立法在某种程度上代表了大陆法系的模式，1896年，德国颁布了世界首部反不正当竞争法，采用了在一般条款中增加具体条款的方式。面对互联网环境的快速更迭，该法并没有设置具体条款来规范互联网不正当竞争行为，而是统一由一般条款予以规制。1896年的立法并没有设立一般条款，仅仅是规制个别不正当竞争行为。1909年的修改首次设立了一般条款，即以违背善良风俗为损害赔偿的要件。该条款给了法官一定的自由，可以根据一般条款认定那些法条没有明文规定却实际构成不正当竞争的行为。但后来，德国学界逐渐认识到并非所有竞争秩序的损害都源于违背善良风俗的行为，违背善良风俗的要件扩大了不正当竞争行为认定的范围。2004年，德国进行修法，去除违背善良风俗要件，将不正当行为扩大至不利于经营者、消费者或其他市场参与者的行为，并对竞争造成显著损害。❶ 实践中的许多案例在借助"黑名单"无法进行认定时，则会适用反不正当竞争法中引人误解的广告和比较广告条款。但即便符合上述类型，也还要满足显著侵害竞争者或者消费者的利益要件。

美国在网络技术发展方面一直呈现积极增长的态势，对于互联网不正当竞争行为判定的研究开始也较早，这与其立法的先进性息息相关。美国反不正当竞争法律由成文法和判例法组成，且

---

❶ 范长军. 德国反不正当竞争法研究［M］. 北京：法律出版社，2010：84.

主要是由判例法规制。但即便是面对复杂的互联网不正当竞争行为，美国判例法也未脱离《巴黎公约》中确定的仿冒混淆、虚假宣传和商业诋毁等传统类型，而实际案例当中，互联网竞争行为大多也未脱离混淆的境界。面对互联网的迅猛发展，这种裁判方式能够更好地解决成文法滞后于互联网发展这一难题。

（二）国内立法实践

我国于2019年修正的《反不正当竞争法》第12条对利用网络从事生产经营的经营者的技术手段予以规制，要求互联网企业不得妨碍其他竞争者的合法经营或对消费者的选择权造成妨害，旨在保护其他经营者和消费者的利益。其中包含三种特定行为和一项兜底条款，吸收了司法实践当中的有益探索经验。

1. 互联网竞争专条的类型化体现

该条第一款规定了劫持流量的行为，主要表现为对其他经营者的产品或服务，以设链的方式强行跳转，而浏览器劫持和弹窗广告[1]均属于比较典型的劫持流量的表现形式。"劫持"一词表明对用户访问意愿的违背，即其他经营者在作出竞争行为时，消费者或互联网用户的访问意愿明确并非针对该主体。但该款规定的却是对其他经营者意志的违背，并未体现消费者访问意愿，换言之，如果符合消费者真实访问意愿，而违背其他经营者的意志，则竞争行为会被判定为不正当，这有违于诸多司法判决的认定。在百度公司诉搜狗公司不正当竞争纠纷一案[2]中，法院认为"只有在搜狗搜索引擎因被诉行为而获得的流量原本属于百度搜索引擎

---

[1] 根据2006年11月22日中国互联网协会正式公布的恶意软件的定义：浏览器劫持指未经用户许可，修改用户浏览器或其他相关设备，迫使用户访问特定网站或导致用户无法正常上网的行为；广告弹出指未明确提示用户或未经用户许可，利用安装在用户计算机或其他终端上的软件弹出广告的行为。
[2] 北京知识产权法院（2015）京知民终字第2200号民事判决书。

的情况下，才可能出现搜狗公司对百度搜索引擎流量的劫持"。在百度公司诉联通公司一案❶中，就出现过联通公司通过技术手段和其提供通道服务的地位优势，与其他经营者合作，在互联网用户登录百度网站进行关键词搜索时，首先弹出其合作公司发布的广告页面。可见对于劫持流量行为，司法实践已经有了一定的认定标准，即必须对消费者的现实利益或潜在利益造成损害，方可认定其为不正当竞争行为。

该条第二款规定了诱导流量终止其他经营者合法服务的行为，主要表现为误导、欺骗、强迫用户修改、关闭、卸载其他经营者合法提供的网络产品或者服务，属于对《互联网终端软件服务行业自律公约》的积极回应❷。本款规定了互联网干扰行为，但干扰当中包含了表现各异的软件冲突行为。❸ 该款中规定的修改、关闭和卸载并不能包含所有的干扰手段，如对软件二选一的安装行为，应修改、关闭和卸载行为的语义前提必然是已经获得安装的软件，对于尚未安装的软件的干扰便不在规定之中。另外，恶意卸载❹属于比较典型的该款表现形式。在金山公司诉奇虎公司一案❺中，奇虎公司在安装360杀毒软件的过程中，利用诱导性语言，并采取弹框的方式，默认选择卸载按钮，引导用户同意卸载金山新毒霸杀毒软件。可见，采用诱导流量的方式终止其他经营者或限制其他经营者服务的行为，在司法实践中是不被认可的。

---

❶ 山东省高级人民法院（2010）鲁民三终字第5-2号民事判决书。
❷ 《互联网终端软件服务行业自律公约》第18条规定：终端软件在安装、运行、升级、卸载等过程中，不应恶意干扰或者破坏其他合法终端软件的正常使用。
❸ 蒋舸.《反不正当竞争法》网络条款的反思与解释——以类型化原理为中心[J].中外法学，2019（1）：196.
❹ 根据2006年11月22日中国互联网协会正式公布的恶意软件的定义：恶意卸载指未明确提示用户、未经用户许可，或误导、欺骗用户卸载其他软件的行为。
❺ 北京市西城区人民法院（2014）西民初字第00146号民事判决书。

该条第三款规定了恶意不兼容行为，主要表现为对其他经营者提供的服务恶意不兼容。上文中提到的二选一软件安装的干扰应该在此款中解决，但此类不兼容行为却存在事实前提，即其中一方必然存在较大的竞争优势，这使得这一行为在反垄断法规定的相对优势地位的聚光灯下考量，导致恶意不兼容行为在反不正当竞争法框架下被架空。在腾讯公司诉奇虎公司一案❶中，奇虎公司针对QQ软件专门开发了扣扣保镖，在其运行检测功能中，会警示用户QQ存在问题，并提供一键修复帮助。后续如果用户选择了一键优化，则腾讯QQ软件界面上相应的功能按钮将无法使用。而判决❷认为，软件不兼容属于软件设计原理的正常冲突，此时"恶意"要素的判断就显得尤为重要，法院认为经营者在他方实施不正当竞争行为时，以不兼容措施进行防御并无不妥❸，但也有法院❹以会对消费者利益造成损害为由，对因不正当竞争行为引起的不兼容措施持否定态度。行为客体是否为合法服务并不是判断主观恶意的唯一要素。然而，司法实践并未对"恶意"的判定标准予以回应。虽然有法官认为经营者实施互联网不正当竞争行为也应当具备故意的主观要件❺，但这也不足以说明该款中"恶意"可以作为类型化的构成要件来判定竞争行为的不正当性，反而会因为"恶意"概念的模糊而影响类型化规则的适用，互联网竞争专

---

❶ 最高人民法院（2013）民三终字第5号民事判决书。
❷ 北京市第一中级人民法院（2011）一中民初字第136号民事判决书：法院认为"每一种安全软件为了实现其目的的设计原理都是不同的，这就造成了同时运行多种安全软件时因为各个安全软件设计原理的不同而发生冲突的可能"。
❸ 北京市海淀区人民法院（2013）海民初字第17359号民事判决书。
❹ 广东省高级人民法院（2011）粤高法民三初字第2号民事判决书。
❺ 曹丽萍．互联网不正当竞争行为的主观故意判断［J］．人民司法应用，2019（10）：11．

条的低适用率亦可佐证这一观点。❶

2. 互联网竞争专条的缺陷

首先，互联网竞争专条的规定滞后于技术，也未落脚于最终利益。立法或司法对互联网技术或竞争行为进行回应或定性，将直接决定技术的应用前景或竞争行为能否存在。该条对三类行为进行规制，市场就会迅速作出回应并及时作出调整，互联网技术创新的层出不穷使得这种"头疼医头"的立法模式始终处于滞后状态，永无超前之时。本书前章已经论证过互联网竞争属于流量竞争，用户注意力或浏览访问量构成了互联网行业的核心竞争性资源。同时，伴随着流量的增长，用户的数据资源也构成了互联网竞争的最终利益，其中对消费者利益和代表着公共利益的竞争秩序的侵害才构成了判定不正当竞争行为的决定性因素。该条兜底条款在一定程度上扩大了司法实践的自由裁量权，但实质上并不能改变对互联网竞争行为的规制"向一般条款逃逸"的窘境。

其次，互联网竞争专条类型化不全面，从而陷入循环论证主观状态。该条过于强调对其他经营者合法提供的网络产品或者服务的直接干预，即无论是插入链接、强制跳转，抑或卸载软件、实施不兼容，都是因技术干扰导致经营者遭受直接损失，均属于控制流量的行为方式，但对于干扰或诱导流量的竞价排名等技术形式并未涉及。另外，法条中使用"恶意"字样，违反具体条款的立法原意，容易陷入循环论证主观状态，诱导法官为网络不正当行为设置主观过错要件。这事实上是直接将商业道德和诚实信用的评判标准直接和主观过错对接，但其实二者中间根本不存在交叉点，前者属于价值判断，后者属于事实认定。

---

❶ 根据知产宝数据库检索，截至 2020 年 2 月 2 日，适用第十二条判决的案件共 16 件，而同期审理的不正当竞争纠纷案件近万件。

最后，互联网竞争专条过于强调法益，忽略技术创新。互联网技术的多样化和快速创新使不正当竞争行为的判断愈加困难，而推动互联网进步的主动力是竞争态势的加剧，主要表现在技术的创新和商业模式的多样。静态的竞争必然表现为各种权益的损害，无论竞争的性质如何。表现在司法实践领域，法官更多地关注经营者投入与收入的关系、交易机会、竞争优势等经营者利益，依据相关法益的损害和因果关系的形成等因素来判断不正当竞争行为，这和民事侵权认定标准并无二致。而互联网技术和创新会对先前技术和旧的商业模式形成摒弃和碾压之势，其外在表现更多的是对相关经营者权益的损害。互联网产业竞争已经远离老死不相往来的传统经济业态，双边市场的存在也使各方利益纠缠在一起，技术的创新必然会对各方利益造成影响。民事侵权思维模式的应用，使法官忽略了技术创新所带来的整体产业提升和社会福祉的促进。

从前三款规定来看，行为客体都是针对其他经营者合法提供的网络产品或者服务，作为兜底的第四款，亦无例外。前面虽然有"同意""误导""恶意"等主观状态的描述，但主观状态必然通过客观行为进行表现，该四款规定还是建立在其他经营者合法权益的基础之上。

三、从流量的角度进行类型化划分

互联网领域的流量竞争表现为互联网所特有的控制流量、诱导流量和虚假流量等竞争形式。从影响流量的角度对已认定的互联网不正当竞争行为进行类型化划分，更容易使我们把握互联网竞争行为的本质，理解世界各国对互联网类型化竞争行为立法规制的利弊。

(一) 采用流量作为类型化划分的必要性

1. 从形式的角度进行类型化划分，能够把握形式的共性

经过互联网技术的不断发展与更迭，简单单向的信息交流和获取逐渐转变为双向甚至多向的社交、娱乐和商品交易。[1] 随着经营活动从线下转移到线上，互联网不正当竞争行为的技术特性更加明显，从最初的域名抢注、网页抄袭，再到数据库侵害、软件干扰、流量劫持等。即便是传统市场竞争中的虚假宣传、商业诋毁和仿冒混淆等不正当竞争行为，在互联网环境下也呈现不同以往的表现形式；流量入口的技术措施、网络数据抓取、流量数据的二次利用等新型竞争行为已引起巨大的争议；包括流量在内的网络虚拟财产、虚拟人格等已经构成互联网经营者的企业资产，能否构成新型财产也在不断冲击着传统认识。近年发生的互联网不正当竞争行为也多指向流量的争夺。

2. 流量成为互联网经营者争夺的核心资源

互联网竞争的本质是用户访问量或流量。流量不仅是用户访问量的体现，某种程度上也可以代表用户黏度（即用户对产品的使用数量，也是用户对产品、品牌或服务的忠诚、信任与良好体验结合形成的依赖度的体现）。互联网环境下，经营者采用免费商业模式，意味着对流量的争夺已经进入白热化的状态。流量各项数据指标在经营者投资和估值中的占比提高，在吸引风险投资中的量化提升，在广告宣传中的强化，无一不在体现着其应用的普遍性和重要性。从流量变现的商业视角出发，用户数量也在一定程度上代表着该网站的潜在消费者数量，并和网站经营者的利益产生直接联系。流量的规模以及各项流量衡量指标，已成为判断

---

[1] 吴汉东. 论反不正当竞争中的知识产权问题 [J]. 现代法学，2013 (1): 41.

一个互联网企业人气和发展前景的重要参数。互联网用户黏度和活跃度决定了企业短期商业行为的效果，流量负载的数据信息更是蕴含巨大的商业价值，从支付宝年底的集五福、淘宝"双十一"的叠猫猫、拼多多的砍一刀、京东的帮我拆红包，到微商的帮我砍价、抽奖，这些活动都代表着电商平台对流量的渴求。❶ 即便是虚假流量的滋生和泛滥也从反面说明了流量应用的重要性。

3. 流量构成了各方利益的综合体现

竞争的效果表现为建设性或破坏性，即便是建设性，实施竞争也没有合作那样有利。❷ 从上文有关流量中包含的利益可知，公共利益、经营者利益和消费者利益均在其中，互联网环境下各种竞争行为无不是为了相关利益的争夺，但也会对相关利益造成损害，这是由竞争优胜劣汰的特点所决定的。流量构成了互联网竞争行为的起点，也代表着互联网竞争行为的目标和归宿。另外，随着大数据时代的到来，负载个人信息的流量数据对互联网企业的价值剧增。因为互联网企业可以通过大数据分析，根据用户信息和数据向用户更加精准地推荐新产品、新服务，进而转化为持续收益。新用户流量所带来的潜在效益更加明显。

（二）流量作为类型化划分依据的意义

1. 流量体现了互联网用户个人意志，有利于不正当竞争行为的判定

流量虽然多以数据指标的静态形式存在，但却是产生于动态的访问行为，用户访问网页、浏览行为等数据指标亦是用户个人使用习惯、喜好的体现。单从流量数据指标，我们很难发现用户的访问意愿和喜好，因为用户的访问意愿和其注意力分配的目标

---

❶ 云度. 注意力革命 [M]. 江苏：古吴轩出版社，2016：63 - 64.
❷ 马歇尔. 经济学原理 [M]. 上卷. 朱志泰，译. 北京：商务印书馆，1964：7.

网站并不一致,这也是互联网不正当竞争行为的重要表现形式之一。如果二者是一致的,互联网经营者只需要将精力放于提供消费者满意的服务或商品即可,因为只有如此,才可以获得和传统经济一样的消费者光顾或购买意愿。流量产生的前提是消费者的访问意愿,流量也应该体现消费者的个人意志,但二者不一致背离了反不正当竞争法所保护的正当法益。这一依据有可能成为互联网不正当竞争行为类型化的标准。

2. 流量作为划分依据,不会造成互联网不正当行为论证的疏漏

流量之于互联网经营者,代表着投资回报、竞争优势、商业机会和商业信誉,互联网竞争行为的指向或落脚点也是围绕着这几个方面展开。互联网不正当竞争行为的本质在于对流量中用户意志的违背,同时也造成经营者利益的损害,其后果在整体上造成资源分配的不公平,致使社会资源配置的低效或无效——它只是单方面完成了效益的转移,从正当经营者转至不正当竞争行为的实施方,从而导致整个社会福利下降。❶ 从这个角度来说,反不正当竞争法保护的并非是竞争者,而是竞争。流量所包括的经营者利益构成了互联网环境下竞争资源的集中体现,从这一角度的类型化划分不会造成互联网不正当竞争行为的论证疏漏。

3. 以流量作为划分依据,有利于因果关系的确定

对流量的竞争,代表着对互联网经营者现实利益和潜在资源的争夺,互联网所有竞争行为中必然包含这一要素。从仿冒混淆、商业诋毁和虚假宣传等传统竞争形态向互联网环境的迁移,到流量劫持、软件冲突、关键词搜索和数据抓取等互联网竞争新形态的出现,流量都作为竞争的特定结果而反复出现。流量所代表的

---

❶ 蒋悟真.论竞争法的基本精神[M].上海:上海三联书店,2008:65.

利益和地位也随着互联网竞争的加剧而愈加重要，其作为互联网不正当竞争行为司法认定的重要因素反复出现，并日益影响竞争行为性质的判断。在传统经济形态中，如果通过强制或强迫的方式获得消费者的购买意愿和购买行为，则会迈入刑法规制的范围，互联网的竞争场景和目标也契合了流量这一客体的存在和适用，能够用以确定互联网竞争因果关系。

第三节　互联网不正当竞争行为类型化划分

在互联网环境下，用户的访问行为必然以流量的形式出现，互联网竞争也必然围绕获取流量而展开，这是互联网竞争的本质特征。但本质特征的把握并不妨碍竞争行为表现形式的多样化，我们按照对互联网用户访问意志的干扰程度，将这些司法认定的不正当竞争行为划分为控制流量行为和诱导流量行为两类。但在流量的激烈竞争中，还滋生出一类灰黑产业，即虚假流量，其中并不含有用户真实的访问意愿，但却对真实流量起到了诱导的作用。

一、控制流量的行为表现

互联网技术的快速进步和广泛应用，使得经营者可以采取技术手段，直接获取流量；或者利用其地位或技术优势，逼迫消费者分配注意力，从而获取流量。控制流量的竞争行为具有互联网竞争的技术特性，一般无须考虑消费者的访问意愿。前文中已经提到，互联网用户一般通过两种方式获得信息：一种是通过搜索引擎和浏览器门户网站聚合资源的方式获得目标网址；另一种是通过登录互联网经营者开发的应用软件（App），直接获得所需信息。这和互联网环境下对流量的竞争行为方式是一致的，即对流量入口的争夺和对流量数据的争夺。对流量入口的争夺又分为流量劫持和软件冲突。

（一）流量劫持

2006年11月22日，中国互联网协会正式公布了恶意软件的定义，其中规定了浏览器劫持的具体表现，即未经用户许可，修改用户浏览器设备，导致其访问特定网站或无法正常上网的行为。在百度公司诉奇虎公司一案[1]中，法院将奇虎公司利用360浏览器捆绑其网址导航站，故意仿冒、混淆搜索结果的行为，认定为其劫持了百度公司流量，这是流量劫持的首次正式使用。事实上，流量劫持在法律和技术领域并没有准确的定义，也不是一个规范的法律术语。流量劫持多指通过技术手段来修改浏览器，劫持用户的原始访问数据，将特定网页数据返还用户，强制或诱导用户访问特定的网页，破坏原有经营者正常服务，将流量导入指定网页的行为。有学者将流量劫持定义为"让互联网用户被迫浏览指定网站或网页的行为"[2]，比较准确地反映了这类行为对互联网用户访问意愿的强制性违背。笔者使用这一词汇来列举此类行为的原因，一是实务界和理论界已经广泛使用这一表达，二是流量劫持形象地表达了这类行为对消费者访问意愿的强制性干涉。流量劫持发生在流量产生的过程中，属于行为的结果。根据其对互联网用户访问意愿的干涉程度，流量劫持分为硬性流量劫持和软性流量劫持。

---

[1] 北京市第一中级人民法院（2012）一中民初字第5718号民事判决书。
[2] 叶良芳. 刑法教义学视角下流量劫持行为的性质研究［J］. 中州学刊，2016(8)：46.

1. 硬性流量劫持

硬性流量劫持是指通过网络技术手段的实施，对计算机信息系统和服务器正常运行的破坏来获得流量，并不考虑互联网用户的访问意愿，仅依靠技术手段对系统或服务器进行设置即可。其通过跳转页面和插入页面来实现对流量的劫持。

跳转页面型流量劫持，是指未经互联网用户同意，通过技术手段擅自修改计算机系统或服务器设置，将流量从目标网页跳转至其他网页访问的行为。这种类型的流量劫持分为两种情况：一种情况是通过计算机病毒、木马程序或插件的方式，对用户的电脑或运营商服务器中的 Host 进行修改，从而改变 IP 地址；另一种情况发生在域名解析的过程中，以伪造或者攻击域名解析服务器（DNS）的方式，将目标网站域名解析到非目标网站。在这种流量劫持模式下，用户键入想要访问网址的域名，可能会被迫访问被设定的其他网址。域名劫持的结果是获取流量及用户信息，在涉及域名劫持的某个刑事案件中，被告人在获得服务器的管理权限后，添加、修改上网用户访问百度时的 GET 数据，使用户通过带有被告人推广 ID 的百度地址访问百度，一旦用户点击了百度付费广告链接，被告人即可获利。❶ 由于域名劫持行为对社会的危害性较大，已属于刑法保护的范畴，本节不再讨论。

插入页面型流量劫持，是指未经用户允许，通过技术手段擅自修改电脑系统设置或服务器设置，在不影响用户对目标网页访问的情况下，自动插入网页弹窗，从而完成对目标网页流量的分享。根据上文中对流量形成的物理过程的描述可知，流量的形成是由服务器和传输通道构成。传输通道服务的提供者电信运营商可以通过程序设置，实时监测传输通道中的数据信息，在正常的

---

❶ 重庆市沙坪坝区人民法院（2016）渝 0106 刑初 1393 号刑事裁定书。

流量数据中插入预先设定的第三方网站数据，在用户的访问请求被反馈时，相关数据可以和正常的返回数据一起被 DNS 解析，第三方网站会以弹窗的形式来获得目标网站的流量。

2. 软性流量劫持

软性流量劫持是指通过技术手段，绕开、改变或增加竞争对手的网页功能设置，诱导互联网用户进入指定网站并接受服务，从而获得流量的行为。这类流量劫持行为并没有侵入或破坏互联网用户的系统或服务器的设置，而是通过影响互联网流量的分配，最终达到降低竞争对手市场份额，增加己方流量的目的。搜索引擎、浏览器门户网站作为流量的起始入口，掌握着大量的流量，自然成为劫持主体觊觎的目标。通常来说，想要进行软性流量劫持，流量劫持主体必须借助其特殊的身份或采取技术手段接触流量入口网站，才可以实施流量劫持。弹窗广告、浏览器劫持和搜索引擎劫持是比较典型的软性流量劫持模式。

能够让用户充分了解市场中的产品或服务，是支持广告投放的理由，但大多数弹窗广告并不符合这一要求。弹窗广告当中涉及两方主体：广告经营者和广告主。包括互联网基础服务提供商在内的互联网经营者都可以成为广告经营者，广告经营者将广告软件嵌入其软件中，将弹窗广告放入服务器中以完成广告位的销售，来抵销其运行网站的费用。弹窗广告的广告主根据其产品和受众购买关键词，购买的关键词将会引导广告主参与劫持流量的行为。❶ 现实中的弹窗广告对访问者是充分了解的。大多数弹窗广告只包含用户正在搜索的内容，和在线搜索需求并不相干。互联

---

❶ Erich D. Schiefelbine. Stopping a Trojan Horse：Challenging Pop‐up Advertisements and Embedded Software Schemes on the Internet through Unfair Competition Laws ［J］. Santa Clara Computer & High Tech. L. J.，2003（19）：503.

网流量劫持行为是指专门针对消费者搜索内容的弹窗广告。弹窗广告存在一定的成本费用：首先，用户需要不断地关闭广告窗口，以浏览目标网站内容；其次，被弹窗广告覆盖的网站经营者担心，由于弹窗广告将用户引导至其他网站，其将失去有价值的客户。但大多数弹窗广告毫无裨益，和消费者需求毫不相干，常被视作垃圾信息。应当说，广告软件体现了不道德商业行为的观点，特别是在流量劫持行为的背景下。❶

浏览器作为各类网络资源的聚合平台，在互联网发展的初期，几乎占据了所有的访问流量分配。网易、搜狗、360、淘宝、京东等门户网站和电子商务平台都因其掌握着巨大的流量而具有极大的话语权，而针对这些门户网站和平台企业的流量劫持行为呈现此起彼伏之势。浏览器劫持表现为限制用户对浏览器设置的修改；对用户所访问网站的内容擅自进行添加、删除、修改，迫使用户访问特定网站；修改用户浏览器或操作系统的相关设置的行为。司法实践中有关浏览器劫持的案例也层出不穷。在搜狗公司诉奇虎公司一案❷中，奇虎公司的 360 安全卫士实施了三重行为来完成对搜狗浏览器的劫持。首先，360 安全卫士会向用户提供允许和阻止选项，并默认选项为阻止操作。其次，即便用户下载安装搜狗浏览器，也无法成功将其设置为默认浏览器。最后，奇虎公司会使用诱导性用语，提示搜狗浏览器为木马或存在安全威胁。上述浏览器劫持行为都是为了将流量引导至奇虎公司经营的浏览器产品。

互联网用户的访问行为一般是通过搜索引擎展开的，其在搜

---

❶ Erich D. Schiefelbine. Stopping a Trojan Horse：Challenging Pop–up Advertisements and Embedded Software Schemes on the Internet through Unfair Competition Laws ［J］. Santa Clara Computer & High Tech. L. J. , 2003（19）：527–528.

❷ 北京市第二中级人民法院（2013）二中民初字第 15709 号民事判决书。

索引擎的搜索栏中输入关键词后，根据搜索引擎的搜索结果，点击相应的链接进入目标网站或获得相应的信息。搜索引擎的经营者通过获得用户流量和广告费用来获利。搜索引擎可以帮助用户以更加简便的方式发现互联网信息，浏览器中都包含有开放搜索引擎的工具栏按钮。❶ 一般来说，这一技术合作模式是经过双方经营者协商的，不涉及不正当竞争问题。但浏览器服务商通过增加或篡改搜索框下拉提示词，从而将流量导入己方网站；输入法服务商作为连接各个软件的起始通道，掌握了互联网用户文字输出内容，自然也会加入抢夺流量的行列；作为基础软件的安全软件，往往也会利用其超高权限和互联网用户的信任，分食搜索引擎入口的流量。上述互联网经营者均对搜索引擎展开了围剿：搜狗手机浏览器将预设搜索引擎设置为百度后，会在浏览建议显著位置放置多条指向搜狗网的提示词，引导用户使用搜狗公司经营的信息服务。❷ 利用搜狗输入法在百度搜索引擎的搜索框中输入关键词，就会在搜索栏下方自动弹出与搜索关键词相关的词汇，用户点击的话，就会自动跳转到搜狗公司经营的搜狗搜索结果页面。❸ 奇虎公司的 360 安全软件警示用户其他经营者的产品存在风险，并逐步引导用户点击安装其公司的产品。❹

（二）软件冲突

软件冲突又可称为软件干扰，是指第三方软件通过修改、拦截、屏蔽等方式干扰竞争对手提供产品或服务的行为。互联网经营者一般通过软件来为用户提供服务，为了保证获得尽可能多的

---

❶ Gary P. Schneider, Jessica Evans. New Perspective on The Internet ［M］. 8th edn. Course Technology, Boston, 2010, 13.
❷ 北京市海淀区人民法院（2014）海民初字第 15008 号民事判决书。
❸ 北京知识产权法院（2015）京知民终字第 2200 号民事判决书。
❹ 北京市第一中级人民法院（2012）一中民初字第 5718 号民事判决书。

流量，经营者往往采取技术措施，在增加己方服务对象的同时，阻断或干扰其他竞争对手向用户提供服务。由于互联网技术本身具有专业性和隐蔽性的特点，互联网经营者为了达到以上目的，一方面采取恶意捆绑和静默安装的方式，强迫互联网用户接受服务。另一方面对竞争对手的软件采取不兼容的技术措施，阻止对手向消费者提供服务。

1. 软件冲突综述

对于正常的软件冲突，可能基于技术的原因，抑或经营者竞争的需要，并不属于竞争法规制的范围，也非本书论证的重点。软件冲突，是指"恶意软件"所引发的运行冲突。从技术形态上看，恶意软件是指对系统或设置进行不必要的更改，同时，木马程序能够进入系统并为外部攻击开放访问权限的一类软件。[1] 中国互联网协会确定的《恶意软件定义》中对恶意软件规定了未经用户许可、运行于用户终端和损害用户权益三个要件。这一定义仅包含了互联网经营者直接争夺流量的行为，作用的对象仅限于用户，并不包含"干扰"竞争对手的行为。但干扰包含了众多不同技术特征、不同表现方式的软件冲突行为，有的冲突行为并不需要互联网用户的配合，而是直接导致终端运行出现问题，使用户无法利用冲突软件进行访问，也就无法形成流量；有的冲突行为会诱导、逼迫用户作出选择。本书所指恶意软件的表现形式，包括以上各种行为。

2. 软件冲突的方式

软件冲突的方式多种多样，一般是由软件的干扰行为引发，

---

[1] Erich D. Schiefelbine. Stopping a Trojan Horse: Challenging Pop – up Advertisements and Embedded Software Schemes on the Internet through Unfair Competition Laws [J]. Santa Clara Computer & High Tech. L. J., 2003 (19): 500.

主要包括恶意捆绑、静默安装和恶意不兼容等方式。

恶意捆绑是指在软件下载或安装中捆绑恶意软件的行为，属于软件干扰中最为常见的方式之一。在互联网用户反馈信息中，多数用户都认为自己在下载、安装软件时被恶意软件捆绑过，并认为此种恶意捆绑的行为损害了用户体验。这一方式是利用互联网用户对技术的不了解，或直接未经同意在其电脑和其他终端上安装运行恶意软件。在搜狗公司诉百度公司一案❶中，用户在通过百度搜索"搜狗输入法"等软件时，在点击下载并保存后，"百度杀毒""百度浏览器"等软件也随之被下载安装。2011年通过的《互联网终端软件服务行业自律公约》中规定强制捆绑是指用户无法对功能独立的捆绑软件自主选择安装。另外，下载或安装软件如果附带有其他非直接功能的话，应当提示用户，并提供明确的使用或关闭方式，该功能须经用户同意方可运行。

静默安装是指在不需要用户干预的情况下，直接默认安装软件。在奇虎公司诉搜狗公司一案❷中，搜狗输入法会自动弹窗，提示用户电脑中"浏览器插件和上网垃圾过多，使用一点浏览器，深度清理优化，上网更快"，在用户点击"一键清理优化"按钮后，搜狗公司运营的一点浏览器就会自动安装到电脑中，且无任何提示和安装信息。

兼容性是指不同产品之间的可接入性与可转换性。❸ 在双边市场中，各方主体的需求是互动、相互依赖的。❹ 在互联网环境下，很多的产业具有外部性特征，兼容性本来可以解决经营者之间流

---

❶ 北京知识产权法院（2015）京知民初字第13号民事判决书。
❷ 北京市西城区人民法院2015年西民（知）初字第22987号民事判决书。
❸ 张荣，谭考权. 基于网络外部性的产品差异化与兼容性选择［J］. 技术经济，2009（11）：22.
❹ 芮廷先. 网络经济学［M］. 上海：上海财经大学出版社，2017：122－123.

量的正向互动,但很多企业将不兼容作为竞争的策略和手段推出,像微软的 Windows 操作系统,采取不兼容技术,在全球 PC 市场的占有率高达 96.4%。❶ 随后出现的苹果 iOS 移动操作系统,独立于开源的安卓系统,依然采取不兼容的技术定位,取得了移动市场的一席之地。应当说,是否采取兼容技术由企业的技术要求和竞争策略决定。一方面,一些不兼容不可避免,安全软件查杀病毒时需要占用大量的内存资源,如果同类型软件同时运行,严重时会造成电脑蓝屏,所以只能采取不兼容技术;另一方面,这一竞争策略可以有效地阻止潜在竞争对手进入市场。消费者需求的不一致和多样性,推动互联网经营者尽可能延伸产品线。尽可能地永久占有流量是每一个经营者的梦想,给己方运营的新产品导入流量,同时防止竞争对手获取流量,最好的办法就是采取不兼容的技术措施,让互联网用户永远活在经营者营造的移动生态系统之中。在"3Q 大战"❷ 中,腾讯弹窗要求用户在装有 360 软件的电脑上停止运行 QQ 软件,即用户只能进行二选一的操作。法院认为卸载 360 软件是用户的权利,腾讯公司无权代替用户作出选择,其弹窗行为超出了必要限度,从而否定了这一不兼容政策。

  对于一项技术是否能够满足消费者的需求,促进社会的进步,消费者往往可以基于技术的先进性和便利性体验"用脚投票",市场将自动淘汰不能满足消费者需求的技术。技术之间是否兼容属于一个技术问题,应当由技术解决。只有互联网企业不合理地滥用相对优势地位,通过强制不兼容的方式,来谋求自身利益最大化,才有可能踏入反垄断法的规制范围。对于互联网新兴产业来

---

❶ 潘昭成. 软件恶意和不兼容行为的逻辑分析及司法适用——从《反不正当竞争法》第十二条第二款第三项谈起 [J]. 荆楚理工学院学报,2018(10):71.
❷ 广东省高级人民法院(2011)粤高法民三初字第 2 号民事判决书。

说，兼容于其他优势企业的软件或符合其技术标准，实现产品的互联互通，能够达到最大限度地获得用户认可和接受的目的。不兼容技术的实施，多是由相关产业中的头部企业或技术领先者实施。企业相对优势地位的判断已属难题，对不兼容行为的主观恶意判断更非易事。同类软件一般能够在同一终端兼容安装、运行，但终端用户对于一款软件运行界面的熟悉度和操作习惯的养成，也会使其减少对其他同类型软件的选择和使用，同类软件的兼容运行必然会造成流量的减少，所以恶意不兼容的竞争在同类产品之间更为普遍。在金山公司诉奇虎公司一案[1]中，奇虎公司运营的360杀毒软件在安装过程中，会弹出提示框，提示用户同类软件的运行会导致开机慢、上网卡，甚至会造成电脑死机或崩溃等故障，并默认用户选择"卸载已安装的安全软件"按钮，诱导用户卸载金山杀毒软件。法院认为奇虎公司使用的软件冲突提示用语具有倾向性，会误导消费者，从而干扰了金山软件的正常使用。

二、诱导流量的行为表现

流量在本书中是指因互联网用户的访问行为而产生的一系列数据集合，包括但不限于企业网站访问量、商品页面浏览量、个人网站浏览量等数据。在互联网时代，流量代表了互联网用户的倾向、喜好甚至交易意向，对互联网经营者则意味着现实的交易机会。强力控制流量的行为，一方面容易引起用户的强烈反感，另一方面很可能进入刑法规制的范围，对互联网经营者来说后果较为严重。相较之下，诱导流量的不正当竞争行为成为互联网经营者的首选。按照诱导流量的方法，可分为传统类型、关键词搜索类型和数据抓取等类型。

---

[1] 北京市海淀区人民法院（2013）海民初字第17359号民事判决书。

（一）传统类型

商业诋毁、虚假宣传和仿冒混淆三种行为是世界各国能够达成共识的不正当竞争具体行为，在国际条约和各国立法当中都有明确规定。互联网技术的兴起和渗透，使得传统市场竞争的形态也迁移到互联网上。上述不正当竞争行为虽然发生在互联网上，但其行为的性质并未改变，只是增加了行为实施的渠道和平台，且传播迅速、影响广泛。由于发生领域的不同，这些不正当竞争行为在司法实践中也会呈现一些新的表现形式。

1. 商业诋毁

商业诋毁是通过捏造、散布虚假事实，贬损竞争对手及其商誉的行为。商业诋毁的目的是贬损他人的商誉，可以采取侮辱性的语言或虚构事实的方式。商业诋毁的行为一般包括两种，即虚假表述或不当表述，关键在于传播信息内容的真实性和全面性。网络诋毁主要体现在利用网络直接发布不实内容。在奇虎公司诉瑞星公司一案❶中，瑞星公司在其网站上发表文章，指出奇虎公司在用户电脑上安装己方产品时，会私设"后门"，黑客会对用户电脑的系统注册表和用户信息进行任意操作。在互联网环境下，商业诋毁的主体也不仅仅是经营者，网络用户、网络服务提供商往往也主动或裹挟参与其中，基于网络效应和规模经济，网络诋毁的后果影响非常大，消费者信息不对称的特点使消费者容易受到商业言论的诱导。网络诋毁在互联网环境下有三个特点：一是信息传播速度快，二是信息传播范围广，三是诋毁行为隐蔽，商业诋毁通常会掩盖在服务或商品评价、消费过程体验点评的外表下。在上述案件中，法院认为市场经营者在国家机关或权威机构未对

---

❶ 北京市第一中级人民法院（2011）一中民终字第12521号民事判决书。

竞争对手的专业技术问题作出结论或给予定性之前,不应发表具有倾向性的评述。即使确有依据,也应通过向有关部门反映问题来解决。应当说,上述判决已经超越了商业诋毁不正当竞争行为的构成要件,在真实信息的基础之上,增加了身份要件,属于对立法原意的误读。

2. 虚假宣传

虚假宣传属于传统的不正当竞争手段,其主体并不仅限于广告发布者。在互联网宣传和自媒体应用高度发达的今天,经营者成为虚假宣传行为的重要实施主体。在互联网环境下,地域的消失和信息的丰富使得消费者无法真实面对商品或服务,其一般只能借助经营者的宣传信息和其他流量负载的评价信息进行选择,而经营者也多采取扩大产品或服务的性能,甚至直接采取比较广告的方式进行宣传。在互联网环境下,虚假宣传的主体已经从传统的广告经营者转变为互联网经营者甚至是广告主,而虚假宣传的介质或形式也变幻为页面广告、弹窗广告、竞价排名和主题推广等搜索广告形式。❶ 在北京环球同创公司诉北京益加益研究所一案❷中,被告网站在对其产品介绍中,存在"压榨性能:一次榨尽。产量大、出油率高,避免增加压榨级数导致的产量下降、油品品质下降""花最小投资获最新产品创最好效益"的文字内容,企业简介中存在"一遍榨尽,出油率更高……一致认为压榨性能优于其他形式的榨油机"的文字内容。一般来说,虚假宣传有三种形式:一是捏造虚假事实,无中生有;二是夸大或对事实进行加工、篡改;三是进行引人误解的宣传。经营者对商品或服务的推介主要包括商品特征、原材料、产地、商品价格、公司信息等

---

❶ 吴汉东. 论反不正当竞争中的知识产权问题[J]. 现代法学,2013(1):41.
❷ 北京市西城区人民法院(2017)京0102民初5207号民事判决书。

信息的介绍，虚假宣传的内容涉及有关商品或服务的各个方面。

应当说，商业诋毁的对象有明确的目标，直接针对竞争对手的产品或商誉，而虚假宣传一般只是针对己方，并没有特指对象，其实施虚假宣传所针对的并不是特定主体。毋庸置疑，虚假宣传行为会损害同业竞争的市场秩序、共同利益，但是，从损害结果上看，由于市场盈利影响因素的多重性、复杂性，未必会给每一个同业经营者造成实际损害后果，但在互联网环境下，商业诋毁和虚假宣传都将成为互联网经营者快速抢占市场的重要手段，将严重影响其他经营者的商誉和利益，对竞争秩序造成损害。

3. 仿冒混淆

应当说，除去商标法中对相同或近似商标在相同或类商品或服务上的使用的规定之外，其他的仿冒混淆行为都已纳入反不正当竞争法的规制行列。我国2019年修正的《反不正当竞争法》将混淆行为的外在表现定义为"引人误认是他人商品或与他人存在特定联系"，对混淆对象明确为"具有一定影响"，凸显对现存竞争秩序的维护；对对混淆的行为类型进行了扩展，对网络渠道进行了增补，涵盖了域名、网名和网页内容。虽然仿冒混淆行为随着交易环境的变化，逐渐迁移至互联网上，但也仅是场地由实体转向虚拟，其表现形式和使用规则并未改变。网络环境下的市场混淆，使得消费者的注意力分配至混淆对象，使其获得本应由其他经营者获得的流量。在百度公司诉搜狗公司一案[1]中，用户对于点击百度提供下拉列表中的提示词从而进入搜索页面已经形成习惯，这就满足了具有一定影响的要件；而搜狗输入法提供的下拉提示词，在呈现位置和结构方面均与百度搜索相似，会使用户产生混淆。但判决仅将混淆主体限定于"初次使用或前几次使用的

---

[1] 北京市海淀区人民法院（2015）海民（知）初字第4135号民事判决书。

用户",虽然经过这部分用户的随手点击,会进入搜狗公司提供的搜索结果页面,但对于此类用户,百度搜索引擎的搜索页面设置远未达到"具有一定影响"的地步,该案判决隐含着一种假设:熟练使用百度搜索引擎的用户,会对搜狗输入法提供的下拉搜索结果明确区分,不会造成混淆的结果。这一预设前提直接影响了判决结果的走向,出现了初次使用者欠缺影响要件,熟练使用者欠缺混淆要件的尴尬局面。

(二) 关键词搜索类型

1. 竞价排名综述

截至 2019 年 6 月,我国已有网民 8.54 亿人,互联网普及率达 60% 以上,其中手机网民达 8.47 亿人,移动网络使用的比例达 99.1%。[1] 互联网用户对于信息的搜索主要通过两种方式进行:一种是通过搜索引擎在互联网中进行关键词搜索,另一种在数据库中搜索相关信息。通过搜索引擎进行关键词搜索已成为用户上网的常态,百度负责人阐述了相关性定律、人气质量定律和自信心定律等搜索引擎三大定律,前两者根据内容中出现的关键词频率和用户感兴趣内容的程度来给出搜索结果,符合搜索引擎的技术特征。对自信心定律而言,通俗的解释就是根据出钱的多少给出搜索结果,竞价排名就是这一定律的商业模式和集中体现,竞价排名服务属于互联网增值服务,是指由用户提交搜索关键词和对应网址,并对相关网页进行简单描述,竞价排名系统会将关键词和对应网址进行关联,当用户通过搜索引擎搜索该关键词时,搜索引擎主要根据互联网经营者对该关键词的报价,对该关键词的搜索结果进行排序,提供给互联网用户,并根据用户的点击情况

---

[1] 中国互联网络信息中心. 第 44 次中国互联网络发展状况统计报告 [R]. 2019.

收取费用。❶ 美国 Overture 公司首创竞价排名，并为此项技术在美国申请了专利。关键词竞价排名的商业模式由百度公司引入我国。

2. 竞价排名的竞争优势

搜索引擎作为用户互联网访问的起点，掌握着大量的流量。竞价排名的优势在于购买竞价服务的企业拥有优先展示权，通过关键词的搜索结果获得更多流量。竞价排名的规则是按照用户点击数付费，经营者的网址链接出现在关键词搜索结果中，每次点击价格出价最高的经营者最优先展示，其次为出价第二高的经营者，以此类推。如果搜索结果中的广告或链接没有被用户点击，则不收取费用。这种商业模式相较于传统宣传媒介，优势明显：一是竞价排名的对象针对性强，传统广告是让消费者被动接受，而竞价排名是根据互联网用户的关键词搜索出来的，是消费者自己选择的结果；二是竞价排名的统计精确，传统广告在发布后无法知道受众数量，只能通过后期的收益增长情况估算，而竞价排名广告为广告投放者提供了访客流量统计系统，帮助广告投放者更准确地评估广告效果，还可以通过后台精确统计出广告被阅读次数、广告受众的浏览时间、年龄、性别、地域等信息，以调整广告投放策略。

3. 竞价排名的司法认定

从事竞价排名搜索服务的经营者，应当提示消费者搜索结果来自竞价排名，从而避免对消费者产生误导，这是行政机关发起的积极倡导，具有一定的指向意义，❷ 提供搜索引擎服务的经营者将自然搜索结果和竞价排名搜索结果混淆，或仅显示竞价排名搜索结果的情形屡见不鲜。但直到 2016 年，竞价排名才被司法判决

---

❶ 北京市西城区人民法院（2015）西民（知）初字第 15687 号民事判决书。
❷ 国务院办公厅. 关于加强互联网领域侵权假冒行为治理的意见 [R]. 2015 – 10 – 26.

明确认定属于广告营销。❶ 搜索引擎作为流量入口，可以通过信息的展示来分配互联网用户的注意力，从而达到控制流量分配的目的。无法对搜索引擎的流量进行争夺的中小经营者，对于搜索引擎内部分配的流量，按照丛林法则开始了对关键词的争夺。国外对于竞价排名纠纷的处理一般是从混淆的可能性和商标的淡化角度处理的。在花花公子企业公司诉网景通讯公司一案❷中，法官对在搜索引擎中使用商标关键词是否构成侵权法上的使用进行了论证。网景通讯公司作为被告，运营着互联网搜索引擎，搜索引擎能够对用户输入搜索栏的关键词进行全网搜索和排列展示。网景通讯公司将展示搜索结果的页面进行广告位的销售，作为广告包的一部分，网景通讯公司将关键词卖给广告主，案件中涉及网景通讯公司将成人娱乐相关的 450 个关键词与各类成人娱乐广告相关联，其中包含"playboy"和"playmate"。当用户输入"playboy"关键词时，原告竞争对手的条幅广告将会出现在搜索结果页面。法院认为商标权利人未能证明广告经营者商业活动中使用了商标，而非"playboy"和"playmate"的词义本身，并未体现混淆的可能性和商标的淡化。

在国内的相关判决中，法院一般认定互联网经营者选择涉案关键词进行竞价推广，使互联网用户对点击访问的网站产生误认或混淆，造成了流量的分流，从而获得商业机会和竞争优势，由此，购买关键词的互联网经营者被判定侵权或构成不正当竞争。对搜索引擎经营者售卖关键词的行为，一般以审核能力的欠缺而予以放过。❸ 然而在有的判决当中，将竞价排名的危害产生的根源

---

❶ 北京知识产权法院（2016）京 73 民终 884 号民事判决书。
❷ Playboy Enters., Inc. v. Netscape Communs., Corp., 55 F. Supp. 2d 1070（9th Cir. 1999）.
❸ 北京市第一中级人民法院（2015）一中民（知）终字第 860 号民事判决书。

总结为互联网用户，即"最终触发该搜索服务机制的主体是用户，即用户基于对该关键词的认知，自主选取该关键词进行搜索，从而出现了推广的搜索结果，而非商家直接向用户提供了关键词的推荐和选取"❶。但当对搜索引擎内的流量进行分配时，只要关键词所负载的商誉和流量能够通过竞价的方式获得，这种掠夺式获得流量的方式就不可能杜绝或消失。有的判决对搜索引擎经营者的义务和责任给予了正确的评判和引导，认定竞价排名是搜索引擎最重要的盈利手段，但其会影响搜索结果的准确性，且会对互联网用户产生重大影响，故搜索引擎对于其竞价排名服务需承担相对较高的注意义务❷。

（三）数据抓取

1. 数据抓取综述

数据抓取是指基于互联网开放性的原则，经营者利用技术手段对第三方网站的信息数据进行访问，从而实现信息的获取与汇集。其最先使用的技术手段是网络爬虫技术，搜索引擎之所以能够抓取海量互联网信息，就是依靠设置众多抓取信息的"网络爬虫"。互联网经营者获取互联网用户注意力的对价，应当是提供丰富而准确的信息，丰富是对提供信息的数量要求，这就要求经营者抓取其他经营者的信息，满足互联网用户的需求。反之，互联网所特有的网络效应导致正反馈的发生，当网站流量达到一定量之后，将会形成黏着效应，该网站的流量会进一步扩大，其采取禁止搜索引擎提供链接访问的方式，可以减少其他经营者提供相同的信息服务，从而巩固其优势地位。另外，对于自由流通的信息资源，如果允许其他经营者进行复制或链接的话，将会导致目

---

❶ 北京市海淀区人民法院（2015）海民（知）初字第3602号民事判决书。
❷ 北京知识产权法院（2015）京知民终字第1753号民事判决书。

标网站难以承受巨大的访问流量而服务器崩溃等严重后果。网站经营者基于竞争优势和安全考量会采取反抓取的技术措施来决定数据信息的流动程度。

反抓取的通行方式有两种。一种是设置机器人协议。机器人协议由 User–agent 值和 ALLOW 或 Disallow 值构成，前者用于设置允许或禁止的搜索引擎，后者设置于允许或禁止访问的网站内容中。网站经营者生成一个 robot.Text 文件放置于服务器的根目录下，其中列明了网站中哪些网页信息数据是不允许抓取的，一般对于事先声明的网页数据，抓取软件不予抓取。另一种是采取技术手段防止数据抓取。当访问网站速度过快时，网站经营者将要求访问者输入验证码，以防止非人工访问；或不定期改变网站的 HTML 标签，使之与 Web 排序无法匹配，以限制数据抓取。机器人协议属于通行的反抓取方式，其功能并不是拒绝搜索引擎对相关信息数据的访问，而是禁止搜索引擎将访问所得的信息数据作为自己的服务内容提供给互联网用户，从而获得流量。其具有以下特征：首先，机器人协议具有技术性，能够为搜索引擎中的软件所识别和阅读，主要是为了解决技术问题，并不涉及权利义务的分配；其次，机器人协议具有非强制性，无论搜索引擎是否遵守机器人协议，都不影响信息数据的搜索和获得；最后，机器人协议具有竞争性，互联网经营者一般将其作为竞争工具，拒绝竞争对手和搜索引擎对信息数据的公开和获取。

2. 数据抓取行为的司法解构

数据抓取对于流量的影响，主要分为两种情况，一种是搜索引擎不遵守机器人协议，访问或链接经营者的信息，以获得现实的流量；另一种是互联网经营者对其他经营者提供的服务信息数据和获得的流量数据进行抓取，作为己方的经营资源，以获得预期的流量。

搜索引擎抓取数据内容是否构成著作权法保护客体的情形比

较复杂，本书中不再进行探讨，仅梳理对于机器人协议的法律性质的分析。世界各国立法当中并没有规定必须遵守机器人协议，或机器人协议属于互联网经营者和数据抓取者之间达成的有效合同。在美国法院判决中对违反机器人协议行为的认定大相径庭。在 eBay 公司诉拜德拍卖公司一案（eBay v. Bidder's Edge）❶ 中，法官认同非法侵入的控告，认为违反机器人协议的访问行为干扰了原告在计算机系统中的权益，直接导致原告遭受损害；而在 HiQ 实验公司诉领英公司一案（HiQ Labs, Inc. v. LinkedIn Corp）❷ 中，法官认为，对于网站上的公开数据，违反对方机器人协议所进行了数据抓取并不违法，这就像进入一家未锁门的商店去看看，不能认定为非法侵入。法院最后并未认定机器人行为违法，却认为对反数据抓取技术的设置违法，要求其消除接入壁垒。

对于机器人协议的性质认定决定了司法对搜索引擎访问行为合法性的判定。在我国早期的判决中，多数肯定了机器人协议在搜索引擎行业中的重要性，但在后期发生了转变。在百度诉奇虎一案❸中，法院认为奇虎公司未遵守机器人协议的行为并无不当，理由是搜索引擎的推广可以使相关网站获取更多的访问量，因此获得更多的盈利或获利机会。而在另一起奇虎诉百度❹案中，互联网用户使用奇虎公司 360 搜索引擎进行搜索并点击搜索结果栏中的百度内容链接时，访问被阻断并跳转到百度搜索网站主页，机器人协议在网站经营者和搜索引擎之间起作用，法院认定百度公司针对 360 搜索引擎采取的阻断行为，会导致 360 搜索引擎功能无法完整发挥，造成使用 360 搜索引擎的互联网用户上网体验降低，并

---

❶ eBay, Inc. v. Bidder's Edge, Inc., 100 F. Supp. 2d 1058（N. D. Cal. 2000）.
❷ HiQ Labs, Inc. v. LinkedIn Corp., No. 17 – 16783（2017）.
❸ 北京市第一中级人民法院（2013）一中民初字第 2668 号民事判决书。
❹ 北京市高级人民法院（2013）高民初字第 3755 号民事判决书。

诱导或者迫使使用 360 搜索引擎的互联网用户转用百度搜索引擎，干涉了部分互联网用户的选择权，并从信息联通的角度对百度公司的行为进行了批驳，同时认为奇虎公司的抓取行为至少没有对百度公司的利益造成损害。

流量的正常获取，是以提供优质服务或商品为对价的。在互联网环境下，很多的服务或商品是以信息的形式来呈现，司法对提供信息的检索和搜集整理的技术行为并不排斥，但前提是不能影响互联网用户的访问意愿，破坏经营者网站的用户黏性，使其网站流量减少。对于服务或商品信息数据的抓取，能够起到替代提供商品或服务的作用，从而吸引流量。另外，对于其他经营者获得流量中的个人信息数据的抓取，属于直接对经营者企业资产的直接掠夺。机器人协议的认定只是解决了搜索引擎抓取网站信息的行为正当性问题，却并未解决相关信息被抓取后使用行为的定性问题。在大众点评网诉百度地图一案[1]中，百度公司通过搜索引擎抓取了大众点评网的用户点评信息，之后用于其百度地图产品。法院认为这些有关商户服务、价格和环境等方面的真实信息，可以帮助潜在消费者选择商家，这些点评信息能给大众点评网带来竞争优势。百度地图对于上述点评信息的大量使用，会使消费者转向百度地图，从而减少大众点评网的流量。

三、虚假流量的生成

流量是衡量网站市场反应程度的重要内容，是网站价值的重要指标，也成为体现互联网经营者提供网络服务效果的衡量标准。在网络推广服务合同中多是对流量明码标价，按照提供服务获取流量的数量收费，在六丁六甲公司与铁血公司签订的《流量推广

---

[1] 上海知识产权法院（2016）沪 73 民终 242 号民事判决书。

合作协议》中，直接约定有效流量价为 0.05 元/点击。❶ 而网络广告效果的测算也是按照流量来计量收费，在礼添公司与首家公司服务合同中，双方直接约定了流量的要求、广告收费和流量转化的标准，并对虚假流量设置了严格的惩罚条款。❷ 真实流量，是以经营者提供优质商品和服务为前提，能够反映用户喜好，但合同的约束并不能杜绝虚假流量的产生。虚假流量扭曲误导互联网用户的浏览意向与需求意向，对互联网企业的经营决策制定产生错误的引导，让通过提高产品质量或正常投放广告等市场推广行为获取互联网流量的行为无所回报。通过人为或机器操作，提高关键词搜索、浏览网页、点击广告、播放视频和产品购买等方式都可以制造虚假流量。根据上述流量获得方式的划分，虚假互联网流量一般分为虚假访问流量和虚假变现流量。

（一）虚假访问流量

虚假访问流量的滋生，来源于冲浪定律和互联网广告计费方式。一方面，冲浪定律为虚假互联网流量提供动力。在冲浪定律的概念中，互联网用户在网络中检索的信息具有较强的针对性，需求的信息规模相对精准，其访问网页内容的概率随着网页的增加而显著减小。❸ 搜索引擎的首页信息是互联网用户关注的重点，而其他页面中的信息，能够获得用户点击和查阅的概率较低，携带注意力稀缺资源的流量自然不可能分配给这类网站，这也就为虚假互联网流量的产生提供了原动力。另一方面，互联网广告计费方式为虚假互联网流量提供空间。双边市场的产生和繁荣是建

---

❶ 北京市海淀区人民法院（2017）京 0108 民初 39882 号民事判决书。
❷ 上海市浦东新区人民法院（2017）沪 0115 民初 65799 号民事判决书。
❸ 伯纳多·A. 胡伯曼. 万维网的定律——透视网络信息生态中的模式与机制 [M]. 李晓明，译. 北京：北京大学出版社，2009：108.

立在用户规模之上，广告主才有可能为规模流量提供真金白银，以获取用户注意力。互联网广告计费多是依据有效点击量，也就是说，有效的点击才会计费，无效的点击不计费。实际运用中，就是同一个 IP 地址，10 分钟内无论点击多少次，都只计算一次有效点击，而该 IP 地址 10 分钟内的其他次数的点击，则被视为无效点击。这是一种较为常用的虚假点击监控方式，然而这种点击计费方式也不够完善，也能够为虚假欺诈点击提供可以投机的契机，造成了虚假访问流量的泛滥。

　　虚假访问流量通常表现为虚假点击或欺诈性点击。虚假点击主要是广告点击欺诈，只是为了点击付费广告而访问网址，并不能使广告主获得真实流量和用户注意力。其典型表现为：广告制作方与广告的发布者故意点击竞争对手的广告信息，来增加竞争对手的广告预算开销，[1] 或是直接或间接地购买点击量或者通过其他途径截取或盗取其他网站的点击量，以此来获得流量。欺诈性点击主要是在点击量付费机制的诱惑下，通过特定的软件进行虚假点击，PPC 广告付费模式是欺诈性点击现象的诱发源。欺诈性点击的对象一般都是有广告点击需求的特定群体，而这本身就是一种以获得最大化利益为目标的恶性行为。欺诈性点击的形式较多，制造者具有多元化特点，但大部分制造者主要是网络广告的竞争主体和发布主体。[2] 竞争性欺诈的目的则主要是损耗竞争对手广告预算，通常会采用各种方法来提高竞争对手的虚假广告点击率。膨胀性欺诈的核心目标体现在获得更多的广告收益，常用的方法就是购买广告点击行为或采用特定软件来提高广告的点击量。

---

[1] 王飞跃.新型电子商务——关键字竞价基础理论与计算实验[M].北京：清华大学出版社，2013：77.
[2] 吴汉洪，董笃笃.网络广告欺诈性点击的规制[M]//中国互联网协会.互联网法律.北京：电子工业出版社，2016：274.

网络欺诈性点击现象的存在，会导致网络广告的真实价值得不到体现，市场竞争秩序混乱，欺诈行为快速扩散。欺诈性广告点击行为源于自身利益需求，或对竞争对手造成经济利益损失。网络欺诈性点击行为的边际效应会导致大部分社会利益被小部分投机者摘取，进而引发边际社会收益小于边际私人成本的问题。❶这种情况下，竞争性欺诈使得实施欺诈性点击的一方获得竞争优势，竞争对手通过广告获得的收益率降低，而广告发布者能够得到较高的回报率；在没有任何欺诈性点击问题的情况下，网络广告发布者具有公平的利益分配权，其往往能够起到正相关作用，而不会产生负面影响效用。❷不同广告发布者在不正当竞争中的种种需求是诱发各种欺诈性点击行为的主要因素。

（二）虚假变现流量

虚假变现流量是指网络刷单炒信行为，即在网络交易中通过虚构实际并未发生的交易，获取虚假的商品销量等，以影响竞价排名和诱导消费者购买意向。虚假变现流量一般包括两种行为：一种是刷销量，即通过网络虚假下单，并寄空包裹虚构交易事实。另一种是刷信用，即通过刷手在不存在实际交易的情况下给经营者以好评。上海爱尚鲜花股份有限公司在上市信息披露中明确表示，刷单是由公司员工或外包公司按照公司要求下单，以提高公司产品的排名，但刷单本身并不能够带来直接的销售绩效。❸虚假变现流量并不以真实的网络交易为基础，并由以下两个因素催生出来。

---

❶ 冯玉军. 法经济学范式 [M]. 北京：清华大学出版社，2009：208.
❷ 波斯纳. 法律的经济分析 [M]. 蒋兆康，译. 北京：中国大百科全书出版社，1997：15.
❸ 上海爱尚鲜花股份有限公司. 公开转让说明书 [EB/OL]. (2016-02-29) [2019-04-25]. http://pdf.dfcfw.com/pdf/H2_AN201602290013648868_1.pdf.

1. 互联网电子商务平台的规则设计加剧了虚假流量的产生

电子商务的经营主体在自主建立网站门户的基础上,还可以通过与其他互联网经营者的合作,使其成为平台内经营者,开展经营活动。对于经营主体来说,能否获得消费者的注意力就成为其获利的重点,但成千上万的平台内经营者和经营项目种类的重叠,使其经营信息很难获得用户的注意力。只有排在搜索页面前几页的经营者才有获得流量的可能。同时,电子商务平台将算法排列作为处罚措施之一❶,亦催生了平台内经营者对包括变现流量在内的各个算法要素的疯狂追求。

2. 互联网信息获取效率不一致给虚假流量留下了生存空间

在互联网经营者收集信息效率存在较大差异的情况下,用户与经营者对信息资源的掌握能力存在较大差异,继而会导致利益双方信息不对称的窘状。❷ 要想利用平台经营者的搜索规则和算法,就必须拥有更多的交易流量和良好的信用评价,这就导致了虚假变现流量的产生,即我们生活中常见的刷单。目前刷单产业链已呈现组织化和规模化的特征。

(三) 虚假互联网流量的可责性

对于虚假流量,国外给予了一致的认定。在维他命在线公司诉自然之路公司一案(Vitamins Online, Inc. v. Heartwise, Inc.)❸中,自然之路公司作为一家在亚马逊平台上经营绿色咖啡和加仑子的商家,让其员工在其产品页面上进行投票并作出正面评价,

---

❶ 京东开放平台总则 [EB/OL]. [2019-02-07]. https://rule.jd.com/rule/ruleDetail.action?ruleId=2368. 其中,5.1.7 单个商品搜索降权:指调整商品在搜索结果中的排序。5.1.8 全店商品搜索降权:指调整商家店铺内所有商品在搜索结果中的排序。

❷ 王宏. 消费者知情权研究 [M]. 济南:山东人民出版社,2015:23.

❸ Vitamins Online, Inc. v. Heartwise, Inc. 207 F. Supp. 3d 1233 (D. Utah 2016).

从而利用亚马逊的算法对正面评论的加权,使自身处于排序的有利地位。法官认为竞争者操纵产品评价的行为构成了《美国兰哈姆法》规定的商业宣传或促销,竞争者的此类行为对商业行为或产品的性质、特点或品质构成虚假陈述,形成了上述法律界定的虚假宣传。伤害原则认为,如果人的行为并不会给他人造成损害,那么他应该有这么做的自由。❶ 从表面上看,虚假流量并未对各个主体造成损失(damage),但对"damage"的界定不能如此狭隘,其中间接造成的损失,能够更加深刻地反映不法行为对商誉、隐私等人格权的侵害。❷ 虚假流量的产生,主要是为了获取直接或间接的收益(广告收入和企业估值),或对用户进行误导,以获得真实流量。

1. 虚假流量侵害了用户的知情权和公平交易权

真实的流量能够促成互联网经营者进行惠及消费者的良性竞争。虚假互联网流量虽然没有直接对互联网流量进行干预,但这种虚构流量的行为必然对流量产生干扰。网络信息的不对称使得消费者在实操中往往受到欺骗,这也是法律赋予消费者知情权的原因所在。消费者与经营者在信息获取方面的均衡性是评估消费知情权的重要参考,这种平衡能够为双方在交易过程中的合法利益提供重要保障。❸ 虚假互联网流量所导致的消费者预期和实际所得相去甚远,让消费者大失所望,会让交易双方丧失对搜索引擎的信任度,从而对搜索引擎服务给出错误的评价❹;而虚假流量虚构交易记录,对社会中的消费者群体均构成了潜在的损害。另外,

---

❶ 熊秉元. 法的经济解释:法律人的倚天屠龙 [M]. 北京:东方出版社,2017:121.
❷ Radim Polcak, Stone Roots. Digital Leaves: Czech Law against Unfair Competition in the Internet Era [J]. Rev. Cent. & E. Eur. L. 155., 2008 (33):162.
❸ 王宏. 消费者知情权研究 [M]. 济南:山东人民出版社,2015:20.
❹ 北京市第一中级人民法院(2012)一中民初字第5718号民事判决书。

消费者公平交易权的外在表现是消费者在消费活动中能够按照自己的意愿来选择是否进行交易以及具体交易的标的。❶ 虚假访问流量使消费者对以往产品或服务的提供质量处于盲知状态，信用评价体系也处于失真状态；而虚假的流量，会给潜在用户的消费决策造成干扰。

2. 虚假流量侵害了经营者的相关权益

争夺流量的行为，必然会对其他经营者造成损害，正当的竞争行为会给竞争者带来"损害"，但这种"损害"属于正常竞争的必然结果。❷ 虚假互联网流量的本质使得网络处于虚假繁荣状态，消费者面对的是虚假的数据和购买记录，从而形成误导，使本应分配给其他竞争对手的流量转向，破坏了正当经营者的竞争优势，只给虚假互联网流量的制造者带来收益，而对社会福利没有任何的增益，正当的市场竞争的结果可能是社会总体财富的增加和最大化，但也可能出现财富的重新分配和转移。损人利己是市场竞争的特性，竞争与损害相伴而生。❸ 从虚假互联网流量的两种表现形式来说，虚假访问流量中竞争性欺诈增加了竞争对手的支出，膨胀性欺诈增加了发布者的收入；虚假变现流量使得竞争者丧失竞争机会和竞争优势。在涉及电商不正当竞争案的判决中，法院已认定"被告的行为减少了天猫商城网站的访问流量。被告在天猫商城方的网站搜索栏中植入了自己的网站导航链接，通过这种方式引流走天猫商城方的网站流量，进而导致天猫商城方的网站用户数量被非法夺取，不仅减少了天猫商城方的网站用户基数，

---

❶ 王宏. 消费者知情权研究 [M]. 济南：山东人民出版社，2015：49.
❷ 蒋悟真. 论竞争法的基本精神 [M]. 上海：上海三联书店，2008：65.
❸ 孔祥俊. 论反不正当竞争的基本范式 [J]. 法学家，2018（1）：54.

还导致网站的运营成本增加,给天猫商城方带来了间接的经济损失"❶,但即便是真实流量的争夺,亦可能产生上述对收益、交易机会和交易优势的直接损害。

3. 虚假流量破坏了市场正常需求反应机制

虚假互联网流量中所虚构的交易和点击记录,使消费者对存在虚假流量的电子商务平台的信用评价体系产生合理怀疑,从而逃离平台,并对整个社会信用体系建设的真实性和权威性造成了影响。阿克洛夫❷就市场信息不对称现象对市场发展状况的影响进行了深入的研究和剖析,他认为当供需双方对供需品本身的信息获取方面存在偏差的情况下,对市场交易主体的选择行为存在逆向特征。我们运用这一思路对虚假互联网流量对市场秩序和机制的破坏作用进行推演,在正常的流量竞争中,流量总是青睐于优质的产品或服务,流量的方向也代表了市场信号的正常反应机制。虚假互联网流量一旦出现,其所对应的产品或服务并不能进行有效的市场匹配。在互联网经营者知道虚假互联网流量的平均价格后,提供优质产品或服务的经营者会选择退出市场,消费者了解这一信息后,会降低对网络产品或服务的关注或出价,这将导致质量高于虚假流量的对应产品或服务的经营者退出市场,虚假互联网流量的产生使原本公正有序的交易秩序因此而扭曲,正常的市场交易信号失灵。虚假的流量不能真实反映用户的需求,破坏了流量的正常需求反应机制。

---

❶ 北京市第一中级人民法院(2005)一中民初字第5455号民事判决书。
❷ Akerlof, George. The Market for "Lemons", Quality, Uncertainty and the Market Mechanisms [J]. Quarterly Journal of Economic, 1970 (84): 488-500.

第三章
竞争关系对互联网不正当竞争行为判定的影响

　　从立法目的来看，我国制定《反不正当竞争法》的主要出发点是规范和调节市场经营者行为，其将不正当竞争行为的内涵定义为"扰乱市场竞争秩序"。对竞争法理论的粗线条梳理和受传统行业所限，导致理论界和实务界对不正当竞争行为的判定出现了一些争议：经营者之间是否必须存在竞争关系、经营者的认定是主体要件还是行为要件等，这些争议已经成为横亘在不正当竞争行为判定路径上的障碍。在互联网环境下，行业分布和竞争形态发生了巨大的变化，流量涉及经营者在内的多方利益，在一定程度上已经跨越了传统不正当竞争理论当中对于经营者和竞争关系的定义和范围。但这一改变和跨越并未脱离竞争的本质内涵，流量的介入改变了互联网竞争的内涵和外延，使其呈现有别于传统竞争的一面。同时，流量对竞争关系产生深远影响，使之扩展至整个互联网领域，降低了对互联网不正当竞争行为认定的难度。

第一节　互联网竞争综述

一、互联网竞争要素的嬗变

互联网竞争不是对传统竞争模式的线上发展和补充，因为诸多竞争要素已经发生了质变：平台商业模式和免费商业模式的产生，使得互联网竞争的外延不同以往；竞争内容也从对竞争对手提供的商品或服务的竞争转移至对流量的争夺；竞争手段也从价格竞争的平行竞争方式转变为非价格竞争的干扰竞争方式。相较于传统竞争，互联网竞争存在以下变化。

（一）竞争外延的变化

经营者提供产品或服务以获得消费者支付的对价，这是传统竞争的基本模式和外延表现，经营者一般通过价格竞争手段来获得商业机会。在互联网环境下，传统的价格机制对经营者和消费者之间供需关系的影响几近失灵，免费商业模式通过规模效益所产生的产品边际成本的降低和产品成本向第三方的转移支付而大行其道。换言之，互联网免费商业模式是建立在流量构成商品的基础之上，消费者提供注意力作为对价，以获得"免费"的商品或服务；经营者在提供商品或服务的同时，将流量转移给第三方，从而获得现实收入。在这一过程中，用户信息已经成为最重要的生产要素之一，企业通过为客户提供免费服务或商品，来换取顾客的个人信息并建立用户画像数据，以此作为进一步商业交易的原材料。经营者将流量收入囊中，作为企业资产、商业机会、竞争优势，甚至于商业信誉而存在。

第三章　竞争关系对互联网不正当竞争行为判定的影响

随着平台商业模式的兴起与发展，其优势越来越明显，更多的经营者转向了这一模式，而在平台商业模式下，其主体包括三类角色：平台经营者、平台内经营者和消费者。消费者购买产品，平台内经营者提供产品，平台经营者为促成交易而提供服务，并且通过与平台内经营者及消费者的协议，制定规则，维持着平台内交易的公平，然而，平台经营者的终极目标是通过消费者与平台内经营者的交易进行分成盈利。这种关系不只体现在从事经营的电子商务平台，搜索引擎企业对搜索引擎的经营也呈现平台趋势，且以竞价排名为甚。只不过搜索引擎经营者将传统意义的商品转变成消费者对关键词的注意力，以供互联网经营者买卖。

（二）竞争内容的变化

传统竞争模式下，经营者经济效益的损失往往表现为因产品销售或服务提供的降低而导致的收入减少。如果基于这一竞争内容，则无法解释互联网免费商业模式中表现的多种竞争行为。互联网竞争具有相对宽松的入门门槛、创新的迅捷和价格既定行为等核心特征，其市场力量的发挥迥异于传统，但很多成功的互联网企业在相关领域依然占据着优势地位。对互联网竞争适用一般竞争规则时，需要予以特别的考量，将对具体产品或服务的关注转移至个体注意力竞争的标准。❶ 互联网环境下，产品或服务首先表现为信息的形式，地域的全球化趋势和产品的集中化展现使得信息呈现过度泛滥，网络的虚拟化使消费者无从选择信息，从而产生信息不对称的网络特性。如何帮助消费者获得有用或有效的信息，从而完成交易是互联网竞争的主要内容，这一竞争内容的

---

❶ Simonetta Vezzoso. Internet Competition and E–Books: Challenging the Competition Policy Acquis？[J]. MPI Studies on Intellectual Property and Competition Law，2015：26.

转变使获得消费者注意力成为互联网交易或竞争的头等大事，流量也就成为互联网竞争的主要内容。提供商品或服务仅仅是基础性工具，互联网经营者争夺的是有限数量的消费者注意力。❶ 在北京搜狐公司诉北京珠穆朗玛公司一案❷中，法院直接认定被告减少原告网站的访问流量的行为，导致原告的访问流量减少，增加了对被告及被告所链接网站的访问量，直接损害了原告网站的经济效益。此外，流量的最终表现形式是数据及数据的集合，经营者基于消费者的网络访问而形成的流量数据，因其使用价值和市场价值而得到众多互联网经营者的追捧，对此类数据的存储、传输和利用形式都成为经营者竞争的内容。

（三）竞争手段的变化

传统竞争模式下，价格竞争方式成为竞争的常态，即便是技术的创新，也体现在凝结在单位商品内的必要劳动时间的减少，从而获得价格竞争的优势。对于仿冒混淆、虚假宣传和商业诋毁等三大经典不正当竞争行为表现，我们能够轻易辨别其行为特征，究其原因，在于经营者之间正常经营的边界是清晰的。在互联网竞争中，提供产品或服务的竞争更多的是和竞争对手的经营行为交叉，互联网产品的运行边界是和其功能设计紧密相连的。人们很难界定一款安全软件的运行边界，网络安全软件为了维护网络安全，可以主动采取删除等手段干扰病毒的运行❸，但网络病毒的定义和边界又决定着安全软件行为的合理性和正当性。同时，互联网软件的功能必须借助其他各类基础软件的配合才能实现，

---

❶ David S. Evans. Attention Rivalry among Online Platform [J]. J. Comp. L. & Econ, 2013 (9): 313.
❷ 北京市第一中级人民法院（2005）一中民初字第5461号民事判决书。
❸ 北京市高级人民法院（2013）高民终字第2352号民事判决书。

这是由基础原理所决定的。互联网经营者往往基于商业目的的考量，会采取强强联合的方式，将己方产品嵌入对方产品之中，像搜索引擎软件一般都会和浏览器软件相结合，以获得更多的流量，但对流量的争夺使双方竞争行为的边界一扩再扩，最终表现为干扰。

二、互联网竞争的独特表征

随着人类社会对资源需求量的不断增加，引发了资源供给与需求之间的不对称问题，构成矛盾产生的根源。正是资源的稀缺和人们的需求满足之间的矛盾，导致了竞争的产生。即便是互联网时代信息资源的爆炸，也无法解决互联网用户对信息资源的需求以及经营者对互联网用户注意力的追逐。一方面，互联网用户获取资源具有时间、精力和金钱上的有限性，这一有限性和信息资源的"无限性"产生矛盾。另一方面，经营者作为信息资源的提供者，和互联网用户注意力的稀缺之间亦存在矛盾。这些矛盾催促着我们对互联网竞争的独特表征展开探讨。

（一）互联网竞争使边际收益快速递增，边际成本快速递减

从互联网的物理属性来看，互联网的用户规模构成影响网络外部性大小的主要因素。用户规模越大，外部性就越明显，并且在超过一定阈值后，外部性会急剧增大。伴随着用户规模的扩大，经营者提供产品或服务的边际生产成本会呈现递减趋势，从而导致边际收益的快速增加。❶ 这样就形成了强者越强、弱者越弱的正反馈效应，从而造成接受产品或服务的用户数量的增加，最终导

---

❶ 芮廷先. 网络经济学 [M]. 上海：上海财经大学出版社，2017：104.

致市场规模的扩大。

（二）互联网竞争凸显锁定效应

锁定效应是指在互联网环境下，在投入较大的学习成本之后，人们会对系统产生依赖性，这一依赖性会影响转移系统的成本。对于消费者而言，锁定效应体现在浏览习惯和行为的改变，一般并不存在经济利益的直接损失。以 Windows 操作系统为例，其性能并不优于开源的 Unix 操作系统，但因为用户使用习惯导致的路径依赖使 Windows 操作系统大行其道，键盘 102 键和 104 键的设置也没有优劣之分，但在锁定效应的影响下，102 键盘已成为消费者的首选配置。对于经营者而言，其在平台商业模式中的锁定效应更为突出，其在平台内经营所形成的流量信息、流量所负载的评价信息等内容，能够产生直接的经济收益，但只能在平台内闭环运行和使用，一旦转换平台则只能归零。故用户被锁定在原来的网络中，这也使得平台的拥有者可以利用锁定获得持久的流量和可观的利润。对于进入门槛较低的行业和领域，消费者或经营者的锁定效应并不明显，但直接或间接的网络影响会使竞争优势集中于某一行业的头部企业，从而对其他企业进入该行业造成障碍。❶ 从消费者那里获取注意力面临着巨大的竞争压力，并且获取注意力后，并不能通过抬高价格的方式来获利，互联网经营者只能通过不断提升服务的质量、特色和功能，防止用户的注意力转向竞争对手。不断加入的竞争者通过新技术的应用和创新，来吸引消费者的注意力，对现存经营者保持着持续的威胁。

（三）互联网竞争动态性增强

在互联网竞争中，经营者通过创新来获得竞争优势地位，但

---

❶ David S. Evans. Attention Rivalry among Online Platform［J］. J. Comp. L. & Econ, 2013（9）：330.

这一地位并不牢固，经营者仅仅是"脆弱的垄断者"❶，占有市场优势地位的经营者也会随着技术的快速变化而被迅速淘汰。为了满足消费者的需求，互联网经营者提供服务或产品的差异化程度较小，进入的门槛也较低。以即时通信市场为例，无论是早期的腾讯 QQ、新浪的 Sinapager，还是现在的微博、微信和钉钉，只有具备明显创新性的产品才可能吸引足够的流量。也正是创新的要求，使得互联网环境下的各类市场都充满了动态竞争。即便是存在占据大部分用户份额的微信产品，但即时通信领域依然呈现战火纷飞的局面。即使是在即时通信市场，用户也逐渐显示出部分特性，其差异化发展趋势明显❷，且多数产品已经不再专注于即时通信一项业务，而是综合通信、平台、金融支付等多种业务的互联网生态系统。

（四）互联网竞争具有创新多样性

技术的飞速发展促进互联网商业模式和经营行为的创新，产品或服务的迭代周期缩短，创新形态各异。和传统市场中的价格竞争相比，互联网环境下的竞争呈现形式多样化、竞争手段复杂化，这就促使互联网经营者采取更多的创新技术手段开展攻防战，保护手段和形式更加多样化。互联网竞争中出现的流量劫持、竞价排名、软件干扰、恶意不兼容等竞争形式，鲜见于传统竞争模式中，而具体竞争行为所指向的经营者或消费者损失并不明显或难以界定。

---

❶ 朱宏文，王健. 反垄断法——转变中的法律 [M]. 北京：社会科学出版社，2006：221 - 222.

❷ 吕超. 自结构到行为：网络时代反垄断的法律思考——以即时通讯市场为例 [J]. 网络法律评论，2010（11）：218.

三、互联网竞争的外延

竞争是以较低的价格向消费者提供最好的服务或商品。随着技术的不断革新，互联网竞争行为的类型会越来越丰富。有竞争就会有损失，技术创新必然导致竞争者损失的产生和互联网竞争格局的变化，对自由竞争与技术创新正当性和合法性界限的争论会一直甚嚣尘上。技术的进步和信息的爆炸，使得环境的不确定性增加，企业的动态调整更多地体现在商业模式的创新。互联网竞争的加剧，使得作为竞争外延的商业模式成为众多互联网创业者讲好故事、吸引投资的关键；在企业经营中，好的商业模式亦成为互联网经营者赚取利润、拉高企业估值的良方。

(一) 商业模式综论

商业模式是指公司从事经营的方式，即商业活动和过程的总和。[1] 技术的发展催生新的商业形态的出现。互联网经济已使平台成为经济增长的热点和高地，互联网商业模式在近几年层出不穷，但其异于传统商业模式的表现形式使得相关研究仍处于探索阶段。

1. 商业模式的定义

首先，从经济角度来说，作为商业模式研究最早的国外学者，蒂莫斯（Timmers）的研究表明商业模式是公司产品、所提供的服务和商业信息流的架构，是参与者的潜在利益，是收入来源的说明等三个方面。[2] 拉帕（Rappa）则将商业模式定义为一种公司产生收入以维持生存的业务方式。[3] 经营者通过企业帮客户带来的价

---

[1] Gary P. Schneider, Jessica Evans. New Perspective on The Internet [M]. 8th edn. Course Technology, Boston, 2010: 499.

[2] Timmers P. Business Models for Electronic Markets [J]. Journal on Electronic Markets, 1998 (8): 3–8.

[3] 彭志强. 商业模式的力量 [M]. 北京：中信出版社，2018: 8.

值、企业组织架构、与商业伙伴的合作网络、关系资本等几个方面来实现企业价值,并形成不间断的盈利能力。从竞争法的角度来看,蒂莫斯提出的商业模式的定义应该是中性的,包括特定的商业和利润模型,并且必须通过某种方式来判断特定商业模式的竞争法的性质。竞争价值、竞争秩序、商业道德以及利润模型只是决定商业模式成功与否的要素之一,不是判断业务模型合法性的基础。在司法实践领域,将经营模式与商业模式等同起来,并最终将其转化为商业行为已成为一种趋势。因此,从经济角度来看,商业模式可以看作企业的经营模式,而企业之经营模式的关键点则是经营者如何获得利润、怎样获得利润,从而又将焦点汇聚在利益中。

其次,从运营角度来说,商业模式的重点放在各个要素的参与和协作上。阿米特(Amit)和佐特(Zott)将商业模式描述为旨在扩大业务机会的每个交易活动的组成部分的组合,该定义强调在业务运营过程中上下游交易的协作;而韦利(Weili)[1]在蒂莫斯的结论中增加了参与者元素,更多地侧重于管理运营的角度。从竞争法的角度来看,商业模式已集成到业务生态系统中,需要重点关注经营者之间、竞争者和消费者之间的交易方式,这必定包括维护竞争秩序和消费者权利。在司法实践中也有类似的看法,多数法院认为,消费者保护程度不能作为判断某种商业模式的依据,且正当的商业模式并非全部充分考虑了消费者的权益。[2]但需要明确的是,无论是保护商业模式还是保护竞争秩序,抑或保护消费者利益,都是消极性的。同时,在市场竞争中,经营者的经

---

[1] Weili P, Michael R V. Place to Space: Migrating to E-Business Models [M]. Harvard Business School Press, New York: 2001: 56.
[2] 北京市第一中级人民法院(2014)一中民终字第3283号民事判决书。

营活动和经营模式有任何的变化,都可以追溯到其他经营者对经营活动的"影响",而不应来自其他经营者的"影响"破坏行为。如果竞争者有破坏其他竞争者的商业模式,阻碍其他竞争者的商业流程、运营结构等行为,将不可避免地侵害到其他竞争者的利益。因此,从运营、管理角度来说,可以将商业模式这个概念理解成经营者的运营结构,其本质在于依靠经营者之内部构造、职能分配来运营整个企业,使之产生价值。

最后,从战略角度来看,以琼·马格雷塔(Joan Magretta)为代表的学者们争辩说,商业模式是解释供应商工作方式的故事,[1]其将商业模式定义的企业成为创造价值、为客户和企业运营的参与者进行服务的分级预测。他们认为,商业模式是一种概念性工具,它阐述了企业如何定义和部署具有内在关联性的变量,如经济逻辑、经营结构和战略方向等,阐述了企业怎样描绘价值主张、价值网络、价值维护、客户自身价值的创造等四个要素,帮助利益相关者创造更多利益。[2]施维策(Schweizer)在业务模型的定义中增加了价值链、竞争优势和利润模型,而业务模型的创新与发展就是针对现在具有的价值链进行调整。[3]可见,从战略角度来看,商业模式的定义更加宏观,可以将商业模式理解为不同经营者之间战略方向的区分。

2. 商业模式的构成要素

商业模式构成要素的分析有助于对其本质内涵的了解。阿富

---

[1] 罗珉,李亮宇. 互联网时代的商业模式创新:价值创造视角 [J]. 中国工业经济,2015(1):95.

[2] 原磊. 商业模式与企业创新 [M]. 北京:经济管理出版社,2017:14.

[3] Schweizer L. Concept an Devolution of Business Models [J]. Journal of General Management, 2005 (31):37 – 56. 其认为商业模式的构成要素包括范围、收入来源、能力、持久性、实现、定价、价值等要素。

埃（Afuah）、图奇（Tucci）等提出了八要素说❶；奥斯特瓦德（Osterwalder）和皮尼厄（Pigneur）（2010）提出了九要素说❷。在对商业模式给予定义之后，我们不难发现，定义角度的偏差导致了各个构成要素的偏重点的不同。

第一，利益角度。从利益的角度界定，商业模式应当由交易或经营的各个环节和主体等要素构成，包括 7 个方面的变量❸：参与者、交易媒介、价格、分配、交易方式、支付方式、交易动机。假如每个方面存在 3 个选项，则会出现 37 种排列组合，即 2187 种商业模式。如果考虑到时间和地点两个变量，将会产生更多的商业模式。这些都属于企业从事商业活动的具体方法和路径。如果我们对这些商业模式进行保护的话，对彼此之间异同的梳理和比较就将耗费大量的时间和成本。

第二，管理角度。从系统控制的角度来划分，利益获取、价值创造、内部资源整合和外部生态合作构成商业模式的必备要素。利益获取这一要素构成了企业生存发展的根基，但在互联网兴起之后，获取外部信息的快捷和生产效率的提高，使得市场变化节奏变快、环境的不确定性增加，短期的利益获取已很难让企业存活；价值创造来源于后端的原料供应，价值实现来源于前端消费者的体验，如果缺乏价值创造，消费者都会从消费体验中测量出其商业模式的真实价值的有无，从而用脚投票，选择离开；内部

---

❶ Allan Afuah, Christopher L. Tucci. Internet Business Models and Strategies. Text and Cases [M]. McGraw-hill Education, New York：2003：77. 其认为商业模式的构成要素分别是核心资源及能力、成本结构、收入来源、重要伙伴、关键业务、客户细分、客户关系、分销渠道及价值主张等。

❷ Viktorija Viciunaite, Frode Alfnes. Informing sustainable business models with a consumer preference perspective [J]. Journal of Cleaner Production, 2020：242.

❸ 贾森·布伦南，彼得·M. 贾沃斯基. 道德与商业利益 [M]. 郑强，译. 上海：上海社会科学院出版社，2016：60.

资源整合代表着企业持续生存的起点和最低标准,内部资源整合能力的欠缺,将无法将外部生态合作带来的利润转化为企业自身的盈利;外部生态合作是提供多样化差异产品或服务的必备要件,能够最大限度地惠及消费者。

第三,价值角度。多种价值的综合体是商业模式存在和追求的目标。顾客价值、伙伴价值和企业价值构成了商业模式创造的总价值。三种价值的层次不同,顾客价值是基础,企业价值是目标,而伙伴价值处于支撑地位。顾客价值是指消费者在经营者提供产品或服务的过程中所获得的一系列利益,顾客价值既是基础,也是商业模式的指向。商业模式的市场竞争力主要来自消费者的青睐。在互联网环境下,流量的获得代表着顾客价值的创造。除了获得和传统经济相同的优质产品或服务外,消费者剩余的最大化表现为顾客价值达到最高值,包括消费者访问成本的节省(注意力成本的降低)、知识产品的免费获得甚至是额外奖励等。伙伴价值是指企业实际提供给经营伙伴的特定利益组合。[1] 伙伴价值更多地体现在经营者之间的分工协作,以及对正常市场秩序的践行和维护。在互联网的背景下,表现为电脑软硬件的匹配、各类软件的兼容、平台模式中产品和服务的协作提供等,但伙伴价值并不构成互联网竞争的主旋律。企业价值是指在价值创造过程中,经营者所能获得的各种利益总和。企业价值表现为盈利的增加、规模的扩大、品牌价值的提升等。[2] 在互联网的背景下,企业提供免费的商业模式,从表面上看是企业收益的减损,但引流费用的节省和广告收益的获得已经在一定程度上折抵了这些减损。在内部效应方面,流量的获得和规模化已构成经营者的核心竞争

---

[1] 原磊. 商业模式与企业创新 [M]. 北京:经济管理出版社,2017:31.
[2] 原磊. 商业模式与企业创新 [M]. 北京:经济管理出版社,2017:31.

力，在提高企业的估值同时，可以达到吸引投资、影响股价的作用。

以上构成要素分类，都体现了商业模式的重要组成部分，分别构成了商业模式的一个或几个方面，但并不代表商业模式的全部。人们对市场的看法和判断通常只是基于特殊市场的某些个别特征。[1] 从外部角度来看，商业模式可能仅仅是"免费模式"、"平台模式"或"免费+广告"模式，但从商业角度却存在纵横交错的内在机理和诸多要素，经营者的盈利或商业模式的成功也绝非上述模式看起来那么简单。京东商城借鉴了亚马逊、百度复制了谷歌、优客工场高仿了 Wework（总部位于美国纽约的众创空间）。[2] 商业模式是一个生态系统，其由众多要素构成，且构成要素处于动态变化之中，完全一致的商业模式是不存在的。竞争法的规范只能是针对经营行为这一商业模式的要素入手。此外，商业模式仅构成一般性竞争利益[3]，并不具有单独的可诉性。对商业模式的侵害是中性的，只有侵害行为不正当时，才为法律禁止。司法实践中对商业模式的认定并没有从组成要素入手，更多的是从其背后代表的利益入手进行分析认定。在腾讯公司诉奇虎公司一案[4]中，法院认为商业模式只是经营者获取利益的方式，并不构成法定权利，也非法律所需保护的利益，竞争对手可以通过合法、正当的途径破坏现有的商业模式，以达到攫取交易机会的目的。而在小蚁互动诉搜狐公司一案[5]中，法院将商业模式等同于经营模

---

[1] 贾森·布伦南，彼得·M.贾沃斯基．道德与商业利益［M］．郑强，译．上海：上海社会科学院出版社，2016：52.
[2] 彭志强．商业模式的力量［M］．北京：中信出版社，2018：30.
[3] 孔祥俊．《民法总则》新视域下的反不正当竞争法［J］．比较法研究，2018(2)：100.
[4] 广东省高级人民法院（2011）粤高法民三初字第1号民事判决书。
[5] 北京知识产权法院（2017）京73民终25号民事判决书。

式，并将其与经营利益的关系认定为形式与内容、手段与目的、载体与价值，虽不保护商业模式，但对其后的正当经营利益则予以保护。

商业模式作为互联网市场竞争的外延，准确、动态、综合把握平台和免费等互联网典型商业模式对我们研究互联网市场竞争行为的表现形式具有重要意义。

（二）平台商业模式

Wi-Fi技术的普及和4G/5G业务的开展，使得智能手机成为登录互联网的主力军❶，填补了互联网用户的碎片化时间。2019年上半年，15~19岁网民群体人均App数量最多，达66个❷，存在于智能手机方寸之间的众多网络服务提供商市场竞争的重点，逐步从大众化服务转向垂直细分市场。以提供新闻资讯起家的字节跳动为例，其"多闪"和"飞聊"两款通信产品的推出，宣告其通过视频社交和兴趣社交来挖掘细分市场机会；我们很难说京东只是提供日用百货交易的平台、微信仅是提供社交的平台，京东金融、京东智能等板块的无限延伸，微信小程序中流量的导入，使得互联网平台之间的竞争愈加白热化。互联网平台商业模式的兴起和发展决定于其不同于传统商业模式的特征。

1. 平台商业模式的兴起

在促进市场竞争中，互联网平台不仅提供商品价格信息，还可以帮助消费者作出决策，降低搜索成本。❸事实上，平台企业倾

---

❶ 截至2019年6月，我国手机网民规模达8.47亿人，我国网民使用手机上网的比例达99.1%。中国互联网络信息中心. 第44次中国互联网络发展状况统计报告 [R]. 2019.

❷ 中国互联网络信息中心. 第44次中国互联网络发展状况统计报告 [R]. 2019.

❸ 阿里尔·扎拉奇，莫里斯·E. 斯图克. 算法的陷阱：超级平台、算法垄断与场景欺骗 [M]. 余潇，译. 北京：中信出版社，2018：8.

向于保持轻资产。例如，优步不拥有汽车、脸书不创造内容、阿里巴巴没有库存、爱彼迎没有自己的房子。❶ 可以说，随着互联网的兴起，全球发展最快的公司是平台公司。1994年后成立的十大最具价值的全球公司中，只有两家不是平台公司，而谷歌、脸书、亚马逊、阿里巴巴、腾讯、Priceline、百度、salesforce.com等都是平台公司。❷

平台商业模式的兴起受制于多个因素：首先是用户黏性的惯性作用，用户接受经营者的产品或服务的忠诚度可以体现在用户黏性，用户黏性受制于转换成本和用户对产品或服务的需求。❸ 早期的平台公司已经扩展了生态系统，比如腾讯的微信平台、百度的搜索平台和阿里的电子商务平台，用户涉足生态系统的任一部分，接受自己所需的服务。这些生态系统可以覆盖众多商业领域，视频产业、网络阅读、电子商务、口碑评论、创意设计、新闻百科全书等现代生活领域都可以笼罩其中。

其次是交易成本的节约。在互联网环境下，平台商业模式降低了两方面的交易成本。一方面，其降低了平台各方获取信息的成本。以外卖平台为例，用户可以直接通过搜索，了解平台内经营者提供的菜品、价格和评价信息，平台内经营者则可以将菜品或服务进行展示和售卖，双方均不需要进行信息收集和整合，仅需依靠平台所提供的相关流程和信息即可完成交易。另一方面，平台模式通常会建立信用评价体系、交易资金风险防控体系和纠

---

❶ 大卫·罗杰斯.智慧转型：重新思考商业模式［M］.胡望斌，译.北京：中国人民大学出版社，2017：99.

❷ 大卫·罗杰斯.智慧转型：重新思考商业模式［M］.胡望斌，译.北京：中国人民大学出版社，2017：101.

❸ 陈威如，余卓轩.平台战略：正在席卷全球的商业模式革命［M］.北京：中信出版社，2013：123.

纷调解处理体系。在对平台各方进行监督的同时，能够有效降低违约情形的发生和各方维权成本的支出。

再次是网络外部性的体现。网络外部性指产品的价值与使用该产品的消费者数量成正比，即接受某个产品或服务的消费者越多，某个产品或服务的价值就越高。这一定义描绘了同类用户的规模经济。传统市场地理位置受限，产品丰富程度欠缺，并不具备这一优势。平台商业模式的产生则使交易双方得以聚集、市场空间得以拓展、产品和服务的选择种类得以增加，而买卖双方的交易价格也处于透明状态。平台商业模式的价值的评估依赖于流量的规模，只有具备了一定流量的平台才能吸引更多的平台内经营者参与，而经营者的增多又为优质产品或服务的丰富提供了可能。唯一的传真机不存在价值，只有更多传真机的使用，才能够使传真功能得以发挥。❶ 一旦流量达到一定规模后，互联网经营者便进入良性循环，并可以通过摊薄交易成本、获得广告收益等方式盈利。❷

最后是平台内生机制的发挥。静态的聚集机制和动态的匹配机制在平台模式中发挥着作用，为交易成本的降低提供了可能。平台模式中，价格是提前固定的，而当消费者进入平台时，受益的是平台内经营者，一笔交易和多笔交易的平台成本是相同的；对于平台经营者来说，平台运营中动态的匹配机制在发挥作用，平台参与者的角色在不断变化，消费者可以转变为经营者，反之亦然。新成员的加入，可以增加市场的流动性，对于平台上的各方都有益。

---

❶ 熊秉元. 解释的工具：生活中的经济学原理 [M]. 北京：东方出版社，2014：79.

❷ 上海知识产权法院（2016）沪73民终242号民事判决书。

2. 平台商业模式的重要特征

第一，体现双边市场的特性。平台商业模式都具有双边市场的特点。平台内的两方群体会相互依赖，相互获利；而且两方群体具有跨网络的正向外部性，价格结构会发生倾斜，当平台内经营者规模扩大时，竞争加剧，平台内消费者能够获得更多优质的产品或服务，同时平台内消费者规模会扩大，从而对平台内经营者造成激励。❶ 在双边市场上，为了平衡双方的需求，平台企业将对网络外部性较弱的一方采取较高价加成策略，反之采取较低价加成策略，以低价、免费甚至补贴的形式吸引客户。❷

第二，提供多种形式服务。在平台经营模式中，平台运营商要在平台内为运营商和消费者提供多种形式的服务，这也是平台模式的主要功能和特点。平台经营者对于消费者支付的货币，会和平台内经营者通过协议的方式进行分成。如苹果公司在平台商业模式中提供多重产品及服务：Apple TV、Apple music、Apple news 等内容服务；Apple pay、Apple card 等支付服务；iOS、OS 等应用服务；iPhone、iMac、iWatch 等终端服务。其中存在多重角色的参与：接受上述各类服务的消费者，包括数字媒体提供、终端设备提供、软件开发以及广告商在内的各类内容服务提供商。

第三，提供相对独立的闭环服务。在传统商业模式下，价值传递为"企业—消费者"，企业提供产品以获取对价，消费者支付对价以获得产品或服务，消费者支付的对价转化为企业的价值实现，这是一种自上而下的线性价值实现。在平台模式下，其主体包括平台经营者、平台内经营者和消费者三类角色，平台内经营

---

❶ Nicolo Zingales. Product Market Definition in Online Search and Advertising [J]. The Competition Law Review，2013（9）：29–47.
❷ 纪汉霖. 双边市场定价策略研究 [D]. 上海：复旦大学，2006：44.

者为消费者提供产品，平台经营者为促成交易而提供服务，因其服务而促进上述交易的效率和范围，平台内经营者和消费者位于平台经营的两端，二者之间存在交叉的网络效应，任何一方的强大会吸引另一方的膨胀，任何一方的缺失也会导致另一方的减损和平台的瘫痪，应当说三者之间构成了一个相对独立的闭环。

第四，掌握平台流量的控制和分配。从竞争关系的角度考量，平台内经营者之间的竞争关系和在传统商业模式下并无二致，其和平台经营者之间存在一种契约性质的依存关系，一方面，从平台的角度来说，平台上存在大量能够向消费者提供优质产品或服务的经营者，是其具备竞争力、吸引流量的关键所在。对平台内经营者的争夺就成为平台之间竞争行为的指向。另一方面，平台经营者控制着平台流量的入口，处于一种主导地位，其对消费者搜索内容的排序显示，决定着平台内流量的分配，这已成为平台经营者行使平台权利的象征。获得平台内流量是平台内经营者向消费者提供产品的前提，通过各种竞争手段争夺平台内搜索排名，已成为互联网平台内竞争的一道独特风景。

（三）免费商业模式

1. 免费商业模式综述

互联网环境下的免费是一种商业模式，而非盈利模式。免费商业模式是建立在获取流量的基础上，互联网用户通过分配注意力为对价以获取服务或商品，反过来说，互联网经营者通过提供服务或商品获取流量，已经形成了投资回报。这就构成了免费商业模式成立的基础。同时，在互联网经济中，用户信息已经成为最重要的生产要素之一，企业通过为客户提供免费服务或商品，来换取顾客的个人信息数据，并进行用户画像，以此作为进一步商业行为的准确定位，以吸引目标企业的广告投放等。有学者认为，免费商业模式下消费者应当为其免费享用的互联网服务付费，这一付费可能是通过追踪技术的不受限来完成，只有这样，广告商和互联网经营者都能够并且愿意支付提供服务的费用。撇开历史上大量付费订阅的数据库，《纽约时报》对以前免费提供的服务引入付费机制也能证明这一观点的谬误。广告的观看和不受限的追踪技术并不能成为免费商业模式的对价或充分理由。❶

2. 免费商业模式的交易主体

免费商业模式只是不需要消费者付费，但也存在多种渠道收费对免费所用支出进行补贴。免费商业模式可以吸引足够多的流量，价格竞争机制在免费商业模式下不再发挥作用，但经营者提供的产品或服务给消费者带来的体验，决定着流量的规模和增长趋势。基于商业模式的特点和流量变现的长期性，免费商业模式中一般会存在三方交易主体：首先是内容服务提供商，包括即时通信平台、音乐软件、购物平台、阅读软件、电子邮箱、搜索引擎、网络视频等；其次是接受免费服务或内容的消费者，其构成本书所讨论的流量；最后是支撑内容服务提供商提供免费服务的广告主，消费者接受内容服务提供商的服务，使其获得流量。广告主在向内容服务提供商支付对价的同时，获得消费者的注意力，这是互联网经营者免费商业模式得以维系的交易循环。

3. 免费商业模式的经济学分析

首先，免费商业模式依托于互联网的数字产品。数字产品的特点在于，初次开发成本较高，但一旦研发完毕，其后续的销售成本（拷贝、传播）非常低，边际成本递减直到接近于零。其次，互联网经济下生产要素发生变化。从生产角度来看，当某一企业

---

❶ Galina I. Fomenkova. For your eyes only? A "Do Not Track" proposal [J]. Information & Communications Technology Law, 2012, 21 (1): 33–52.

的固定成本居高不下，而其边际成本又相对较小的时候，该企业唯一可做的就是通过采取营销策略、加大产品的销售，以此来获得规模效益带来的相应的利润。随着生产规模的不断扩大，商品生产的边际成本就会逐步降低，在互联网经济中也同样存在这种理论❶。从消费者角度来说，其使用数字产品和服务的学习成本和使用成本极低。随着搜索技术的不断进步，对于用户而言，其付出的搜索成本会越来越低，互联网用户可以快速精准地获得自己所需的服务或产品。最后，注意力经济使免费商业模式成为必然。对于商家来说，信息的丰富反映出注意力的稀缺，获得用户的注意力就成为其提供商品或服务的对价，这也就是经营者提供免费或付费商业模式吸引流量的秘密。即便是传统产业在线上的经营，也是在获得流量的基础上创造商业价值。

（四）商业模式能否获得保护的论证

1. 商业行为仅是商业模式的要素之一，保护范围不能任意拓展

消费者与经营者的商业模式产生互动，表现为企业提供的产品或服务，而非仅作为概念性工具而存在。❷ 商业模式作为一个企业盈利的逻辑，不是一种实物，而是代表着一种商业价值。随着市场竞争的持续发展和消费者需求的不断提高，经营者必然会通过选择更高效的商业模式和提供更优化的服务来提高自身的核心竞争力，从而赢取更多的市场份额。不管是商业模式的迭代，还是服务质量的升级，都是市场经济自我调节和发展的自然结果，

---

❶ 胡世良. 移动互联网商业模式创新与变革［M］. 北京：人民邮电出版社，2013：105.

❷ Viktorija Viciunaite, Frode Alfnes. Informing sustainable business models with a consumer preference perspective［J］. Journal of Cleaner Production, 2020: 242.

是对经营者竞争行为的层层包裹，我们不能将对一项不正当竞争行为的认定，延伸至整个商业模式和其外延。

2. 商业模式的演化和更迭是市场机制作用的自发结果

客观地看，最基本的商业模式可以粗略归为四个方面及其相互之间的关联：价值体现、价值创造、价值传递、盈利方式。首先，如果企业无法发掘客户需求，创造出贴合客户真实所需的商品和服务，那么企业的价值就无从体现，所以，价值体现是商业模式的基石。了解价值体现之后，将价值构想转变为实实在在的方案或产品，则需要企业通过价值创造去实现，再通过价值传递的过渡性手段，实现最终的企业赢利的目的。但是，商业模式的各构成要素绝不仅仅是独立的个体，它们之间是相互作用、相互补充、相互决定的，也正是如此，才得以让商业模式成为一个完整的有机整体。从静态角度看，商业模式的系统性和可持续性要求其各要素之间需具有紧密的相关性；从动态角度出发，可以用各构成要素之间的相互关系来展示商业模式的演化过程。市场经济的发展在一定程度上体现为商业模式的更迭。商业模式的迁移路径应当体现为从低效到高效，从保守到创新，从效率低下到满足市场需求。商业模式只是市场主体获取利益的方式，不能代表法律保护的利益，也非法定权利。[1]

3. 商业模式中包含的利益决定了其不应受到保护

商业模式本身并不构成任何法律所保护的对象，对经营者造成影响的只能是竞争行为。市场经济的发展在一定程度上可以看作商业模式的更迭过程，高效商业模式替代低效商业模式，创新商业模式取代保守商业模式。商业模式不是一种法定权利，也不

---

[1] 广东省高级人民法院（2011）粤高法民三初字第1号民事判决书。

是法律所需保护的利益，只是市场主体获取利益的方式。❶ 在市场竞争中，只要未直接或者间接地干扰或者损害他人合法权益，未违反商业道德及法律规定，竞争行为或商业模式都有其自由存在的空间。从事视频分享网站的经营者可以以更为丰富的网站影片、更少的广告时长和频率作为竞争手段，甚至可以全部取消广告、改变盈利方式，以获得更多的流量。在此情况下，商业模式的改变可以通过竞争的方式或是法律的介入来解决。

第二节　互联网竞争关系辨析

一、竞争关系综述

关于竞争关系的定义和论述，并未存在于任何法律条文之中，但理论界和实务界均对此命题挥毫泼墨，不曾留白。有学者认为竞争关系应当作为不正当竞争行为认定的前置标准，只有损害了竞争对手利益，进而损害了正当竞争秩序的行为才宜认定为不正当竞争行为；❷ 有学者认为不正当竞争行为前提是竞争关系的存在，损害如果不是发生在具有竞争关系的市场主体之间，应当归侵权法调整，竞争关系的范围直接决定了调整法律的类型；❸ 但有学者对此质疑，认为不正当竞争行为本身就说明竞争关系的存在，

---

❶ 广东省高级人民法院（2011）粤高法民三初字第1号民事判决书。
❷ 焦海涛. 不正当竞争行为认定中的实用主义批判［J］. 中国法学，2017（1）：150.
❸ 柴耀田. 反不正当竞争法一般条款的体系化功能［J］. 电子知识产权，2016（10）：18.

其不再是反不正当竞争法的适用条件❶。竞争关系的范畴和存在的必要性必须放置于经营者的语境中重新考量。

(一) 竞争市场中经营者的认定

1. 经营者的内涵

世界范围内，不少国家和国际组织都对经营者给予了明确定义。《欧盟不公平商业行为指令》中将经营者定义为"为贸易、商业之目的，参与商业行为的自然人、法人，及其代表"。❷ 2016 年修订的《德国反不正当竞争法》将经营者定义为"与商品或服务的供求各方处于具体竞争关系里的企业主"。❸《英国保护消费者免受不正当交易条例》将经营者定义为"与商业行为有关的，为商业目的进行活动的任何人，或以经营者名义或代理人名义活动的任何人"。

上述经营者定义的出发点必须结合其行为进行考量，即其行为必须具备商业性或须为商业行为。2016 年修订的《德国反不正当竞争法》将商业行为❹定义为在交易达成的过程中，以有利于己方或他方的方式，促进服务或商品的销售和提供，或缔结或履行合同相关的行为。该定义强调了行为的客观性，并未规定主观要件。《奥地利反不正当竞争法》❺ 直接将商业行为扩展至不作为方

---

❶ 孔祥俊. 论反不正当竞争法中的竞争关系（续）[J]. 工商行政管理，1999 (20)：31.

❷ Directive 2005/29/EC of The European Parliament and of the Council of 11 May 2005, concerning unfair business - to - consumer commercial practices in the internal market and amending Council Directive 84/450/EEC, Directives 97/7/EC, 98/27/EC and 2002/65/EC of (EC), art 2.

❸ 范剑虹，张琪，译. 德国《反不正当竞争法》[J]. 澳门法学，2017：69.

❹ 范剑虹，张琪，译. 德国《反不正当竞争法》[J]. 澳门法学，2017：70.

❺ Federal Act Against Unfair Competition of 1984 (Bundesgesetzgegen den unlauteren-Wettbewerb 1984 - UWG) as annotated (Federal Gazette I Nr 79/2007).

式，并包括企业宣传和销售的商业交流、与产品的促销、销售或供应直接相连的行动或陈述的整个过程。同属欧盟法域的英国，在《英国保护消费者免受不正当交易条例》中给出了和德国立法基本一致的商业行为定义。

相比较国外法律法规对经营者的认定，我国在1993年制定《反不正当竞争法》之初，就给予经营者明确定义，即"从事商品经营或者营利性服务的法人、其他经济组织和个人"。在2017年修正时去除了营利性要件，并将主体限定为"自然人、法人和非法人组织"。在我国法律体系中探讨竞争法中经营者的概念，既不能单纯地从民法、商法的角度来理解，也不能从自然人和法人的概念来理解。差异必须满足竞争对手的特殊要求，在市场环境下，想要探讨经营者之行为与市场竞争秩序的关系，就要从立法的角度入手。就《反不正当竞争法》的主体界定范围而言，不应局限在经营者的方框内，而应作适度拓展，将"经营者以及其他市场参与者"囊括到其界定范围之中，不仅仅限定在从盈利的角度去论证，也不仅仅讨论其是否属于经济组织的范围，因而，扩大"参与者"的范围是可行的，也是必要的。

国内对于经营者的认定，也存在认定要件不断发展变化的过程。在2017年《反不正当竞争法》修正之前，营利性一直成为判定竞争者身份的要件。司法判例中也将营利性作为认定经营者和竞争关系的前置要件。但为适应竞争实际，在司法实践中实现了一定的突破。在杨某某、北京新范文化有限公司诉恒大足球学校、恒大地产公司一案[1]中，法院认为，虽然恒大足球学校是民办非企业单位，并非企业，根据行政规定，其并非营利性法人，但作为参与相关学校教育竞争的主体，不论是否营利性组织，应同样适

---

[1] 广东省高级人民法院（2013）粤高法民三终字第630号民事判决书。

用竞争规则。在西安交响乐团诉西安曲江爱乐艺术创作有限公司一案❶中，司法判决进一步将直接或间接的营利目的均纳入视野，并明确排除身份要件，认为参与经营活动的主体均视为经营者，应当按照是否从事市场行为的客观标准来认定。

2. 互联网语境下经营者认定的反思

判断民事主体是否属于经营者，以及主体之间是否存在竞争关系，均应摒弃身份标准。通过行为标准的适用，来判断其实施的是否为经营性、竞争性行为。主营业务或经营范围的标示，仅是一种静态行政管理的需要，竞争的实现必然是通过竞争行为，而非身份。由于大量没有合法经营资格的社会组织和个人被排除在外，不符合市场竞争的实际，且许多不正当竞争行为都由其引发。如果因为身份未将其纳入反不正当竞争法规制的范围，则会引发混乱，故经营者的认定应当与商业活动密切相关。

同时，经营者和竞争关系应当属于竞争法中的两个层次。竞争者的认定属于独立的范畴，不应当受制于任何第三方的存在或与第三方存在依赖关系。经营者的判断，关键在于是否作为法律上和经济上独立的行为主体参与市场活动，而不在于组织形式。❷互联网语境下，对流量的渴求或获取已经不再局限于法人、其他经济组织，个人也成为流量竞争的主力军，各类带货网红的出现和公众号的吸粉行为都拓展了商业行为的类型和范围，应当说，在互联网环境下，为获取流量而提供商品或服务的自然人、法人和非法人组织，均属于经营者。经营者主体的范围应当扩大到所有从事市场经济活动的主体❸，即便其未从事市场交易行为。

---

❶ 陕西省高级人民法院（2014）陕民三终字第69号民事判决书。
❷ 王瑞贺. 中华人民共和国反不正当竞争法解读［M］. 北京：中国法制出版社，2017：8.
❸ 吴汉东. 论反不正当竞争中的知识产权问题［J］. 现代法学，2013（1）：40.

（二）竞争关系的概念

1. 狭义概念

狭义竞争关系是指具有替代关系的经营者之间争夺交易机会的关系。[1] 狭义竞争关系定义的落脚点在于提供的产品或服务相同或近似，多用于反垄断案件中相关市场的界定，一般从需求者和经营者两个角度来确定不同商品之间的替代程度。在不正当竞争纠纷司法实践中，我国法院一般将竞争关系作为判断不正当竞争行为的前置要件，并将其限定为狭义竞争关系。狭义竞争关系亦从商品的可替代性出发，是指提供可替代商品或服务的经营者之间争夺交易机会的关系，提供的商品不具有替代关系的经营者之间不存在竞争关系，也不会发生竞争行为和后果。在广州淘沙公司诉厦门淘沙公司一案[2]中，法院认定二者均属于服务经营者，且核准登记的经营范围都包括软件开发；企业管理咨询服务等，并以和同一业务客户有经营往来作为例证，以证明二者之间具有竞争关系，这一思路属于典型的狭义竞争关系标准。而对于提供服务的经营者，法院以二者服务的对象都是旅游服务行业的消费者，经营者通过不同的服务功能和不同的商业模式获取竞争优势，来认定二者之间具有竞争关系。[3] 很多法院从反面入手，将不符合狭义竞争关系的竞争者排除出反不正当竞争法的适用范围。以采蝶轩一案[4]为例，一审、二审法院均认定，首先，竞争关系的主体应当限于市场经营者之间，非市场经营者之间不存在竞争关系；其次，竞争关系一般是指经营者经营同类商品或服务；最后，有权

---

[1] 孔祥俊. 论反不正当竞争法中的竞争关系 [J]. 工商行政管理, 1999 (19): 19.
[2] 广东省广州市白云区人民法院（2017）粤0111民初2435号民事判决书。
[3] 广东省高级人民法院（2013）粤高法民三终字第565号民事判决书。
[4] 最高人民法院（2015）民提字第38号民事判决书。

提起不正当竞争诉讼的人须与被告之间存在特定、具体的竞争关系。法院以此为由,将自然人原告认定为主体不适格。

2. 广义概念

广义竞争关系是一个开放的概念,其自然包括狭义竞争关系。广义竞争既包括同业者之间的竞争,还包括争夺交易机会所产生的竞争和破坏他人竞争优势所产生的竞争,❶ 甚至供需关系中的买卖之间的交易关系本身也属于竞争关系的一种❷。体现在司法实践当中,法院认为,只要参与市场活动,受到竞争机制以及市场环境的影响,与竞争行为的实施存在一定的影响或联系,即可以主张权利。❸ 更有甚者,法院直接舍弃竞争关系这一前提,认为反不正当竞争法是规范经营者行为的法律,同时保护其他经营者和消费者的合法权益,不以经营者之间是否存在竞争关系为前提。❹ 对竞争关系进行广义考量,其实表明竞争关系已经扩大至行为或利益的领域,或者说竞争行为的发生已经可以推定竞争关系的存在。从竞争行为特征来界定竞争关系,意味着司法实践已将竞争关系纳入动态过程进行判定,脱离了狭义竞争关系作为不正当竞争行为认定前提的旧窠。

(三)竞争关系的分类

竞争关系的范围和程度是必须加以考量的变数,值得进一步考虑。因此,在不正当竞争案件的审理中,取消或否定竞争的价值不是法院的初衷,但也很难找到充分的理论依据。即使在德国,

---

❶ 孔祥俊. 反不正当竞争法新论 [M]. 北京:人民法院出版社,2001:90.
❷ 王先林. 竞争法学 [M]. 北京:中国人民大学出版社,2015:24.
❸ 兰州市中级人民法院(2006)兰法民三初字第 4 号民事判决书。
❹ 甘肃省高级人民法院(2007)甘民三终字第 7 号民事判决书。

对竞争关系的掌握并不像人们想象的那么微不足道❶，竞争关系的分类有助于我们理解竞争关系的法律表现和流量要素对其的深度影响。

1. 以竞争行为的作用对象为标准

以竞争行为的作用对象为标准，竞争关系可分为平行性竞争关系和干预性竞争关系。

关于平行性竞争关系，该类竞争行为的作用对象是经营者自身，其竞争行为围绕商品或服务的价格、质量和广告推广等方式展开。在传统竞争市场，经营者通过提供商品或服务的品质提升来吸引消费者，这种竞争优势的建立进展比较缓慢，但也难以突破，符合静态竞争的特点。在互联网环境下，经营者开展平行性竞争主要是直接建立流量入口，并不侵扰或掠夺其他经营者的流量。像众多互联网平台通过"撒币"的方式吸引、购买流量，或制造虚假流量和好评来吸引消费者，其交易的对象是消费者的注意力，并不会对竞争对手的商业机会和竞争优势造成直接影响和干涉。这种改变自身以增强市场竞争力的竞争方式，会给竞争对手造成一定的干扰，具有间接性特点。

关于干预性竞争关系，该类竞争行为的作用对象是竞争对手，经营者将竞争行为直接实施于竞争对手，干扰竞争对手的生产经营，效果体现在直接改变竞争对手的竞争地位、削弱其竞争优势。

---

❶ 韩赤风，冷罗生. 中外反不正当竞争法经典案例 [M]. 北京：知识产权出版社，2010：23-27. 在德国联邦最高普通法院第一民事审判庭审理的一起案件中，原告是一家律师事务所，被告一是投资有限公司，被告二是该公司的负责人。2006年2月22日，被告向原告发送了一封电子邮件，在沟通无果之后，原告将两被告起诉至法院，请求判令两被告未经其同意不得按照商业习惯向其发送电子邮件。法兰克福高等法院撤销了法兰克福地区法院作出的对原告有利的判决。法院认为原告是一家律师事务所，被告是一家投资有限公司，二者缺少直接的竞争关系，不能适用《德国反不正当竞争法》。

在传统竞争中,干预性竞争多是通过技术等手段阻碍、干扰其他经营者的经营行为。❶ 在互联网环境下,技术应用的交叉和协同,使得任一经营者都不可能脱离其他经营者而单独开展经营。干预性竞争成为互联网竞争的常态,其具有多种互联网表现形式,例如阻碍其他软件安装运行,修改其他互联网产品或服务,屏蔽其他互联网广告,等等,其目的是直接减少竞争对手获得流量,从而增加己方的流量,以获得交易机会、增强竞争优势。

2. 以经营者的经营范围为标准

以经营者的经营范围为标准,竞争关系可以分为直接竞争关系和间接竞争关系❷,这一划分标准受竞争关系狭义概念和广义概念区分的影响,但又略有不同。这一分类首先确认了竞争关系的存在,其次是在狭义竞争关系的范畴内进行的划分。

一是直接竞争关系,同类商品经营者或者服务提供者之间的竞争关系被称为直接竞争关系。司法实践中对直接竞争关系的理解也远远超越了其字面含义,并不局限于同类的产品和服务,而是深入服务的形式、内容、用户群体、盈利模式,甚至表现为相同的交易环境和市场利益。在爱奇艺公司诉乐视网一案❸中,法院以爱奇艺公司与乐视网公司均从事互联网视频播放及周边设备、衍生产品的业务,双方在服务形式、服务内容、用户群体、盈利模式等方面均有重合为由,判定二者构成直接竞争关系。在数字天堂公司诉柚子公司一案❹中,法院查明原告数字天堂公司开发了一款名为 HBuilder 的开发工具软件,被告柚子公司开发运营了一

---

❶ 周樨平. 竞争法视野中互联网不当干扰行为的判断标准［J］. 法学,2015(5):92.
❷ 徐梦洲、孟雁北. 竞争法［M］. 2 版. 北京:中国人民大学出版社,2014:24.
❸ 北京市海淀区人民法院(2016)京 0108 民初 17342 号民事判决书。
❹ 北京市高级人民法院(2017)京民终 539 号民事判决书。

款名为 APICloud 的移动应用开发系统云服务软件。法院从双方所处的行业、明细分类、消费群体、两款软件的功能和途径等方面，认为两款软件属于处于同一市场交易环境，具有可替代关系，认定原告、被告属于同行业竞争者，存在直接竞争关系。直接竞争关系的落脚点在于西方是否属于同业竞争者，其表现形式已经通过司法判决散布于经营者提供商品或服务的各个方面。多数学者在判断某行为是否适用反不正当竞争法时，其逻辑起点为当事人之间是否存在竞争关系。[1] 但这种直接竞争关系会将互联网环境下各个产业按照其传统模式进行划分，整个互联网竞争生态将呈现阡陌纵横的景象，法官也将陷入竞争关系的认定而无法自拔。同时，互联网竞争形式的多样性和差异性对竞争关系的认定提出了更高的要求，催生了间接竞争关系的出现和应用。

二是间接竞争关系，竞争行为并不局限于同业竞争者之间的竞争，早已拓展至非同业竞争者之间的竞争。间接竞争关系存在于提供类似产品或服务的经营者之间，而且这种竞争关系下的经营者提供的产品或服务之间通常具有可代替性。早在 2001 年布拉格高等法院的判决中，法院认为原被告在商业活动中从事竞争行为，二者的关系并未呈现直接交叉的迹象，被告并不是一家电信公司，但二者的营销活动均发生在互联网上，都在互联网上提供服务。[2] 在搜狗公司诉奇虎公司一案[3]中，搜狗公司的产品为搜狗浏览器，奇虎公司的产品为 360 安全卫士，如果按照产品和服务划分，二者属于风马牛不相及的产品，按照直接竞争关系和替代性

---

[1] 邵建东. 我国反不正当竞争法中的一般条款及其在司法实践中的适用 [J]. 南京大学法律评论，2003（1）: 23.
[2] Radim Polcak, Stone Roots. Digital Leaves: Czech Law against Unfair Competition in the Internet Era [J]. Rev. Cent. & E. Eur. L. 155., 2008（33）: 59 – 160.
[3] 北京市高级人民法院（2015）高民（知）终字第 1071 号民事判决书。

考量，均无法得出竞争关系的存在。但竞争对手提供可替代的产品或服务只是间接竞争关系的简单表象，深入其髓的应当是经营利益的替代。如果为了获得有利的市场条件和尽量多的经济利益，经营者所实施的竞争行为对竞争对手的市场利益造成损害，则应当归于间接竞争关系的范围。

二、竞争关系的法律表现

在互联网环境下，经营的行业和领域远非传统行业那样清晰，软硬件经营者的身份经常处于变换之中。即便是从事商品买卖的经营者，也已经利用电子商务平台和自媒体软件，成为大大小小的广告主。想要获取更多的流量，只能跟随用户的需求，将流量封闭于自己营造的不同种类的互联网服务之中。与传统商业环境相比，互联网商业环境下不正当竞争案件中，原告、被告之间竞争关系的认定更加复杂。传统商业模式下往往是有可以让消费者看到，甚至触摸到的商品或服务，但互联网商业模式下的产品往往是虚拟的，甚至用户的体验和评价也是通过用户的浏览记录、线上评价等来体现。竞争形态的变化对于竞争关系的认定产生了深刻的影响，域内域外对于竞争关系的司法认定，会给我们在互联网环境下认定竞争关系带来一些启迪。

（一）竞争关系认定的发展

1. 域外国家考察

哪里有市场，哪里就有竞争。国外对于竞争关系的界定，一般从行为出发进行论证。其主要立足于对经营者、消费者和公共利益的综合保护，主要从是否违背诚实信用或公序良俗的角度判定行为的正当性，而非轻易惯之以竞争之名。《巴黎公约》中"任何竞争行为"的表述可推定为竞争关系的放宽，并不局限于直接或间接竞争关系，而诚实惯例的判定标准留给各个成员以具体的法益或利益装填之。1997年世界知识产权组织发布的《反不正当竞争示范法》第1条（1）（a）项最具代表性，其规定"凡在工业活动、商业活动中违反诚实信用的做法，抑或与形成已久的商业习惯相违背的做法，都应属于不正当竞争行为的范畴"❶。笔者认为，可以将此条款解读为放宽了不正当竞争行为的外延。例如，某经营者作出不当行为，对其他经营者造成了不利影响，损害了其利益，但二者之间并非经营范围重合，结合上述条款，应该认为二者之间存在竞争关系。

在英美法系国家，竞争行为对应英文表达是business or trade practice，其将诚实信用作为反不正当竞争立法和司法的基础，认定不正当竞争行为，并不以经营者之间存在竞争关系为必要。在凯尔特豪斯公司诉居家供应公司、安利捷施耐德公司一案（Galthouse. Inc. v. Home Supply Company and Alj Schneider）中，不正当竞争原则被拓宽，已延及不正当侵占和对他人商誉的侵害行为的规制，是否是竞争者并不影响行为的构成。美国联邦贸易委员会（Federal Trade Commission）经过联邦贸易委员会法第5条的授权，能够处理的相关事项是制止影响商业的不正当竞争方法和不正当或欺骗性行为和因上述行为致害的消费者寻求救济。其中并没有涉及竞争对手利益损害或涉及竞争关系认定的事项。《英国保护消费者免受不正当交易条例》❷规定的商业行为，是指在与产品有关的商业交易（如果有）达成之前、期间或之后，与产品的促销、销售或供应直接相关的，由经营者实施的任何行为、忽

---

❶ 世界知识产权组织国际局. 关于反不正当竞争保护的规范规定条款和注释 [R]. 世界知识产权组织出版物 No. 832（C），10.
❷ The Consumer Protection from Unfair Trading Regulations 2008.

略、行为过程、展示或商业交流（包括广告和销售）。上述定义中并不限定商业行为实施的对象，从而将竞争关系的适用范围最大化。

大陆法系国家也存在这一趋势，多数国家将违背诚实信用和公序良俗作为不正当竞争行为认定的标准，但并不将竞争关系作为法律适用的条件，只要相关行为能够纳入商业行为的范畴，即可适用诚实信用或公序良俗标准进行衡量。2016年修订的《德国反不正当竞争法》中对商业行为的定义覆盖了交易的整个过程，并在客观上与商品的销售与服务、合同的缔结和履行等多个角度相联系。《奥地利反不正当竞争法》❶将商业行为的定义扩展至任意不作为方式，包含行动和语言表达。在1995年的一项判决中，布拉格高等法院考虑了在完全不同的市场领域存在竞争关系的可能性，其认为竞争关系不能局限于生产类似产品的生产者或提供者之间的情形。❷

2. 域内法律应用

我国《反不正当竞争法》的保护目标呈现逐渐演进的过程。1993年制定的《反不正当竞争法》只是原则性规定了保护消费者的合法权益，在2017年修正时才将对消费者合法权益的侵害作为不正当竞争行为的判定要素。纵观历次修法，并未要求经营者与其他市场主体之间存在竞争关系，只要实施的行为"扰乱市场竞争秩序，损害其他经营者或者消费者的合法权益"，即构成不正当竞争行为。时任最高人民法院副院长曹建明曾指出，反不正当竞争法调整的主体限于市场经营者，其行为具有营利目的。竞争关

---

❶ Federal Act Against Unfair Competition of 1984（Bundesgesetzgegen den unlauteren-Wettbewerb1984 – UWG）as annotated（Federal Gazette I Nr 79/2007）.

❷ Radim Polcak, Stone Roots. Digital Leaves: Czech Law against Unfair Competition in the Internet Era [J]. Rev. Cent. & E. Eur. L. 155., 2008 (33): 159.

系一般是指同类商品或服务的经营者，或虽不相同，但如果违背了法律规定的竞争原则，亦可认定竞争关系。[1] 该讲话虽然没有法律效力，但却对司法实践具有很大的影响。该讲话认可狭义竞争关系的基础，并针对多样化的竞争形式，主张从竞争原则的角度认定竞争关系，一定程度上缓解了司法应对复杂竞争行为的窘境，这一讲话精神在司法实践中多有体现。

在我国司法实践中，竞争关系的认定常常引发争议，出现了由狭义竞争关系向广义竞争关系的演化。狭义竞争关系是指同行业的竞争，但在司法实践中不难发现，很多不正当竞争行为无法单纯地根据狭义竞争关系的定义来界定。由于狭义竞争关系在社会上被普遍认同，在很多不正当竞争纠纷中，被告通常会以"与原告并非从事同一行业"作为与原告不存在竞争关系的抗辩理由，从而减轻或逃避法律责任。但法院如果不对竞争关系的认定界限进行补充说明，势必会局限反不正当竞争法的适用范围，所以法院需要对不正当竞争关系进行更多种角度、多方面的扩充解释。[2] 界定竞争行为时对竞争关系的依赖更多是来自传统，其目的只是打通各种利益之间此消彼长的因果关系，从而为竞争行为的不正当性寻找根据。

（二）互联网竞争关系的司法认定

竞争关系范围的划定，直接决定着不正当竞争行为的边界。[3]

---

[1] 曹建明. 加大知识产权司法保护力度，依法规范市场竞争秩序——在全国法院知识产权审判工作座谈会上的讲话 [DB/OL]. (2004-11-11) [2020-02-18]. http://www.chinaiprlaw.cn/file/200412033753.html.

[2] 周樨平. 竞争法视野中互联网不当干扰行为的判断标准 [J]. 法学, 2015 (5): 92.

[3] 叶明, 陈耿华. 互联网不正当竞争案件中竞争关系认定的困境与进路 [J]. 西南政法大学学报, 2015 (1): 80.

虽然立法当中并未言及竞争关系，但理论界的论证直接对反不正当竞争法的司法实践产生了深远影响。不正当竞争行为的认定以竞争关系的存在为前提，没有竞争关系，就不存在竞争，经营者也就不可能成为诉讼的主体，这种逻辑认定，直到立法将消费者权益的损害作为不正当竞争行为认定的要件之一后，才有所改变。互联网经营者竭尽所能地获取用户的注意力，其在更广泛的语境下开展竞争。在获取用户稀缺注意力的同时，经营者将这一资源贩卖给广告主和其他有需求的经营者，即便是提供不同类型服务的经营者之间，依然会展开竞争。❶ 从产品到市场，从经营者到消费者，各方利益的探寻和总结，推动着司法实践对互联网竞争关系的认定走得更加深入。

1. 竞争要素的多元化论证

司法实践在对竞争关系进行论证的过程中，已经从单一要素的考量走向多元化论证。单一要素的考量一般都是从经营范围或经营产品入手进行论证。其对经营范围的考量要远超经营产品，究其原因，一方面，经营范围属于工商执照的记载事项，比较容易查清；另一方面，在互联网环境下，提供服务的情况要远多于产品的提供。竞争要素的多元化分布于经营产品、服务范围、服务对象、行为和经营利益等项目，随着竞争要素的增多，直接竞争关系的范围也在逐渐扩大，不再仅仅依附于产品或服务的可替代性。在东阳正午阳光公司诉太平人寿公司一案❷中，法院有明确的论述，是否构成不正当竞争行为并适用《反不正当竞争法》，应当主要从被诉具体竞争行为本身的属性上进行判断，而非要求经

---

❶ David S. Evans. Attention Rivalry among Online Platform [J]. J. Comp. L & Econ, 2013（9）: 357.
❷ 北京市朝阳区人民法院（2017）京 0105 民初 10025 号民事判决书。

营者之间必须属于同业竞争者或者其提供的商品或服务具有可替代性；在淘宝公司诉安徽美景公司一案❶中，法院认定在互联网经济环境下，只要双方需要争取的互联网用户群体存在此消彼长的或然性对应关系，即可认定为双方存在竞争关系。多种要素的组合运用也最大限度地防止法官在论证竞争关系时发生挂一漏万现象。

2. 立法目的的延伸性考量

当互联网竞争行为的表现形式无法归于多元化论证时，立法目的中所涉多方利益和主观判定标准便充当起判定竞争关系存在与否的重任，这也和通过一般条款中竞争原则的适用来认定竞争关系的精神相契合。竞争秩序、公共利益、商业道德和商业惯例都曾出现在判决书中论述竞争关系存在的段落。在奇虎公司诉搜狗公司一案❷中，法院认为，竞争关系的认定不应局限于提供商品或服务的具体表现形式，即便形式不同，但只要竞争行为扰乱了社会经济秩序，也应认定为不正当竞争行为。这一论断使竞争秩序担当了竞争关系认定和不正当竞争行为认定的双重角色。而在北京集奥公司诉刘某某等一案❸中，法院直接将竞争关系的广义化归结为保护目的从竞争者向消费者和公众利益的拓宽，并最终导致不正当竞争行为的界定由同业竞争者转向不同业竞争者，从而扩展了竞争关系的范围。

3. 竞争关系认定要件的放宽

反观一些判决，并未提及竞争关系或回避竞争关系的定义。从此类案件涉及的实质性事项来看，主要有两种可能。一是注册

---

❶ 浙江省杭州市中级人民法院（2018）浙01民终7312号民事判决书。
❷ 北京市高级人民法院（2015）高民（知）终字第1071号民事判决书。
❸ 北京知识产权法院（2015）京知民终字第00318号民事判决书。

商标侵权案件，虽然是通过网络技术进行的，但两者之间通常存在较强或明显的竞争。法官认为，竞争行为的存在已经暗含有竞争关系的存在，竞争关系只是一个预先设定的条件，所以没有作进一步具体的讨论。二是针对一些特殊情况或在互联网上出现不正当竞争的新情况，例如软件冲突、流量劫持等，法官很难准确识别和表达。为了避免纠纷，他们选择不赘述。当然，笔者更希望是流量的存在放宽了互联网竞争关系认定的要件，使之成为一种必然。

第三节　流量对竞争关系认定的影响

流量作为互联网环境下独有的现象，对竞争关系的认定具有独特的作用。一方面，代表着静态竞争观念的竞争关系认定的直接标准日渐式微，蕴含行为—法益模式的间接标准业已兴起；另一方面，流量的介入使得竞争关系在互联网环境下放宽，不正当竞争行为的判定跨越了竞争关系的认定这一前提。

一、行为—法益模式的应用

竞争关系的进路从语义上解释应当是经营者之间的关系，经营者提供的产品或服务和竞争对手的比较，就构成了竞争关系认定的直接标准，因其直观性和可参照性，得到众多学者和法官的青睐。但互联网竞争行为的多样性和多变性，使得直接标准受到大量的冲击和质疑，互联网的产业形态界限逐渐缩小。互联网环境下，食品的经营者和电器的经营者的竞争目标几无差异，都是众多"剁手党"组成的优质流量。间接标准从竞争行为所针对的法益出发，找出竞争者提供商品或服务的对象，统一应对各类互联网竞争行为，提高了互联网竞争行为的有序性。

(一) 直接标准

认定竞争关系的直接标准在于经营者提供商品或服务的可替代性，经营者之间经营范围的一致性或重合性，以及与经营对手的运行环节的交叉性。在2017年我国《反不正当竞争法》修订之后，消费者权益的损害才纳入不正当竞争行为的判定要件，理论界和司法界将目光一直放置于直接标准，以完成竞争关系的论证，也有一定的理论依据。1993年制定的《反不正当竞争法》虽然将消费者的合法权益纳入保护范围，但仅是规制不正当竞争行为的副产品或映射，并未成为认定不正当竞争行为的依据。在这样的立法指导下，直接标准的适用名正言顺，而轻言间接标准就显得离经叛道，这与当时《反不正当竞争法》的立法宗旨和调整意图大相径庭，不利于立法目的的实现。

司法实践中直接标准节点的拓展和延伸，脱离了狭义竞争关系的束缚，反映出法官对互联网环境中竞争关系直接认定标准的思考和思辨，体现了司法的能动性。但囿于立法宗旨的限制，法官也只能佩戴着"其他经营者合法权益"的镣铐，翩翩起舞。从笔者对2000—2019年全国范围内互联网不正当竞争纠纷案件的统计分析可知，纳入统计的样本有196件，其中对原告、被告之间是否存在竞争关系进行论述的有166件，占比为84.69%。可见，对原告、被告经营者身份的论述和二者之间竞争关系的认定似乎已成为此类案件审理的唯一进路。在北京威巨特电子技术有限公司诉北京仁拓科技有限公司一案❶中，法院从二者之间的经营范围、实际经营产品中认定二者销售的商品具有直接的替代关系，并基

---

❶ 北京知识产权法院（2019）京73民终251号民事判决书。

于双方在产品类别、销售渠道和用户群体等方面的重合，最终认定双方在同行业内具有市场竞争关系。这种大而全的方式确保了认定竞争关系的存在，以方便不正当竞争行为的进一步论证。

但司法实践中更多的是从产品的可替代性、销售范围的重合性和销售节点的交叉来认定竞争关系的存在。这种直接标准强化了静态竞争的概念，将竞争优势作为经营者的固有领地和合法权益，任何未经竞争者同意的涉足均要受到反不正当竞争法的规制，打破了竞争损害的常态化和中立性。更有甚者，这一直接标准的运用，将互联网竞争外延固化，商业模式也纳入了保护范畴，极大地限制了竞争秩序，而成为保护竞争者的法律。在爱奇艺诉深圳聚网视公司一案中，法院直接认定原告爱奇艺公司通过"广告＋免费视频"的商业模式开展经营，即用户通过片前广告的观看来获得免费视频，广告主通过用户的广告浏览或点击来获得用户注意力，爱奇艺公司从中获取商业利益。这一商业模式并不违法，所以通过采用该商业模式来谋求商业利益，应受到《反不正当竞争法》的保护。这一论证逻辑顺序是建立在商业模式合法性上，但在商业模式不构成经营者权利或权益的情况下，仅仅依靠合法性来推断其竞争对手行为的不正当，中间缺乏论证断层。商业模式的更迭，在互联网技术的飞速发展中已成为一种常态，如果将其作为经营者的固有封地进行保护的话，则反不正当竞争法最终将会变为反竞争法，阻碍互联网技术应用和创新的发展。

（二）间接标准

基于商品或服务的生产和使用等线下环节，来考察存在于互联网环境下的竞争行为，无异于刻舟求剑，淡化了互联网环境下技术创新的应用，回避了互联网竞争行为的多变性。事实上，竞争更为发达和更为激烈下的产物恰恰是跨行业竞争，不必为其设定更为严格的限制性标准，以异于同业竞争。[1] 传统的经营模式中产品或服务的提供，同样需要互联网中的流量，因为流量是潜在客户对经营者的关注[2]，没有访问流量，也就不可能完成向现实流量（实际购买行为）的转化。流量的存在一方面反映了互联网经营者和消费者之间交流渠道的通畅（经营者 App 程序的下载和安装保证了消费者注意力的获取），另一方面体现了经营者的经营利益和消费者的合法权益。间接标准契合了《反不正当竞争法》中保护竞争秩序这一立法宗旨，从分析竞争行为本身入手，并对其后隐藏的多种法益进行衡量和取舍。在司法实践当中，法院也开始考量行为背后所体现的利益，认为只要最终利益上存在冲突，双方就存在竞争关系。德国联邦最高法院在 Nickelfrei 一案[3]判决中指出，可能存在竞争关系的双方不必经营同一种产品或者服务，甚至不必属于同一行业，当双方向同一最终消费者群体出售商品或服务的时候，他们已经处于竞争关系中；同一产品或服务的生产者和销售者之间虽然所处的产业链环节不同，但由于其关联性，也可能存在特定的竞争关系；即使当事人没有出售相同或者相似的产品，一个经营者的行为也会因影响或者制约另一经营者的商品经营行为造成一定的损失，而被认定存在竞争关系。

在市场经济背景下，市场主体跨行业运作是很普遍的，互联网环境下的产业边界越来越模糊。因此，竞争关系应当结合经营者的具体经营行为进行综合考量。竞争的本质是争夺客户资源，在互联网行业中，吸引互联网用户访问自己的网站是运营商开展业务活动的基础，而培养用户的忠诚度则是互联网行业成功的关

---

[1] 孔祥俊. 论反不正当竞争的基本范式 [J]. 法学家，2018（1）：50 – 68.
[2] 孙凡卓. 微商引流全攻略 [M]. 北京：电子工业出版社，2017：222.
[3] BGH GRUR 2014, 1114 – Nickelfrei.

键所在。因此，即使双方的业务模式不同，只要它们具有相同的用户群体并且在经营活动中竞争与相同用户的交易机会，那么它们也具有竞争关系。❶ 间接标准区别于直接标准的关键在于考量的角度是否在于行为和行为指向的不同对象。直接标准是以主体身份来衡量竞争关系的存在，不同的法律调整不同法律主体，这也和1993年《反不正当竞争法》的规定相契合，即维护经营者合法利益，不正当竞争是指经营者这一主体所从事的行为。

随着互联网产业的兴起和蓬勃发展，出现了许多新的商业形式，如果还用相同或替代商品或服务的提供者这一直接标准来限定竞争关系，则无法将这些新的商业形式纳入《反不正当竞争法》的规制范围。以爱奇艺公司诉深圳聚视网公司一案为例，如果从企业注册的业务范围来说的话，我们可以很清楚地看出，爱奇艺公司与经营的产品和服务之间很难找到相似或者有交集之处：爱奇艺公司供应视频内容，聚网视公司进行计算机软件和硬件的开发和销售。但事实上，聚网视公司为了自己的商业利益，通过技术手段，整合了多平台视频供用户进行点播，以此来吸引用户安装"VST全聚合"软件，从而达到自己的商业目的，获取更多的用户流量。观看视频的互联网用户成为两家公司业务竞争的核心。这种通过分析竞争行为的特征，探究背后各方利益的冲突与损害，能够最大范围地涵盖竞争行为的表现形式，契合上述国外判决的思路和我国《反不正当竞争法》的立法宗旨。

二、互联网竞争关系认定要件的放宽

（一）行为标准的提出

主体的客观存在仅是立法技术的需要，法律规制的也仅仅

---

❶ 上海知识产权法院（2017）沪73民终198号民事判决书。

是主体的行为，只有具体的法律事实和客观存在的主体结合形成的法律关系，才具有法律适用的价值和意义。❶《反不正当竞争法》存在的意义不是创造一种主体或认定一种主体的非法性，而是对于违背诚实信用、侵害竞争秩序的行为给予调整，而不论作出该行为的主体为何方。经营范围的核准只是一个假定，企业的经营范围只能根据实际经营行为来进行判定，这种根据核准的经营范围来判定竞争关系的有无，只能是一种"有罪推定"。

根据产品或服务的替代认定竞争关系也是静态竞争过程的考量。在互联网环境下，一款软件的常用功能只是其基本设置，我们可以从中大致推测其开展的经营活动，但技术的更迭和创新的应用使之出现了 1.0~N.0 多个版本，后台稍微的设置或改动即可使其摇身一变，显现不同以往的行为或特性。在互联网环境下，任何软件的运行都必须借助其他基础性软件建立的运行环境。即便是经营者通过 App 应用程序和消费者建立沟通渠道，也必须开启输入法或语音软件来完成沟通，没有其他软件的"干扰行为"，我们无法想象有一款软件功能大而全，形成全覆盖的局面。各个互联网经营者的最终梦想是建立产品或服务的生态系统，让流量永远存在于其闭环系统之中，反映在生产经营中，就是关联企业开发产品，以实现功能的契合与衔接，当然也有可能是和其他经营者建立合作或联盟关系。产品替代或经营范围的重合都无法解释奇虎公司安全卫士软件和搜狗公司搜狗浏览器之间的竞争纠纷，我们只能回归经营者竞争行为本身来考量竞争关系的存在与否。如果以"干扰行为"作为互联网竞争行为存在的依据，从

---

❶ 宋旭东. 论竞争关系在审理不正当竞争案件中的地位和作用 [J]. 知识产权，2011（8）：45.

形式上可以将那些竞争激烈、贴身缠斗的互联网经营者纳入竞争关系的范畴，但这一论证过程存在天然的缺陷：互联网竞争关系将呈现动态景象，平行竞争形态将很容易被忽略，"搭便车"或不劳而获往往被排除处于竞争关系之外，只因为其并未"干扰"竞争对手的经营活动。此外，互联网商业行为和技术特征紧密相连，具有隐蔽性，如果仅仅浮于表面，一则无法发现竞争行为的"干扰"；二则法官会疲于奔命于对互联网多样化竞争行为的分析之中。

（二）利益标准的发展

互联网竞争行为的多变性使其表现形式变幻无穷，探究行为背后的利益或法益就成为解决竞争关系认定的必由之路。在这一过程中，出现了两种错误的认定路径：行为法益化和法益权利化。

对行为法益化而言，互联网竞争的外延更多地表现为商业模式的更新与成功，在实践中体现为平台模式、免费模式等。我们所讨论的竞争行为或经营模式都属于商业模式的重要组成部分，但也只是商业模式的构成要素之一，并不代表商业模式的全部。人们对市场的看法和判断通常是基于某些特殊市场的个别特征，而非基于所有市场固有的或必备的共性❶。体现在司法实践中，有的裁决将一些竞争行为纳入商业模式的框架之内，享受合法权益的礼遇。在奇虎公司与腾讯公司的"3Q 大战"中，法院认定腾讯公司开发 QQ 软件来搭建综合性业务平台，以免费的即时通信服务换取相关消费者体验，同时以相关消费者的流量来换取广告主投放广告获得收益，并将这一经营行为认定为商业模式，应当受到

---

❶ 贾森·布伦南，彼得·M. 贾沃斯基. 道德与商业利益［M］. 郑强，译. 上海：上海社会科学院出版社，2016：52.

保护。❶ 但经营者对于商业模式的采用，取决于市场竞争状况和消费者选择，商业模式多要素构成的特性，造成即便其中大多数要素相同或近似，亦可能产生大相径庭的经营结果。反不正当竞争法保护的是竞争秩序，而非具体的商业模式，因此，即便某一商业模式系由某一经营者率先采用，并形成相应的用户习惯，亦不会由此而产生排他权。❷ 从反面来讲，经营行为或商业模式架构下的经营行为如果被赋予正当性或权益化，将使经营者采用技术手段实施的经营行为成为禁脔，排除了"不劳而获""搭便车"等竞争行为，无疑会妨碍技术的进步和抑制竞争的活力。

就法益权利化而论，利益标准的提出，可以使法官透过复杂多变的互联网竞争行为的表现形式，去探究经营者之间竞争关系的存在与否。但法益权利化的进路方式，极大地扩展了反不正当竞争法的适用范围，并使之混同于侵权法的处理方法。经营者的利益表现为投资回报、商业机会的获得、竞争优势的保持和商业信誉的提升，上述表现中，除了商业信誉经过几十年的司法实践已经非常容易判断其遭受损害的事实，可以径行定性。而像投资回报、商业机会和竞争优势等内容本身具有中立性，投资回报的流失、商业机会的攫取和竞争优势的侵占都只是竞争的必然产物，经营者可以通过自由竞争获得上述利益，并且如果投资必有回报、竞争优势长期保有，这代表的只是静态的竞争观念和丛林法则的适用；商业机会只是代表着一种达成交易的可能性，尚需交易双方的确认和履行，自然允许竞争对手通过自由竞争来获得。上述这些法益可以受到反不正当竞争法的保护，但本身并不是一种法定权利，也不可能按照法定权利的思路来处理。司法实践中，很

---

❶ 最高人民法院（2013）民三终字第5号民事裁定书。
❷ 北京知识产权法院（2015）京知民终字第2200号民事判决书。

多裁决都是首先论证以上法益的合理性和正当性，然后论证竞争对手竞争行为的表现，最后得出竞争行为不正当的结论，这是典型的侵权行为认定的要件说。为了更接近侵权认定，有的判决中还对竞争对手的主观状态进行深入分析。这种法益权利化的进路阻碍了对竞争秩序的维护，而将重点放置于经营者利益和竞争关系，忽略了对其他利益的考量。

（三）流量依据决定了竞争关系的必然存在

流量代表着消费者的注意力，注意力的等量性决定了当消费者虽然存在实际个体差异，但是从注意力的角度来说，其最高值是相等的，都不可能超过 24 小时；而注意力的排他性决定了当消费者将注意力分配至一个经营者的时候，其他经营者就不可能获得这一流量。所有的互联网经营者从流量的角度来说都属于竞争对手，都具有竞争关系。从流量的价值角度来说，流量不仅能够给互联网经营者带来交易收入、广告收入和信息数据的收益，还构成了经营者重要的企业资产和核心竞争力。互联网竞争行为已经明确指向了流量，流量当中蕴含多种利益，属于经营者利益、消费者利益和公共利益的集合体。从流量的角度分析竞争行为所指向的多重利益，能够全面衡量各种利益的排序、比例和冲突，判定互联网不正当竞争行为。

竞争关系的存在是判断不正当竞争行为的前提，这一传统竞争法的观点认为不存在竞争关系意味着不存在竞争主体。行为标准的提出解决了从主体身份、经营范围等静态层面认定竞争关系的机械性，但行为标准无法脱离其内在的不确定性和表现形式的多样性；竞争的属性决定了其具有天然的利益衡量特点[1]，竞争给

---

[1] 孔祥俊. 论反不正当竞争的基本范式 [J]. 法学家，2018（1）：60.

经营者带来的利益损害具有中立性，单一利益的考量并不能解决不正当竞争行为判定的问题。在互联网环境下，流量依据的适用，呈现了全网竞争的局面，对经营者之间不正当竞争行为的判定，可以直接进行多种利益的衡量。综上，互联网竞争行为，从流量的角度来讲，竞争关系的认定标准已经放宽，互联网经营者对流量的竞争，决定了竞争关系的必然存在。

| 第四章 |

互联网不正当竞争行为现行判定标准评述

伴随着互联网技术的发展,互联网不正当竞争行为呈现多样化的特征,具体法律条文无法也不可能对这些行为作出及时、有效、准确的调整或规范,因而一般条款部分弥补了这一立法缺陷。其中包含的经济性判定标准和道德性判定标准从不同的角度对不正当竞争行为进行了分析和判断,但囿于各自的局限性,无法对互联网行业中的竞争行为进行立体、全面的覆盖。行业惯例体现了经济运行和资源配置的一般经济规律,彰显了行业中多数经营者或占据优势地位的经营者对竞争行为的道德评价,即便是在各类行业成文规范中,也处处闪耀着商业惯例的身影。在司法实践中,商业惯例成为诉讼各方主张竞争行为正当的攻防利器,深刻影响着司法实践对竞争行为性质的判断。不正当竞争行为的现行判定标准,对多样化的互联网竞争行为性质进行着不同角度的解读。

第一节 经济性判定标准

传统理论认为,竞争是市场经济的本质属性,所以竞争属性的存在与否是判断它是否属于不公平竞争的前提条件。互联网竞争表现形式多种多样，但竞争的本质是通过竞争战略影响消费者的决策，获得更多的交易机会。很多互联网经营者分属于不同的行业领域，如果两个经营者提供的商品或服务存在联系，则可被看作存在竞争关系。就竞争活动来说，不仅仅包含经营者利益和用户利益，也常常涉及公共利益，而公共利益的实现必须借助一定的形式体现和发挥作用，竞争秩序就属于众多表现形式的重要一环，日本法学界的主流观点认为，公共利益即指自由竞争经济秩序本身。❶

一、竞争秩序综述

凡是在建立政治或社会组织的地方，都试图确立某种适于生存的秩序，防止出现不可控制的混乱。❷ 社会的生产、交换和分配就建立在一定的秩序之上。竞争是社会资源配置的有效手段，这就决定了竞争一般存在于秩序之中。竞争分为无序竞争和有序竞争，这里的"序"就是指竞争秩序。竞争内在要求秩序的存在，竞争与管制如同一枚硬币的两面，在理论上都是为了资源的有效利用和保护消费者免受剥削❸，竞争秩序意味着某种管制，有序竞争的前提是恰当的管制。市场竞争的有序意味着资源的配置是有效的，价格机制在发挥作用。这种有序是指投入与产出、成本与收入之间建立有效联系，如果能够以较少的投入、较低的成本获得产出和收入的最大化，自然能够在市场竞争中获得竞争优势，反之会被淘汰。市场机制应有作用的发挥代表着有序竞争，并能

---

❶ 服部育生. 比较·独占禁止法 [M]. 7版. 泉文堂, 2006: 34.
❷ 博登海默. 法理学：法律哲学与法律方法 [M]. 邓正来, 译. 北京: 中国政法大学出版社, 2004: 220.
❸ 蒲鲁东. 贫困的哲学 [M]. 余叔通, 王雪华, 译. 北京: 商务印书馆, 1998: 248.

够确保满足高效率和符合社会公众的价值认知标准。

(一) 竞争秩序的内涵

竞争秩序是竞争法中的竞争客体,属于一种竞争利益。[1] 按照德国弗莱堡学派的观点,发挥作用的价格体系、稳定币值、私人产权、开放市场、契约自由和稳定连续的经济政策构成了竞争秩序。从宏观层面来讲,良好的竞争秩序表现为经济、社会、生态的均衡、和谐、稳定的发展,还有保障社会弱者的生存与发展。[2] 竞争秩序包括三方面的内容:一是有序竞争构成了竞争的常态,所有经营者的竞争行为都建立在市场机制之上,竞争秩序确立了经营者市场行为的边界;二是竞争是公平的,经营者只能通过技术和创新来提高产品或服务的质量,以取得竞争优势,其中的创新也是多方面的,包括企业组织模式和关系方式的创新;三是竞争的效果是利益共享,无论是优胜劣汰还是共赢,对于社会整体利益的改善都是正向的。竞争秩序是公共利益在市场竞争领域的集中体现。德国新自由主义者以维护经济自由为目标,认为秩序不是自发形成的,而是通过国家的政策引导和制定才能形成。[3] 但社会秩序是许多人行动的结果,而不是人设计的产物,竞争秩序的形成只能源自市场内在因素。传统市场经济中,竞争秩序体现在价格机制能够发挥作用,对供求产生影响,这就是竞争秩序形成的内在因素,而政府只能是市场竞争秩序的养护人。[4] 政府无法建立市场竞争秩序,而只能发现和维护使市场机制有效运行的竞争秩序。

---

[1] 蒋悟真. 论竞争法的基本精神 [M]. 上海:上海三联书店,2008:123.
[2] 蒋悟真. 论竞争法的基本精神 [M]. 上海:上海三联书店,2008:43.
[3] 彭涛. 德国经济竞争秩序的选择与实践 [J]. 南方经济,2001 (5):71.
[4] 金碚,刘戒骄. 构建现代市场体系有效竞争秩序若干问题探讨 [J]. 东南学术,2003 (5):60.

（二）竞争秩序的特征

竞争秩序的建立并非以竞争者之间的相安无事为己任，对竞争秩序的破坏也并非以竞争对手利益的损害为唯一形态。竞争秩序能够为广大经营者所遵循，被立法吸收或为司法实践确认，成为不正当竞争行为认定的标准，原因在于其符合市场竞争的内在要求，反映了市场机制的一般规律，对无序或恶意竞争能够起到规制作用。竞争秩序具有效率性、公平性、可预期性、整体性和规范性的特征。

1. 效 率 性

竞争秩序发生作用主要是通过效率来体现的，效率是竞争法的价值取向和首要保护对象。经营者应用新技术和各类创新手段的主要目的是提高效率，以获得竞争优势。低效的经营者获得竞争的胜利令人难以想象，也不符合竞争秩序的核心要义。市场竞争可以激励经济主体改善微观经济行为，促进微观经济效率的提高。稀缺性是交易的基础和一般原则，而效率是管理交易的一般原则，[1] 效率意味着社会可以从其稀缺的资源中获得最大的利益。[2] 因为稀缺性，竞争秩序也会把效率作为一个总的原则，因为它可以通过合作来克服稀缺性。[3] 但效率的存在和高低可以对交易成本进行区分，从而改变资源配置的方向。如果改变了竞争秩序，受益人的收益超过了受损者的损失，那么这种改变是有效的，[4] 这一改变发生的根本原因必然是效率要素发生作用。

效率的提高，最终体现为社会生产力水平的整体提升，但在

---

[1] 康芒斯. 制度经济学 [M]. 赵睿, 译. 北京: 华夏出版社, 2013: 74.
[2] 曼昆. 经济学原理微观经济学分册 [M]. 7版. 梁小民, 梁砾, 译. 北京: 北京大学出版社, 2015: 5.
[3] 康芒斯. 制度经济学 [M]. 赵睿, 译. 北京: 华夏出版社, 2013: 8.
[4] 冯玉军. 法经济学范式 [M]. 北京: 清华大学出版社, 2009: 219.

这一过程中，会出现两种消极趋势，一种是经营者片面追求效率，造成其他竞争对手竞争机会和竞争优势的丧失，对社会公共利益和消费者利益造成损害，这是本书所探讨的内容之一；另一种是经营主体通过对效率的不懈追求，利用优胜劣汰的规则，建立了较大的竞争优势，成为市场独占者，其只需要利用市场相对优势地位所形成的垄断即可获得和保持领先态势，此时抑制效率和竞争就成为其首要任务了。如果效率被凌驾在公平和正义之上，就应当求助于法律。❶

2. 公 平 性

竞争法的公平性体现的是人们普遍推崇和广泛接受的公平价值准则，竞争秩序强调的公平体现在起点公平、机会公平和结果公平。❷ 竞争结果不决定于竞争，而决定于竞争者自身的优劣和努力，因为竞争主要是竞争机会，机会均等从根本上决定了竞争公平。公平竞争是市场经济健康运行和社会目标追求的必然要求。所谓公平，是普通社会生活中的一种道德标准，它与社会正义、平等、理性有着相似的含义。❸ 市场公平竞争的最好状态即为：市场竞争完全实现了所有竞争对手的利益，保持和实现了经济分配的公正。公平性反映了人们之间的利害关系，而影响公平性的问题在于社会利益的差别化巨大。如果社交产品有剩余，人们会对产品流通和产品流通直接决定的社会权利有公正的判断和反省，这也是基于一定的利益。❹ 法律的基本价值和价值目标是公平。公平与正义两词同宗同源，法律存在的根本和始源是公平，法律是实现公平最有效的途径。竞争秩序从整体上来说必须是公正的，

---

❶ 秦海. 法与经济学的起源与方法论 [J]. 比较，2003（5）：156.
❷ 蒋悟真. 论竞争法的基本精神 [M]. 上海：上海三联书店，2008：10.
❸ 徐梦洲，孟雁北. 竞争法 [M]. 2版. 北京：中国人民大学出版社，2014：32.
❹ 蒋悟真. 论竞争法的基本精神 [M]. 上海：上海三联书店，2008：145.

必须能够保证市场交易安全、顺利地完成，使广大经营者在市场秩序的约束下，愿意进入市场，和竞争对手展开竞争。公平竞争是指通过法律或商业道德的手段或方法，在公平市场条件下最大化竞争对手经济利益的自由竞争。在竞争过程中，经营者应当公平、合理地对待所有竞争对手。

3. 可预期性

秩序意味着一致性、连续性和确定性的存在。❶ 竞争秩序具有明确的可预期性，每个经营者对竞争行为的界限和后果是清楚的。他们不仅知道自己有权做什么、无权做什么，而且其他竞争对手有权做什么、无权做什么也都是可以预知的。竞争秩序在形成之后，未必是以成文的形式存在，但其每时每刻都在发挥着作用。在现代社会，没收一个人的财产取决于价格，而不是立法。❷ 竞争秩序有助于或应当有助于经营者制订出能够实施的可行的竞争计划，以应用新商品、新技术、新供给来源、新组织类型等竞争手段。在竞争秩序的指引下，经营者能够清楚各自适用的范围和强度。竞争秩序定分止争的作用，意味着经营者之间纠纷和摩擦的减少，必须依赖于竞争秩序的坚持和维护。作为竞争关系的调节器，竞争秩序只有明确了每个经营者所拥有的权益，经营者之间的纠纷或摩擦才能得到制止。对竞争行为是放任还是干涉，要从网络经济如何发展更有活力、竞争秩序如何有效维护这两个角度进行考虑。互联网市场之所以能够成为讨论热点，是因为其为市场参与者提供了一种不同于实际空间的方便、灵活、高效的交易和组织形式。网络市场作为一种交易组织形式，提供了形式更为

---

❶ 博登海默. 法理学：法律哲学与法律方法 [M]. 邓正来，译. 北京：中国政法大学出版社，2004：227-228.
❷ 康芒斯. 制度经济学 [M]. 赵睿，译. 北京：华夏出版社，2013：259.

多样的竞争和交易机会给交易相关人。❶ 市场环境越透明，市场参与者的搜寻成本就越低，竞争机制的有效性就越强。❷ 交换价值是一种商品所包含的预定自然物质力量的物质循环，它具有支配其他商品的能力❸，也构成了竞争秩序的可预期性的基础。

4. 整 体 性

经济秩序、经济社会生态的均衡发展以及社会福利代表了社会整体利益的需求。❹ 竞争法保护的是竞争秩序，这种超个人的立场决定了竞争法的公益精神，因为秩序总是有意无意地把个人串联为一个整体。竞争秩序发挥作用体现在市场机制中"看不见的手"能够实现资源的有效配置，从而实现社会整体福利的提升和消费者利益的增进。这里的消费者指的是消费者群体或一般消费者。竞争者或消费者的整体利益是经济繁荣的评价标准，也是竞争秩序平稳发挥作用的计量标准，竞争秩序的这一整体性特征并不悖于破坏竞争秩序的竞争行为的单一性，倘若出现大面积、大批量的竞争行为冲击或破坏现存竞争秩序，我们就要考量现存竞争秩序是否已经过时且是否成为市场竞争的阻碍。所以，竞争秩序的关注点并不在于经营者个体利益的损害，而更多是对竞争机制或竞争本身的保护。

5. 规 范 性

一项法律制度若要完成其职能，必须致力于实现正义和创造秩序。❺ 竞争秩序存在一个发现和确认过程，虽然其始终处于变化

---

❶ 赵军. 网络市场不正当竞争行为的法律规制［C］. 北京：法律出版社，2016：246.
❷ 阿里尔·扎拉奇，莫里斯·E. 斯图克. 算法的陷阱：超级平台、算法垄断与场景欺骗［M］. 余潇，译. 北京：中信出版社，2018：77-78.
❸ 康芒斯. 制度经济学［M］. 赵睿，译. 北京：华夏出版社，2013：147.
❹ 蒋悟真. 论竞争法的基本精神［M］. 上海：上海三联书店，2008：212.
❺ 博登海默. 法理学：法律哲学与法律方法［M］. 邓正来，译. 北京：中国政法大学出版社，2004：331.

和演进之中，但对市场竞争的约束作用却无时不在。无限制的竞争自由不可能实现，而且应当严格约束对自由的限制。市场对资源配置的决定性作用必须依赖于对自由的确认和保护来实现，这一实现途径需要借助于竞争秩序的规范性。竞争秩序的目的是要达到生产的高效率，但不符合社会公众价值认知标准的竞争不可能实现长久的高效，其必然受到来自社会层面的干预。竞争秩序的干预体现在两个方面：一是市场自发的调整；二是政府和法律层面的介入。首先，对于违反竞争秩序的经营者，商业信誉会遭到破坏，其将受到行业内部成员的共同抵制；其次，完全借助于私人部门的力量并不能消除自由竞争对竞争秩序的破坏，经营者作为理性人的趋利避害性决定了其只会将利益最大化置于首位，对竞争秩序的越界在所难免。政府部门基于竞争秩序限制私人的自由竞争，这种惩罚对竞争秩序起到重要的规范、警示和倡导作用。此外，反不正当竞争法作为一种干预机制，只要竞争行为侵害了竞争秩序，即落入该法的规制范围。

二、竞争秩序在竞争法上的意义和局限

公平竞争秩序如同清澈的水、清新的空气一样，任一市场主体都可以从这种特殊的分散利益中得到好处。❶ 只有竞争秩序能够让所有的经营者通过与市场兼容的手段参与竞争，同时最大限度地满足消费者的需求，从而在竞争的推动下，实现社会整体的进步，即竞争秩序是所有市场参与者共同利益实现的基础。❷

---

❶ 王磊. 法律未列举的竞争行为的正当性如何评定——一种利益衡量的新进路 [J]. 法学论坛, 2018 (5)：130.
❷ 张占江. 论反不正当竞争法中的谦抑性 [J]. 法学, 2019 (3)：48.

（一）竞争秩序在竞争法上的意义

霍姆斯认为，对法律的了解必须站在坏人的角度。[1] 这里的"坏人"实际上就是经济理性人，只有经济理性人才会考虑投入与产出的比例，考虑个体利益的最大化，才会在比较不明确的道德许可状态下，去寻找其行为的理由，从而体现了竞争秩序的正向保护意义。

1. 竞争秩序的正向保护意义

竞争秩序作为竞争法法律关系的客体，其对竞争的正向保护首先在于保证市场上并不存在人为障碍，经营者能够自由参与竞争，能够自由进入或退出市场；其次能够保证每个经营者在市场上自由地提供产品和服务，经营者能够通过改善、提高产品或服务的质量获得市场交易机会，最终获得经营利益；最后，每个消费者能够基于真实意思表示去选择所需的产品或服务，经营者和消费者的行为能够自由并存，不悖运行。在运行良好的竞争秩序中，信息不对称的情况少之甚少，经营者提供的商品或服务信息都是真实的，消费者能够根据自己的喜好和需求进行选择。这一正向保护更多地体现在无为而治，让市场机制自发发挥作用，传递竞争信号。

2. 竞争秩序的反向保护意义

竞争秩序对竞争行为边界的设置，保证了经营者能够自由参与竞争。市场竞争总会导致经营者之间利益的此消彼长，若正当的市场竞争导致其他经营者利益受损，法律并不加以干预。竞争秩序反映在竞争法上，主要是防止竞争者的经营行为探入竞争对手的领域，攫取和竞争对手的经营行为存在因果关系的经营成果。

---

[1] 柯华庆. 合同法基本原则的博弈分析［M］. 北京：中国法制出版社，2006：14.

自由竞争和科技创新加速了互联网的发展，但竞争自由和创新自由须以他人的合法权益为边界，以市场竞争规则作为保障。竞争法倡导的自由竞争和创新的判定，需要以公平、公正的竞争秩序为标准。在奇虎公司诉百度公司一案❶中，法院也直接认定，百度公司对360浏览器的阻断和跳转行为客观上不仅会对奇虎公司的利益造成损害，也会损害使用360浏览器用户的利益，迫使或者诱导他们转用其他浏览器产品，从而导致原本公平竞争的互联网市场竞争秩序被破坏。竞争秩序在竞争法中的这种反向保护应用，与经营行为和竞争利益在法律利益上的不明确有关，在法律未明确将竞争利益上升为权利之前，竞争秩序的作用发挥也仅限于对不正当竞争行为的反面论述。

（二）竞争秩序标准适用的局限

我国《反不正当竞争法》的立法目标之一是"促进社会主义市场经济健康发展"，市场经济的健康发展体现于竞争秩序的维护。如今的司法实践中大规模出现了对竞争秩序这一标准的适用，但由于竞争秩序自身存在的一些局限，影响了司法实践的适用效果。

1. 竞争秩序具有模糊性

众多经济学家和学者对竞争秩序的内涵和外延给予列举式和概括式的描述，但竞争秩序依然如同一张普洛透斯似的脸（a Protean face）❷，令人难以捉摸。我们经常使用这一概念，却不能准确地参透其本质。司法实践当中已经引入竞争秩序作为不正当竞争行为判定的标准，但并未对其概念和特征进行准确、详尽的

---

❶ 北京市高级人民法院（2013）高民初字第3755号民事判决书。

❷ 博登海默. 法理学：法律哲学与法律方法 [M]. 邓正来，译. 北京：中国政法大学出版社，2004：261.

概括和描述。有的判决❶将竞争秩序描绘为"不同的服务提供者提供各具特色的产品,消费者可以按照自己的喜好进行选择"的美好静态画卷,回避了竞争对手之间激烈的竞争行为和优胜劣汰的竞争结果。有的判决❷将经营者正当合法的经营活动作为有序竞争秩序的保障,而忽略了竞争法仅关注正当竞争行为的例外,其余皆为正当合法经营活动的常态。有的判决将每个经营者不以自己的行为破坏其他经营者的经营活动作为合法性的基础,而忽略了动态竞争必然呈现竞争对手之间竞争行为的彼此缠绕,平行竞争只是个例的竞争特性。有的判决将竞争对手随意破坏经营者的经营作为无法形成市场竞争秩序的原因和后果,而忽略了竞争法保护的主体是竞争而非竞争者的特性。上述判决对竞争损害的常态性和中立性没有准确的认识,扩大了平行竞争形态的范围,对嵌入式或干扰式竞争形态视而不见。

竞争秩序的存在是为了使竞争发挥作用,但"有序竞争"往往起到限制竞争的反面效果。❸ 对于机器人协议的性质认定决定了司法对搜索引擎访问行为合法性的判定。在国内早期的判决中,多数肯定了机器人协议在搜索引擎行业中的重要性,并视之为互联网竞争应当遵守的通行规则。在泛亚公司诉百度公司一案❹中,法院认为如果被链网站没有设置禁链协议,搜索引擎就可以进行信息共享,这等于从反面认定了机器人协议的效力;在源泉公司诉百度公司一案❺中,法院认为,要求搜索引擎逐个甄别信息获取

---

❶ 最高人民法院(2014)民申字第 873 号民事裁定书。
❷ 北京市第一中级人民法院(2014)一中民终字第 3283 号民事判决书。
❸ 哈耶克.个人主义与经济秩序[M].贾湛,译.北京:北京经济学院出版社,1991:95.
❹ 北京市第一中级人民法院(2006)一中民初字第 6273 号民事判决书。
❺ 上海市第一中级人民法院(2009)沪一中民五(知)初字第 23 号民事判决书。

的合法性属于勉为其难,目标网站可以采用机器人协议以拒绝访问。上述判决基本上都认定了机器人协议的效力,认可基于协议采取控制访问手段的正当性。竞争秩序构成要素的不清晰,使得竞争行为的正当边界愈加模糊,存在即合理的惯性思维将竞争秩序的巨网笼罩在业已存在的行业惯例或规则之上,对其发起的任何挑战和颠覆会被认定为不正当,从而起到限制竞争的反作用。

应当说,扰乱竞争秩序的认定,从内涵的角度来说依然是模糊和不确定的,市场机制的扭曲只能通过一定的形式表现出来,才能为人知晓。竞争行为是经营者作为经济理性人为追求利益最大化而为之,其结果是否和竞争秩序自发引导所产生的结果相一致,并不像法律规定的权利那样明显。如果将竞争秩序幻化为公共利益或消费者整体利益,则脱离了竞争秩序的市场属性,使其徒有虚名。在爱奇艺公司诉世界星辉公司一案[1]中,二审法院假定竞争对手可以随意干涉经营者的经营,将会导致市场竞争秩序无法形成。其中经营活动的合法性、随意干涉、干扰破坏的定义均处于模糊之中,我们无法判断经营主体的经营活动是否合法,也无法判断随意干涉是否属于自由竞争的范畴,诸如干涉及破坏词汇的使用也无法得出竞争对手主观的过错和行为的非法,自然判决中的竞争秩序也显得苍白无力。竞争秩序司法适用的这一局限性,使得部分法官将市场秩序加以高大上的限定词,来彰显其正确性。在上海耀宇诉广州斗鱼一案[2]中,法院将广州斗鱼公司坐收渔利的"搭便车"行为,认为是对该行业竞争秩序的破坏,从而判定其不正当,而未对此类经营行为形成的竞争秩序的普遍性和

---

[1] 北京市朝阳区人民法院(2017)京 0105 民初 70786 号民事判决书,北京知识产权法院(2018)京 73 民终 558 号民事判决书。
[2] 上海知识产权法院(2015)沪知民终字第 641 号民事判决书。

权威性展开论证。此种挂一漏万的论述方式存在巨大的逻辑缺陷。

2. 竞争秩序处于开放变动之中

竞争秩序的开放性有两层含义：一是竞争秩序的形成来自对以往竞争行为和竞争结果因果关系的总结，对未来竞争行为的规范具有指导意义。秩序的推演来自过去经验中的可靠推论，否则未来将是完全不确定的。[1] 二是竞争秩序会随着竞争形态的演进而不断变化内涵。为了获得更高层次的消费者剩余，经营者就会遵守在某一行业内的竞争秩序，生产或提供能够为行业和消费者认可的产品或服务。在带来生产者剩余的同时，增进消费者剩余和社会整体福祉。某一行业竞争秩序都是行业经营者在不断试错的过程中形成、建立、演进、重建的，根据竞争秩序制定的竞争规则也具有多样性，任何主体都不可能全知全能地安排经济活动和配置资源，业已存在的竞争秩序和规则很可能成为新技术和应用的羁绊。在传统竞争环境下，价格是竞争的主要手段，价格机制的正常发挥也就构成了竞争秩序的主要内容，任何扭曲价格机制的竞争行为都会被看作对竞争秩序的扰乱，从而被认定为不正当。互联网环境下，平台和免费商业模式大行其道，价格机制的作用场景逐渐减少，消费者注意力的获得和对产品或服务的体验已经成为经营者竞争行为竞相作用的对象。随着技术和创新的应用，互联网经营者能够获得本属于其的流量，即意味着竞争秩序发挥了正常、有效的作用。

哈耶克把竞争视为一种作为"一系列事件的连续"的动态过程，他将竞争看作一种发现程序，反对将竞争形成的秩序作为均

---

[1] 康芒斯.制度经济学［M］.赵睿，译.北京：华夏出版社，2013：67.

衡状态。❶ 竞争秩序的作用就是保证经营者能够利用和把握竞争机会，从而创造出与之相等的竞争结果。竞争结果是不可预测的，如果竞争秩序是一种事实清晰的均衡状态，则无竞争之必要。如果从权利法定推导出竞争秩序的合法性和稳定性，等于将竞争秩序闭环运行，抛弃了竞争秩序的整体性。在央视国际诉融特公司一案❷中，法院认定央视国际公司对涉案频道享有相应的权利，等于给予央视国际公司强保护，有违反不正当竞争法的保护宗旨，这一认定使经营者获得永久的正当性，以侵权法的论证模式获得了反不正当竞争法的保护。

3. 竞争秩序具有中立性

竞争秩序是不同市场主体在市场机制发挥作用的前提下所表现出的一种状态。这种状态本身没有好坏之分，具有中性的意义，市场秩序的发育程度伴随着技术水平的高低和生产力水平的不同而差异明显。市场秩序由市场竞争自发形成，是经营者在参与市场竞争过程中通过竞争所达成的妥协。在市场上，人人平等自由，区别仅在于个体获利的能力，但市场掩盖了消费者进入市场带来的不平等情况。市场体系在中立的前提下，积极承认和巩固以财富和特权为代表的现行社会秩序。❸ 竞争起点的公平仅是竞争秩序的理想状态，在不公平的竞争起点上，如果竞争者没有对竞争机会的争夺，则竞争结果的不公平性是可以预见的，任何竞争都已经失去了意义。现行竞争秩序代表着对现有竞争利益的维护，即便是从整体角度或具体行业都将其奉为圭臬，任意竞争行为也必然是对竞争机会的争夺，新时代、新技术带来的普适竞争行为在

---

❶ 冯兴元. 哈耶克的竞争观 [J]. 学海，2014 (5)：152–154.
❷ 北京市海淀区人民法院 (2015) 海民 (知) 初字第11687号民事判决书。
❸ S. Ranson. From 1944 to 1988; Education, Citizenship and Democracy [J]. Local Government Studies, 1988 (4)：1.

过去形成的竞争秩序中也显得离经叛道。我们无法对竞争秩序的前世今生进行精确的切割和划分，其发展变化是一个渐进的演变过程。如果技术进步推动生产力向前发展，而现存的竞争秩序没有应时而动，则必然滋生反竞争或限制竞争的反作用力。从这种意义上来讲，不正当竞争行为会扰乱竞争秩序，正当竞争行为亦会"扰乱"竞争秩序。徒法不足以自行，竞争秩序的模糊性和开放性决定了其难以担当判定不正当竞争行为标准的重任。

竞争是市场经济的内在要求和重要动力。鼓励竞争、保护竞争自由是原则，以不正当竞争为由对竞争予以限制是例外。[1] 如果对竞争秩序的认识存在模糊化，忽略竞争秩序的中立性，无视技术和创新对竞争秩序的推动和改变，则竞争秩序只会成为阻碍竞争的工具。另外，一种竞争行为是否扰乱了竞争秩序，其判断难度已经相当于对竞争行为道德性的判断。竞争行为本身的复杂性决定了作出扰乱竞争秩序和构成不正当竞争的判断必须结合多种因素综合考量，远非竞争秩序一己之力可以完成的任务。

第二节　道德性判定标准

互联网竞争行为的多样性和复杂性，使我国 2019 年修正的《反不正当竞争法》中的具体条款，已经不能妥善应对此起彼伏的互联网竞争现象，司法实践更多的是将目光投向一般条款。前文中已经探讨了竞争秩序作为评判不正当竞争行为标准的可能性，但竞争秩序更多的是从价格等要素自发决定资源配置的角度来考察竞争行为。这种将微观行为放置于宏观机制中的方式，发挥的

---

[1] 北京知识产权法院（2016）京 73 民终 85 号。

作用极其有限。竞争秩序的中立性观念，使得竞争行为对竞争秩序的破坏很容易被认定为不正当，从而限制正当竞争的范围。道德性判定标准则从内涵上契合了不正当行为认定的主观性。

一、道德性判定标准的基本解读

（一）道德性判定的学理区分

商业道德虽然和诚实信用共同存在于一般条款之中，但理论界和司法界对二者关系的认识并不相同，并产生适用的混乱。在理论界，对于二者关系的认识存在：同一说❶，即二者本质相同，只不过适用范围、具体外延有所区别；兜底说❷，即商业道德属于反不正当竞争法的兜底原则，包含诚实信用等原则；体现说❸，即商业道德基于诚实信用，前者是后者的表现形式；独立说❹，即二者相互分离且相互独立，商业道德优先适用于诚实信用。应当说，诚信原则和商业道德是一般条款的核心要素，基于《反不正当竞争法》，商业道德是建立在诚信基础上的商业行为规范。❺ 这意味着，对诚信原则的解读可以建立在商业道德的基础之上。

（二）道德性判定的司法实践

当商业道德难以界定时，法官往往从诚信原则的角度理解商业道德，即司法实践认为不正当竞争行为违反诚信原则，基本上

---

❶ 李锦.论"公认的商业道德"：基于判例的整理与研究［J］.法制博览，2012 (11)：29.

❷ 倪振峰，汤玉枢.经济法学［M］.上海：复旦大学出版社，2014：153.

❸ 孔祥俊.反不正当竞争法的司法创新和发展——为《反不正当竞争法》施行20周年而作（上）［J］.知识产权，2013 (11)：12.

❹ 董笃笃.互联网领域"公认的商业道德"的司法适用［J］.重庆邮电大学学报（社会科学版），2016 (5)：36.

❺ 郑友德，范长军.反不正当竞争法一般条款具体化研究——兼论《中华人民共和国反不正当竞争法》的完善［J］.法商研究，2005 (5)：126.

具有违反商业道德的性质。在笔者统计的 196 件涉互联网不正当竞争纠纷案件中，同时适用诚实信用和商业道德进行不正当竞争行为判定的有 44 件。多数法官将诚实信用和商业道德视为一体，认可二者同一性，对其不作区分，更遑论二者之间的差异。据统计分析，仅适用商业道德进行判断的案件有 12 件，仅适用诚实信用进行判断的案件有 36 件。其中在百度公司诉青岛联通公司不正当竞争纠纷案❶、百度公司诉奇智公司不正当竞争纠纷案❷、大众点评网诉爱帮网不正当竞争纠纷案❸、奇虎公司诉金山公司不正当竞争纠纷案❹等案件中，法院判决单独引用了商业道德，包括以上单独引用诚实信用情形，可以证明诚实信用更多的是以商业道德的形式体现出来。❺

（三）道德性判定的适用场景

互联网进入我们生活的节奏是渐进的，道德性判定的适用场景也经历了从线下到线上的过渡。实体产品或服务的提供必须借助于互联网来完成前端业务，有些传统不正当竞争行为直接转移至互联网，和线下行为并存于竞争之中，同时伴随着互联网独有的竞争行为。道德性标准适用场景的变化，会对判定结论造成一定的影响。实际上，很多在线下通常被认定为不道德的商业行为，在互联网环境下却能够为法律所许可。例如，隐藏的追踪插件一般被认定为软件的正常组成部分。相反，将上述设备和常规线下产品捆绑，如家具或食物，则毫无疑问会被认为属于不正当竞争行为。在线通信的方式已经改变了各种竞争行为的一般道德评价，

---

❶ 山东省高级人民法院（2010）鲁民三终字第 5－2 号民事判决书。
❷ 北京市第二中级人民法院（2010）二中民初字第 16807 号民事判决书。
❸ 北京市海淀区人民法院（2010）海民初字第 24463 号民事判决书。
❹ 北京市西城区人民法院（2014）西民初字第 146 号民事判决书。
❺ 最高人民法院（2009）民申字第 1065 号民事判决书。

但这一变化并未从本质上改变，道德性判定依然适用于线上和线下的竞争行为。对于线上和线下类似的竞争行为在道德性判定中的差异，我们可以将其视作正当竞争行为类别中一般模式的例外。❶

二、商业道德综述

反不正当竞争法的根本是商业道德。对于由特定行业的经营者普遍认可、满足消费者利益和公共利益的商业规范和伦理规范，在反不正当竞争法下可视为"被认可的商业伦理"。某一个时代的工业伦理，决定于此时的社会经济发展水平，同时两者也决定了企业行为的合法性。❷ 随着经济条件的发展，不正当竞争的法律观念也在不断扩大。利他人性通常被视为竞争法的根基所在，目的是使市场竞争主体能够成为"道德人"这一类型。这个"道德人"是来自社会的人，他的行为目的是限制对个人利益的极端追求，防止对消费者利益或公共利益的损害。❸

（一）商业道德的内涵

道德本来就是从各种社会所演化出的游戏规则❹，包含两个元素：游戏规则和奖惩。❺ 经济学认为规则的实施靠的是获利或损失的效果约束；法学研究认为规则的实施依靠有组织的约束。道德是最有利于自然秩序的人类行动规则。❻ 在近代各国的法律框架

---

❶ Radim Polcak. Stone Roots, Digital Leaves: Czech Law against Unfair Competition in the Internet Era [J]. 33 Rev. Cent. & E. Eur. L. 155, 2008 (33): 162.

❷ 李明德. 美国知识产权法 [M]. 北京：法律出版社, 2003：622.

❸ 蒋悟真. 论竞争法的基本精神 [M]. 上海：上海三联书店, 2008：195.

❹ 熊秉元. 法的经济解释：法律人的倚天屠龙 [M]. 北京：东方出版社, 2017：79.

❺ 廉茵. 商业道德 [M]. 北京：清华大学出版社, 2011：4.

❻ 康芒斯. 制度经济学 [M]. 赵睿, 译. 北京：华夏出版社, 2013：149.

内，道德不再是一个单纯的精神世界与哲学世界的概念，它可以向法律提供合法性或正当性的理论支持。由于道德中的部分内涵在逐渐合法化，正义和公正不但是道德基准，更延伸为法律基准，用以弥补成文立法的缺点。这些是特定社会体系中的社会、经济、道德、伦理概念的汇集，有利于多种利益的中和与平衡，维持市场应有的道德底线。❶ 商业道德作为道德体系建设中的重要一环，充分体现了正当经营行为的特点，并得到广大行业经营者的认可和遵守。

1. 商业道德的定义

商业道德的适用范围局限于商业领域。有学者从经济的角度对商业道德进行了定义，即企业为完善企业素质和协调利益关系的价值取向，在商业活动中遵守的行为准则与规范❷。还有学者指出，商业道德系在社会中经过长期的沉淀，已经广泛认可并普遍遵循的商业行为准则。商业道德又被称为企业伦理，是指在经营活动中实际遵循的道德准则（描述性的），或应当遵循的道德准则（规范性的）。应当说，商业道德具有道德的一般属性，但因其适用领域的特殊性和具体性，商业道德不能改善任何主体的道德水准，也无助于经营现状的改善。❸ 司法实践将商业道德限制在"特定行业普遍认可和接受的行为准则，其客观性来源于其普遍性和公认"。❹ 商业道德是交易参与者普遍接受的行为准则，经营者应不断探索和规范自己的经营行为，以促进市场有序竞争，增加消费者福利。❺

---

❶ 徐梦洲，孟雁北. 竞争法［M］. 2版. 北京：中国人民大学出版社，2014：215.
❷ 杨忠智. 商业道德行为与企业绩效关系研究［J］. 经济学家，2012（5）：27.
❸ 廉茵. 商业道德［M］. 北京：清华大学出版社，2011：52.
❹ 最高人民法院（2009）民申字第1065号民事裁定书.
❺ 北京知识产权法院（2017）京73民终679号民事判决书.

2. 商业道德的法律规定

国外立法当中未对商业道德的内容进行明确规定。1997年世界知识产权组织发布的《反不正当竞争示范法》第1条（1）（a）项最具代表性，该项规定"凡在工业活动、商业活动中违反诚实信用的做法，抑或与形成已久的商业习惯相违背的做法，都应属于不正当竞争行为的范畴"[1]。其将诚实信用作为商业道德的内涵，将商业惯例作为商业道德的外在表现，对二者的违反视为不正当竞争行为。《美国联邦贸易委员会法》第5条中对于商业行为和商业惯例非法性的认定也仅是不公平或欺骗性，并未涉及商业道德的内容，但对何为不公平却没有给予明确定义。2016年修订的《德国反不正当竞争法》中对商业行为的要求是专业勤勉标准，并且能对消费者的经济行为造成显著扭曲，其中专业勤勉标准是指企业主在涉及消费者的活动领域中，依诚实信用并顾及合理的市场惯例遵守此标准。[2] 法国通过判例法来审理不正当竞争案件，统一标准是"被告的行为违反了商业惯例（commercial custom）和经营道德（business decency）"。[3]

我国立法当中并未明确商业道德的内涵，笔者揣测，原因在于：一方面，不同的经营行业中商业道德的内涵有所区别，进行统一的定义虽然能够做到覆盖面大而全，但其适用性和与经营行为的契合度就会比较差；另一方面，商业道德是经过长期进化沉淀形成的产物，随着经营行为的形态变化，其内涵也会发生相应变化。商业道德是独立的法律来源，权威并不依赖于诚实信用，

---

[1] 世界知识产权组织国际局. 关于反不正当竞争保护的规范规定条款和注释. 世界知识产权组织出版物 No. 832（C），第10页.
[2] 范剑虹，张琪，译. 德国《反不正当竞争法》[J]. 澳门法学，2017：70.
[3] 孔祥俊. 反不正当竞争法新论 [M]. 北京：人民法院出版社，2001：81.

而是来自商业实践中尊崇的平等和自由。可以想象，在饥荒中即便是用权力甚至暴力均分面包，也不能视为一种犯罪或侵害。❶

（二）商业道德的特征

商业道德作为道德的分支，必然带有道德这一大范畴的共性；同时作为指导商业行为、引导商业竞争价值取向的工具，其必然存在不同于道德的特色。

1. 实　践　性

一项习俗的形成，往往需要无数实践为前哨。❷ 从经济学的角度看，商业道德的形成和确立不是一次性的，它经历了一个漫长的"试错"过程，商业伦理的确立就是在参与商业竞争的过程中，市场经营主体拥有平等、充分的机会，不断广泛参与经营活动，从而获得社会成员的认可和尊重。商业道德只有在利益平衡的基础上产生，才能为内部成员所接受。正如哈耶克指出的，在某种文化中成长的每个人都会在自己身上找到"规则"的阴影。❸ 商业道德的评判标准应以特定业务领域的市场参与者的道德标准（即经济学）来判断。商业道德的判断依据也是来源于经营者在商业活动中实际、常态的行为模式，《巴黎公约》中也将在工商业事务中诚实的习惯做法作为评判不正当竞争行为的标准。❹ 商业道德的这一特点，决定了判定标准的确定性和行业经营者的普遍认知，能够使市场参与者在遵守商业道德的同时，在相对合理范围内开

---

❶ 康芒斯. 制度经济学 [M]. 赵睿, 译. 北京：华夏出版社, 2013：154.
❷ 蒋舸. 关于竞争行为正当性评判泛道德化之反思 [J]. 现代法学, 2013（6）：92.
❸ 弗里德利希·冯·哈耶克. 法律、立法与自由 [M]. 第一卷. 邓正来, 译. 北京：中国大百科全书出版社, 2000：18.
❹ 博登浩森. 保护工业产权巴黎公约指南 [M]. 汤宗舜, 段瑞林, 译. 北京：中国人民大学出版社, 2003：96.

展竞争活动。但商业道德的实践性也带来了其内容的不断演变和渐进。

2. 渐 进 性

善良就是指合乎道德。❶ 两千年前封建社会的道德内涵相较于现代化的今天，差异并不明显，我们依然可以用善良、诚实之类的词汇来描述个人道德。但商业道德是从事商业活动应当遵循的道德规范❷，商业活动的形式进化和演变，使得商业道德在不同的场合和条件下的内涵大有不同。在互联网环境下，许多行业都是新兴的，很难用传统的商业道德来类比或衡量之。以网络直播行业为例，其属于新兴市场领域，广告经营者和内容提供商等多重身份的叠加，使得各种商业行为的正当性还处于探索当中。❸ 各种所谓的互联网行业惯例、规范或自律公约，其存在的时间并不长，也不为多数行业经营者认可或遵守。像各类自律公约和一系列的互联网行业规范，姑且不论其代表群体或利益的广泛性如何，单就该行业的发展都未达到成熟或完善，即便是适用于司法实践，首先考虑的因素也应该是该规则的制定者是否具有较高的代表性和所占据的市场份额。商业行为的普遍性和演变推动了商业道德的渐进，其成型和完善都是一个长期渐进的过程。

3. 自 律 性

道德规则会科予义务，并会限制个人为所欲为的自由。❹ 商业道德的功能和作用依靠商业道德评价来发挥和实现。商业道德评

---

❶ 周枬．罗马法原论［M］．上册．北京：商务印书馆，1994：90．
❷ 王瑞贺．中华人民共和国反不正当竞争法解读［M］．北京：中国法制出版社，2017：6．
❸ 湖北省武汉市中级人民法院（2017）鄂01民终4950号民事判决书。
❹ 哈特．法律的概念［M］．许家馨，李冠宜，译．北京：法律出版社，2011：7．

价是其原则和规范的实际应用，将会引导当事人的行为，并监督其品质的形成，是维护一定的商业道德原则和规范的保障，❶ 自律是商业道德的内在要求，在互联网环境下体现在两个方面。一方面，互联网竞争行为更多地体现为技术的更迭和创新的应用。商业道德应契合当前技术水平和创新应用，否则就无法得到众多经营者的拥趸，这也使得经营者自发遵守商业道德，以获得和现有技术、创新应用的互联互通，减少经营和流通的障碍。另一方面，行业惯例、行业规范或技术规范能够成为商业道德的内容，并不是来源于制定行为或司法实践的认可，而是来源于众多经营者的遵守习惯和违反商业道德的负面评价。竞争机制的外化促进经营者对利润最大化的渴求，时常会对商业道德造成冲击，但从某种意义上说，自律是互联网商业道德的基本特征。

4. 广　泛　性

个人道德或社会道德存在于一定的阶层或地域范围之内，并伴随着社会个体活动范围的扩大而逐步延伸。在整个商业领域当中，商业道德的适用具有广泛性，其以交易秩序和竞争秩序作为基础，凡是存在交易和竞争的地方，整体的商业道德是共通的，否则企业经营活动以及其他有创造性的互动，都将因为缺乏一个相互公平与安全的环境而难以进行。在虚拟网络世界中，商业伦理是道德主体一种无所不在的约束力。但凡有利益的所在，就有商业道德的需求。虚拟网络世界突破了实体限制的界限，在现实基础上拓宽了个体之间的联系。在一个网络化的虚拟世界里，个体之间的关系不仅基于血缘、地理和因果。该虚拟世界允许生活在不同地域、不同经纬度和不同大洲的人们协同合作、相互联系，实现人类"地球村"的愿望。正因如此，每个道德主体的行为会突破时空的限制，与其他个体进行联通，这样的行为结果，势必

---

❶ 廉茵. 商业道德［M］. 北京：清华大学出版社，2011：20－21.

引起虚拟网络世界对商业伦理范围的规范。

5. 逐利性

在恩格斯看来，商业道德和市场秩序是经过社会的长期发展才逐渐确立的产物。从字面上看，商业道德更倾向于一种道德品行的描述，而非一种行为的认定。但道德中包含的道义精神并不能成为商业道德中的价值指向，这是因为商业活动中的实践理性和道义精神并不是道德范畴中所形成的主观认定，而主要作为一种商业利益交换的法则存在。经营者对这一利益交换法则的自觉遵守，并在长期的实践成为自觉遵守的主观内容后，才成为这一种精神道义。另外，即便商业道德成为一种精神道义，也并不代表商业主体对这一利益交换法则的认同，而是出于追逐利益的需要，在各种外在力量以强制的形式施压之下，商业主体不得不遵守商业道德。这种有德行未必有德性的现象，是商业道德的表现常态，而对于商业道德的遵守就是获取财富的过程。作为商业活动的参与者，也无须关注商业主体的德行，而只需考虑其对这种客观经济秩序是否遵守的德行。❶

三、商业道德标准适用的合理性

商业道德作为具体法律条文和法律原则的中间地带，已经被广泛地应用于司法实践中，以评判不正当竞争行为。这一标准的适用，有一定的合理性。

（一）商业道德来源于竞争行为，具有实践性

商业道德不是从天而降的自然法则，是制度设计和实践演进

---

❶ 高兆明. 主观善、客观善与商业道德——重读恩格斯《英国工人阶级状况》1892年序 [J]. 浙江社会科学，2004（1）：167–168.

的结果。❶ 作为一种规则，商业道德不同于法律条文，不可能具有超前性，其来源只能是商业实践。以《中国互联网行业自律公约》为例，其制定目的是规范行业经营者的行为，建立互联网行业的自律机制，促进和保障互联网行业的健康发展，目前加入该公约的企业已经覆盖了与互联网有关的所有行业。该自律公约中的 13 条自律条款基本上囊括了以往互联网企业发展过程中所出现的各类不正当竞争行为，为互联网经营者正常经营设置了常规尺度。

从商业惯例、行业规范和技术规范等诸多商业道德的表现形式中，我们不难发现：商业惯例是在某一行业中经过不断实践，获得普遍认可和广泛遵守的行为准则；行业规范虽然系人为创设，但其主要用于规范行业内竞争行为和维护行业竞争秩序，是在总结归纳行业竞争诸多行为的基础上制定的；而技术规范是对经营者运行或技术标准的规定，必然是为了解决生产经营中的实际问题而制定。商业道德虽然具有法律条文的某些特性，但其生命力在于实践性，是在经营者反复博弈之后达成均衡的行为模式❷，能够代表众多经营者或占据优势地位的经营者对竞争行为的态度，这就构成了其评判不正当竞争行为的基础和前提。司法实践中认可自律公约具有正当性并纳入商业道德的范畴，作为判断不正当竞争行为的标准，也是因为其内容反映了互联网行业市场竞争的实际运行状况和正当竞争需求。❸

（二）不正当竞争行为的评价需要商业道德因素的介入

对不正当竞争行为的论证路径，起始应当是具体法律条文的

---

❶ 吴伟光. 对《反不正当竞争法》中竞争关系的批判与重构——以立法目的、商业道德与竞争关系之间的体系性理解为视角［J］. 当代法学，2019（1）：134.
❷ 王磊. 法律未列举的竞争行为的正当性如何评定——一种利益衡量的新进路［J］. 法学论坛，2018（5）：128.
❸ 北京市西城区人民法院（2016）京 0102 民初 10496 号民事判决书.

规定，最终是法律原则的适用，但在二者之间存在一个中间地带，那就是商业道德因素的介入。商业道德不同于具体法律条文的机械与滞后，也迥异于法律原则的抽象和泛化，其属于具体规则❶，已经以一定的具体形式存在于商业竞争环境之中。从竞争法的大环境来看，其中包含有商业道德的血统，大多数的不正当竞争行为认定要件当中都包含一定程度的道德评价。从商业道德自身来看，其符合"使法律成为可能的道德"的八项条件❷，实践性、渐进性、自律性和广泛性的特征，已经能够保证商业道德对特定竞争行为的指引和规制，并以备随时担当评价不正当竞争行为的重任。

有学者指出，普遍接受的商业伦理是商业行为规范和实践的另一种形式表现，❸ 因此，商业道德可以通过行业自律实践来确定。也有学者认为，如果某一特定行业的商业伦理尚未形成，那么行业的自律性和书面的文件就可以作为商业伦理认可的依据。❹ 最高人民法院在"3Q大战"的判决中也承认了行业自律在确定普遍认可的商业道德方面的作用。在市场竞争活动中，为了保证市场的运转健康有序，相关的行业协会和组织会在总结的基础上，结合实际，制定行业行为规范并对行业竞争的情况进行归纳，为企业提供指导或约束。这些行业自律守则往往反映了这一领域的商业道德和行为守则，因此可以成为法院认可的商业道德和行为

---

❶ 董笃笃. 互联网领域"公认的商业道德"的司法适用 [J]. 重庆邮电大学学报（社会科学版），2016（5）：37.

❷ 博登海默. 法理学：法律哲学与法律方法 [M]. 邓正来，译. 北京：中国政法大学出版社，2004：203-204.

❸ 孔祥俊，张步洪. 反不正当竞争法例解与适用 [M]. 北京：人民法院出版社，1998：9.

❹ 王艳芳.《反不正当竞争法》在互联网不正当竞争案件中的适用 [J]. 法律适用，2014（7）：7.

守则的重要来源。

（三）商业道德能够应用于多样化竞争行为的评价

商业诋毁、虚假宣传和仿冒混淆作为不正当竞争行为的传统形态，已经不能覆盖多样化的竞争行为。互联网环境下，技术创新使得新型商业模式层出不穷，其中包含的经营模式和经营行为也难以尽述，两年内两次修正《反不正当竞争法》，也反映了在多样化的竞争行为面前，法律所表现出的应接不暇。《考克斯圆桌商业原则》中强调：法律和市场制约并不能给予商业行为充分的指导，道德准则确保了经济关系的稳定和经济的可持续发展。❶ 商业伦理评价是将商业伦理原则和规范转化为当事人行为、形成质量的杠杆，商业伦理的功能取决于对商业伦理评价，是维护某些商业道德原则和规范的保证。❷ 动态的竞争观要求我们对于不正当竞争行为的判定必须回归行为本身，从其多样性中找寻答案。只有根据特定商业领域和个案情形，才能确定公认的商业道德，行业的特殊性、行为的后果、交易双方的主观状态和交易意愿等都应当成为考虑因素。❸ 商业道德中诸多考虑因素契合于多样化的竞争行为之中，能够完成对竞争行为多维度的分析和研判。司法实践创造了商业伦理更加详尽的规则，既增加了判决的依据，同时又可以缓解法院审理此类案件时资源缺乏的窘境。

四、商业道德标准适用的局限

如果仅仅用商业伦理来判断竞争行为的合法性，则具有很大的局限性。司法实践当中对于适用商业道德标准对不正当竞争行

---

❶ 廉茵. 商业道德 [M]. 北京：清华大学出版社，2011：25-26.
❷ 廉茵. 商业道德 [M]. 北京：清华大学出版社，2011：20-21.
❸ 最高人民法院（2009）民申字第1065号民事裁定书。

为进行判断的方式有三种：一是根据竞争行为对经营者造成的损害后果认定违反商业道德；二是以主客观结合的形式进行判断，首先对被告实施的竞争行为进行分析，然后论证其主观是否具有恶意，从而作出是否违反商业道德的判断；三是对案情进行陈述，对竞争行为进行否定，从而得出违反商业道德、竞争行为不正当的结论。在法律没有具体规定竞争形态的领域，我们不难发现，法官热衷于适用商业道德作为判断不正当竞争行为的标准。但判定标准并不统一，且现有裁判尺度并未得到普遍认可。究其原因，在于商业道德标准适用存在以下局限。

（一）商业道德的主观性导致其形式多样

商业道德属于道德的范畴，具有极强的主观性，需要进行价值冲突等一系列衡量和取舍。但这一主观性内容必然通过一定的形式体现出来。行业惯例、从业规范与自律公约、技术规范等表现形式都曾作为商业道德的内容，纳入学者和法官的视野，以遵循其价值取向。

1. 行业惯例

行业惯例作为特定行业中多数经营者认同并共同遵守的行为准则，经过了实践的积累、市场主体的普遍认同和商业道德的检验。行业惯例在形成之后，并不具有强制力，但同行业经营者要想进入该领域并取得一席之地，则需要遵循该商业惯例行事，否则将会遭遇交易失败或竞争出局。最高人民法院肯定了行业惯常行为标准在商业道德认定中的作用[1]，但司法实践对行业惯例的构成和作用多有质疑。在爱奇艺公司诉动景公司一案[2]中，法院认可行业惯例存在的成熟性和稳定性，但主张对其作用范围应予限制，

---

[1] 最高人民法院（2013）民三终字第5号民事判决书。
[2] 北京市海淀区人民法院（2015）海民（知）初字第23773号民事判决书。

即不应干扰其他经营者的正常经营，同时认为互联网环境下形成的经营者普遍的跟风行为和短期规模效应，不一定能成为行业惯例。更有甚者，在爱奇艺公司诉极科极客公司一案[1]中，法院认为行为的普遍性只能印证侵权的普遍性，而不能成为行业惯例的判断依据，更无法得出合法的结论。司法实践中对行业惯例的不同论述，说明对行业惯例的认识并不清晰。商业道德本身也是价值判断的产物，其必然通过行业惯例的形式外显，其中包含有商业道德的成分不容置疑，二者的源起、核心指向和内在表征具有某种程度的一致性，但能否作为公认商业道德的外化予以应用，本书将单节进行论证。

2. 从业规范与自律公约

社会分工的细化和产业规模的扩大，使得行业协会和自律性组织纷纷成立，其成员多为该行业的经营者，以维护各自行业利益和竞争秩序。主管部门、行业协会制定的从业规范，以及自律性组织草拟或发起的自律公约，均系从自身行业利益出发，体现了该行业多数经营者的利益诉求。从业规范与自律公约是在总结行业内商业行为的基础上创设而成，对行业特点和竞争实践多有体现，能够为行业内商业行为提供指引，可以成为司法实践中认定商业道德的来源之一。以我国信息产业部2005年制定的《电信服务规范》为例，其是为了保证电信服务和监管工作的系统化和规范化，制定依据是《中华人民共和国电信条例》。从业规范属于相关立法的细化，其参考权重应当高于自律公约。自律公约的起草或倡导者是行业协会成员或同业经营者，反映了相关行业市场竞争的实际和正当竞争需求，其所代表的是绝大多数经营者或处于优势地位经营者的利益，一方面体现了行业内现行经营行为的

---

[1] 北京市海淀区人民法院（2014）海民（知）初字第21694号民事判决书。

标准，另一方面体现了静态竞争优势。司法实践当中多有对《互联网终端安全服务自律公约》的援用，但并非作为具有法律规范意义的条文引用，更多的是将其作为符合商业道德的事实依据，援用的前提是不能违反法律原则和具体条文，且必须客观公正。❶

3. 技术规范

技术规范是指使用设备、执行工序的过程中提供产品或服务的技术性要求，其以准则或标准的形式存在，可以是一项标准或一项标准的组成部分。❷ 在互联网环境下，技术规范的作用最为突出，以 TCP/IP 协议为例，其是连接计算机和网络的上百个协议的简称，构成了信息传输的一整套技术标准。互联网经营者如果不能遵守上述技术规范，将无法完成基本的网络链接，更无法进行信息传输。这些技术规范虽然没有强制力予以规范，但存在红绿灯，是以技术规范世界。❸ 互联网技术的迅猛发展，使得技术规范的种类和范围空前繁荣，现行法律不可能对技术带来的竞争形态进行实时的"贴身"规范，技术规范和技术标准的存在有效解决了这一问题，其符合互联网产业发展的需求和行业特点，应当纳入互联网行业商业道德的考量范畴。但技术规范维护的只能是现存的技术和应用，而可能对新技术的应用构成阻碍。以机器人协议为例，《互联网搜索引擎服务自律公约》第 7 条作出了应当遵守机器人协议的规定，又在第 8 条规定了限制搜索引擎抓取的例外，即应有行业公认合理的正当理由。技术的发展促进了互联网的蓬勃发展，但技术的变动会对现有技术规范造成冲击，这其中就存在悖论：如果将机器人协议上升为商业道德，其也就具备了强制

---

❶ 最高人民法院（2013）民三终字第 5 号民事判决书。
❷ 陶钧. 在数字网络环境下"公认的商业道德"判定的考量因素 [J]. 竞争政策研究，2017（1）：28.
❸ 张平. 互联网法律规制的若干问题探讨 [J]. 知识产权，2012（8）：16.

力，成为互联网经营者划定疆土的丈量工具，任何对机器人协议的违反，都将被视为非法。互联网信息和数据的互联互通将成为一句空话，对于特定技术规范能否上升为商业道德的内容来源时，更应当秉持审慎的态度。

（二）商业道德的多元性导致其内容的模糊性

商业道德的多元性和竞争规律的普适化之间存在矛盾。商业道德作为调节商业行为、分配经济资源的手段，其内容具有时代和行业上的模糊，界限亦难以区分于道德；从商业主体行为到身份评价路径的缺失加重了商业道德的模糊；法官运用主观价值状态来评判竞争行为是否违背了商业道德，更将其推向不可知和泛化的境地。

1. 商业道德的界限不清

从一般意义上来说，道德的范畴要远远大于商业道德，而且道德可以用于主体身份的评价，具有一定的稳定性，而商业道德不同于个人品德，只能对主体的商业行为进行评判。商业主体的逐利性流淌于商业道德的血脉之中，经营者追求经济利益最大化与商业道德的理念并无不和，只是有违个人道德的要求；经营者热衷于慈善与公益，也仅仅属于道德的范畴，并不能验证其商业行为符合商业道德的要求。公认的商业道德不能仅从交易双方各自的单方立场来判断，应当结合案件具体情形来分析判定。[1] 道德和商业道德的界限不清，将会使商业道德的内容泛化，使之过于理想而难以应用于商业实践，同时偏离反不正当竞争法规制的方向，损害竞争机制和效率机制。

2. 从商业主体行为到身份评价路径的缺失

对于道德的评判，我们可以从行为上升至身份，对主体进行

---

[1] 最高人民法院（2009）民申字第1065号民事裁定书。

道德描述和定性。但对于商业道德，我们只能用以评价具体竞争行为，而无法上升至身份评价。互联网带给法律的挑战，在于技术和创新推动了行为模式、交易结构和互联互通的产生和变化，在法律无法给予这些内容以清晰、权利化的保护时，商业道德的清晰边界就显得尤为重要。商业道德边界过小，众多不正当竞争行为将无法囊括其中；边界过大，则会抑制竞争。商业道德的空泛表述和模糊边界，使之无法承载权利义务内容，其中的具体要素也会因时因地而异，各自的比重不同亦会出现不一致的评判结果。商业道德的抽象化和竞争行为的具体化，二者只有交叉才能产生对竞争行为正当化的评价。而且，技术创新形成的经营行为可能差别不大，但对竞争对手的影响却千差万别，无法纳入同一个商业道德框架下进行评判，我们很难说深层链接和浅层链接法律评价的不同，是基于商业道德的评价，还是经济效果的不同。❶从逻辑顺序上来说，商业道德已经优先存在于特定行业领域中，等待经营者的充分举证和法官的准确认定，方能到达交叉位置并履行评判任务。但实践中，对于某一惯例、行业规范或技术规范能否满足商业道德的一致性和趋同性，人们还在进行喋喋不休的争论，对竞争行为进行商业道德评价的路径探寻依然遥遥无期。

3. 商业道德难以获得公认

互联网商业道德难以获得公认，一方面体现在商业道德的多元性。不同的行业在不同的发展阶段存在不同的商业道德，作为商业道德具体表现形式之一的机器人协议，虽然经过国内外学者从合同法、行业规范、技术规范等多角度论证，但对于是否应当遵守之，依然争论不止。表现在司法实践中，结果也大相径庭。

---

❶ 蒋舸.《反不正当竞争法》一般条款在互联网领域的适用 [J]. 电子知识产权，2014（10）：47.

在互联网环境下，免费平台与广告或增值服务相结合的商业模式流行于市，已被认定为互联网行业惯常的经营方式，符合互联网市场发展的阶段性特征[1]。但其能否被纳入商业道德的范畴，使之免于广告过滤软件的干涉或影响，依然在学界存在较大争议。而在国外判例中，司法处于一种谦抑状态，通过市场的方式来解决二者之间的竞争，在终结广告过滤软件的尝试中，网站经营者转向技术措施，像 Sourcepiont 和 PageFair 公司提供了广告过滤软件无法探测到的广告形式，这一策略取得一定成功，但花费不菲，很快就演变成猫和老鼠的游戏。[2] 另一方面，商业道德因形成时间较短难以获得公认，在行业内无法达成共识。在百度公司诉搜狗公司一案[3]中，法院认为在新兴行业或新出现的商业模式中，商业道德尚未形成，所谓行业惯例对于商业道德判断的价值较低。当把这些外在表现形式交予法官裁判时，其主观道德标准与市场的价值取向未必一致，且特定市场的商业道德的演进和成形需要时间，要求法官这一非市场理性人进行中立评判，过于苛刻。

（三）商业道德的不成熟导致其适用的任意性

1. 商业道德的迟滞与特定行业实际的不匹配

最基本的道德规范所承认的义务和责任，会因不同的社会而异，即便在同一社会，也会因时代的不同而有所差别。[4] 以安全软件为例，其正常功能的发挥应当通过一定的形式加以实现，即便是功能的扩展和升级，也不能以安全之名，窃取或强占其他软件

---

[1] 北京知识产权法院（2015）京知民终字第2204号民事判决书。
[2] Tyler Barbacovi. Blocking Ad Blockers [J]. J. Marshall Rev. Intell. Prop. L., 2017 (16): 276.
[3] 北京知识产权法院（2015）京知民终字第2200号民事判决书。
[4] 哈特. 法律的概念 [M]. 许家馨，李冠宜，译. 北京：法律出版社，2011：154.

运营商的利益，以达到攫取不正当商业利益的目的。❶ 商业道德要求能对这种功能是否正常发挥进行甄别。一般的商业道德和特定行业的竞争行为并不匹配，生搬硬套的强制适用只会适得其反。此外，由于商业伦理标准的多样性，内涵的多样性和不确定性，使法官主观道德公正评价与客观市场商业伦理并不总是匹配。法官依靠自由心证来确定商业道德，会危及法律的确定性，且容易产生个人好恶。此外，稳定的道德观念，需要建立在长期的社会经济和文化实践的基础上。道德规范只有经过长期的互动和修正，才能真正具有针对不同利益群体、不同利益诉求的普遍性，才有可能达到平衡。这种滞后也反映在对它的认识过程中：只有对社会利益的广泛分配达成共识，依赖这种利益格局的道德表达才能获得正统地位，即得到承认。这一过程同样适用于普遍情况下的网络实践。由此可见，只有结合行业具体情况，明确信息的公平与不当使用的界限，才能实现公平与效率的平衡，实现反不正当竞争法中维护自由公平市场秩序的立法目的。

2. 通过个体主观状态论证商业道德

上文中已经论证过商业道德内容的模糊性，这一缺点反映在司法实践当中，指众多法官并没有对商业道德适用达成统一模式，往往是采取诚实信用或商业道德的词汇一语带过，并不进行深入论证。商业道德作为授予法官的"空白委任状"❷，使得个案中法官对商业道德的把握仁者见仁，他们创造性体现的"规则"或"原则"带有极强的个人色彩和过多的价值判断。多数案件只是简单陈述案情，然后给予违反商业道德的定论，还有的会将商业道

---

❶ 北京市高级人民法院（2015）高民（知）终字第1071号民事判决书。

❷ 叶明，陈耿华. 反不正当竞争法视野下商业道德认定的新思路——基于法律论证分析框架[J]. 商业研究，2017（12）：187.

德和经营者的主观状态、危害后果联系起来，其逻辑路径是：行为存在致害后果—主观存在恶意—违反公认商业道德—竞争行为不具有正当性。在大众点评诉百度一案[1]中，法院对不正当竞争行为的认定罗列了三个要件：一是法律未予以明确，二是经营者的合法权益遭到损害，三是竞争行为违反了诚实信用和商业道德，据此认定竞争行为具有不正当性。在金山软件公司诉奇虎公司一案[2]中，法院在对被诉竞争行为的表现进行描述后，直接认定（该行为）影响用户对软件的选择，违背了商业道德，但并未对商业道德和行为的矛盾进行论述。

通过主观过错或"搭便车"的主观故意来论证商业道德的方式，直接体现了法官通过自我价值论证，对竞争行为作出泛道德化的裁判结果，极有可能将正当竞争行为纳入不道德、不正当的范畴。在判定不正当竞争行为时，并不存在主观性标准，虽然主观故意或恶意能够在随后的救济措施中发挥一些作用，但竞争行为的评价应当适用客观要素。诸如恶意或故意等主观标准不能单独用于评价不正当竞争行为，但可在直接客观证据缺失时作为补充评判。主观判定具有积极的价值，特别是竞争行为处于持续状态，对其不正当或潜在的损害后果具有争议之时。[3]

第三节　行业惯例的评判

行业惯例构成了商业道德的主要表现形式，上升到成文形式，则变化为行业规范、自律公约或技术规范，但这些都无法脱离商

---

[1] 上海知识产权法院（2016）沪73民终242号民事判决书。
[2] 北京市西城区人民法院（2014）西民初字第00146号民事判决书。
[3] Radim Polcak，Stone Roots. Digital Leaves：Czech Law against Unfair Competition in the Internet Era［J］. Rev. Cent. & E. Eur. L. 155.，2008（33）：163.

业行为这一实践性要素。从竞争秩序的角度来说，竞争秩序是一种状态，是由于市场主体之间的竞争对市场产生影响而形成❶，其落脚点必然外化为惯常的商业行为，然后从中寻找行业惯例和市场运行机制的契合点；从当事人的角度来说，竞争对手都乐于将自己的经营行为纳入行业惯例的范畴，以期证成己方行为的正当性和对方行为的非法性；从法官的角度来说，行业规范、自律公约和技术规范在上升为法律条文之前，书面形式并不能证成其权威性，而其应用的范围广度和时间维度，往往能够成为打破法官自由心证平衡的砝码。互联网竞争行为的表现具有多样性，类型化的模型分析要求我们剥茧抽丝，发现、固定与行业惯例的相同或相似之处，从而完成不正当竞争行为的初步论证，而这一过程必然以探讨行业惯例为起点。作为行业惯例，其要素应当符合"习惯做法"的规定，但能否为立法或司法所认可，则需要深入分析其是否符合"诚实"的特点，及其和商业道德、竞争秩序的契合度。

一、行业惯例与法律

马克思关于"法律来源于生活"的论断，说明任何法律都无法忽视习惯。行业惯例就是一种习惯的再现，❷ 它是一种为所有阶级和所有群体普遍服从的一种行动习惯或者行为模式。❸

（一）行业惯例综述

1. 行业惯例定义

在一种行业形成以后，随着时间进展和交易稳定，会在行业

---

❶ 徐士英．市场秩序规制与竞争法基本理论初探［J］．上海社会科学院学术季刊，1999（4）：94.

❷ 谢鸿飞．民事习惯在近现代民法中的地位［J］．1998（3）：190.

❸ 博登海默．法理学：法律哲学与法律方法［M］．邓正来，译．北京：中国政法大学出版社，2004：399.

内形成一种行业成员普遍同意的习惯，这就是行业惯例。一般说来，行业惯例在行业行为规范中是一种"先例"。❶ 根据布加勒斯特国际商事仲裁院院长图多·波佩斯库的归纳，行业惯例是在商业活动中，首先在少数当事人之间成立的，然后经过推广，逐渐为大多数人普遍接受的实行的规定，它是一种自发形成的规定和条款。❷ 袁晓杰认为，行业惯例是长期交易过程中所形成的具有普遍适用性的行为规范和惯例的一种集合。❸ 邓娇娇认为，行业惯例自发形成，来自行业的内部，业内从业者广泛遵守和实施的默会习惯。❹ 以上定义对行业惯例的商业形式要件进行了概括，即成文或不成文的习惯，重点强调了行业惯例的稳定性和普遍性，对其法律要件涉猎甚少。

2. 行业惯例的学说和司法认定

张平认为，行业惯例能够确定合理的事物。随着互联网行业的成熟，合理的商业行为慢慢演变成一种通用的习俗和习惯，但并不具有强制性。❺ 蒋舸认为，商业惯例是经过了市场参与者反复博弈才获得普遍接受。❻ 上述学说强调了行业惯例产生过程中的历史由来和适用性。周珊珊教授认为，行业惯例本质上就是行业习惯。行业惯例是否具有法律效力十分重要，直接关系到对法的渊源的认识。常江认为，在适用行业惯例时，要充分观照大众心理

---

❶ 王运声. 中国行业行为规范初探［M］. 北京：法律出版社，2014：56.
❷ 图多·波佩斯库. 罗马尼亚法律中的商业惯例［J］. 黎均，译. 环球法律评论，1985（8）：50.
❸ 袁晓杰. 古董交易中行业惯例的适用问题研究［J］. 襄樊学院学报，2012（1）：57.
❹ 邓娇娇. 公共项目契约治理与关系治理的整合及其治理机理研究［D］. 天津：天津大学，2013：88.
❺ 张平. 反不正当竞争法的一般条款及其适用——搜索引擎爬虫协议引发的思考［J］. 法律适用，2013（3）：51.
❻ 蒋舸. 竞争行为正当性评价中的商业惯例因素［J］. 法学评论，2019（2）：73.

和流行情感的文化逻辑。在司法判决中，众多法官对行业惯例进行了描述和认定：有的判决认为行业经营者代表了所属行业的实际做法，能够成为判断商业惯例标准的依据❶；有的判决要求商业惯例具备成熟和稳定的特性❷；而在新浪微博诉脉脉公司一案❸中，法官提出了行业惯例除了要被行业成员普遍采用外，还必须实现产品的必要功能。即行业惯例应当和特定行业相联系，体现出产品或服务的特点，能够为大多数行业经营者认同并应用。互联网社交软件都会对用户进行分类，采取很多方案来建立用户之间的联系。如果是功能性设定的必要，则不具有可选择性，可以被认定为行业惯例。

（二）行业惯例与法律的关系

对社会生活的规制，除了法律以外，还有"活法"在发挥着巨大的作用，其伴随着社会经济生活的发展而逐渐演变，具有更鲜活的生命力，对社会秩序的构建和运行起着支撑作用，这其中就包括行业惯例。行业惯例属于习惯法的范畴，亦属于广义上的法律，从法律效力上来看，习惯法的效力和影响明显弱于制定法，制定法优于行业惯例适用。

1. 行业惯例与法律的相同点

萨维尼指出，法律规则的出现就是来自每个民族的传统和习俗。这些习惯经过时代的变迁不断被运用，慢慢地成为法律规则。❹ 行业惯例和法律共同产生于社会生活之中，并以社会公认的道德规范为支撑；二者都对社会生活和市场竞争具有规范和引导

---

❶ 北京市西城区人民法院（2017）京0102民初5207号民事判决书。
❷ 北京市海淀区人民法院（2015）海民（知）初字第23773号民事判决书。
❸ 北京市海淀区人民法院（2015）海民（知）初字第12602号民事判决书。
❹ 博登海默. 法理学：法律哲学与法律方法［M］. 邓正来，译. 北京：中国政法大学出版社，2004：93.

作用；二者都构成了一国法律体系的重要组成部分，对人们的权利义务进行了确定；二者的运行依赖于社会公众和社会文化的支撑，社会性明显；这种维持，不是靠戴有警徽的公安❶，而要靠一般的社会大众来服从和支持。

在互联网时代，行业惯例多具有自发性和普遍性，这与互联网互联互通的特性密切相关。其演变和普适的过程要远远快于其他传统行业惯例。互联网充满着巨大的商机和利益，在其发展的初级阶段，行业发展处于野蛮生长状态，丛林法则盛行其中，政府机构并未过多地予以干涉，行业惯例多以对等、静默的非正式规则的方式存在，并以"存在即合理"的方式发挥作用。进入互联网发展的快车道之后，互联网企业发展的触角无所不在，软硬件之间、基础软件和功能软件之间以及平台企业之间竞争的白热化，促使行业协会在部分互联网企业的呼吁下，把行业惯例变成一种互联网中的自律性公约，其中的部分内容也被吸纳进法律条文之中。

2. 行业惯例与法律的区别

权利义务和责任都应该源于一种自愿自发的行为。❷ 群体是社会生活的基本单位，而非个人充当这一角色。个人在市场经营中的诸多竞争行为虽具有自主性，但从身份到契约的社会秩序的规制，使得竞争行为具有一定的趋向性和规律性，行业惯例充分体现了这一特点，并最终内化为一种习惯；而法律更多的是通过适用来实现规制的目的。在法院适用于个案之前，这样的规则只是

---

❶ 熊秉元. 解释的工具：生活中的经济学原理 [M]. 北京：东方出版社，2014：107.

❷ 博登海默. 法理学：法律哲学与法律方法 [M]. 邓正来，译. 北京：中国政法大学出版社，2004：97.

一种习惯，不是法律。❶ 行业惯例与法律之间，存在以下差异。

首先，二者的适用和评判范围不同。行业惯例主要适用于特定的行业之中，往往是和行业发展息息相关。相关公众和其他行业对其较为陌生，其评价范围也仅限于行业内部的经营者；而法律是在一定法域内普遍适用，并不因行业和主体类型有所区分，其是根据法律条文的构成要件来对具体事实和行为完成评价。一般来说，一种普遍遵守的行为，如果未在法律上明示，但大家都予以认可，那么随着时间推移，其就会成为一种行业惯例。如果它遵从法律的精神，不存在与法律范畴相互抵触的情形，也没有侵害某团体的利益，并且能够起到规范市场的作用，那就可以成为法院进行案件审判的参考。

其次，二者的生成机制不同。行业惯例是由行业经营和市场竞争自发演进，更多地依赖于竞争效果的引导，为多数行业经营者所遵循；而法律是由一国立法机关经过法律程序制定并公之于众。行业惯例是依据多年来的行业运行规则形成的约定俗成的惯例，具有一定的借鉴意义，类似于俗习惯的产生，是在商业生活里慢慢累积形成的。法律作为统治阶级意志的一种体现，是由国家层面指定的，而且以国家的强制力去保证和实施。行业惯例指在行业中经过长期商业活动所形成的一些通用的习惯和规则，如银行结算惯例、标准合同、港口惯例等。这些惯例大多数是不成文的，而且一般并不具有强制性。当其在合同中约定时，才具有约束力，但是其约束范围只是针对当事人。

再次，二者的惩罚机制不同。行业惯例属于行业内的行为秩序和规则，当出现偏离行业惯例的经营行为时，行业主体将会对其进行负面评价，这对经营和商誉会造成一定影响；而法律对于

---

❶ 哈特. 法律的概念 [M]. 许家馨，李冠宜，译. 北京：法律出版社，2011：43.

违法行为，会根据法律条文的后果要件进行规范。惯例大多数是不成文的，一般并不具有强制性。当其在合同中约定时，才会具有约束力，但是约束范围只是针对当事人。

最后，二者的组成和类型不同。行业惯例中既包括源自行业交易和竞争的习惯，也有行业组织按照一定的程序制定的成文文件，从规范类型来看，行业惯例不但包括行业习惯和行业规则，而且还包括行业规约和社团规章等多种表现形式。除了行业习惯，其他以书面形式规定的行业惯例，应该符合国外法律的行为准则❶；在我国范围内，法律包含假定、处理和制裁这三个要素。如果法院没有将行业惯例适用于具体案件，则其只是一种习俗或行为习惯，而不是法律。❷

（三）行业惯例的特征

法律适用虽具有普适性，但从经济成本的角度考量，法律的适用性并不一定是帕累托最优方案。行业惯例更多的是从经济学意义上对竞争的解读，其所坚持和崇尚的应当是效率，而非法律意义的公平和正义。行业惯例具有如下特征❸。

1. 历史传承性

在社会进程中，随着行业的不断发展和演变，一些约定俗成的行为习惯就会出现，在经历重复的试错行为之后，完善并形成行业惯例。这种行业惯例形成后，就会规范行业行为，规定经营者必须自觉服从其规定。行业惯例具有长期性的特点，是经历了

---

❶ Directive 2005/29/ec of the European Parliament and of the Council of 11 May 2005concerning unfair business – to – consumer commercial practices in the internal market and amending Council Directive 84/450/EEC, Directives 97/7/EC, 98/27/EC and 2002/65/EC of (EC), art 2.
❷ 哈特. 法律的概念 [M]. 许家馨，李冠宜，译. 北京：法律出版社，2011：43.
❸ 王运声. 中国行业行为规范初探 [M]. 北京：法律出版社，2014：44–45.

缓慢的发展过程才形成，并非一蹴而就。在腾讯公司诉奇虎公司一案❶中，法院认为，原告在提供免费即时通信服务的同时，利用其软件平台投放商业广告，并提供一些资讯、网游等增值服务，符合当时的商业惯例。在搜狗公司诉百度公司一案❷中，法院认为，在视频分享网站刚开始出现的阶段，大量视频分享网站均会假借用户名义上传他人作品（尤其是热播影视作品）以获取流量，这些做法可谓当时的行业惯例。司法判决往往忽略对历史传承这一特征的论证，究其原因，互联网技术和产业的发展历程仅仅几十年，相关商业模式的产生和发展也多在探讨之中。从历史传承的角度对互联网行业惯例进行评判，尚需时日。

2. 社会适用性

行业惯例形成的必由之路是竞争机制发挥作用。哈耶克说，在竞争中，"意见"和"知识"才会不断产生。竞争保证了行业的活力，它是一种发现最优者的活力机制。只有通过竞争，行业惯例才具有社会适用性。❸ 维特根斯坦指出："规则具有约束力是因为人们接受它们，而不是因为它们具有约束力。规则本身没有任何义务要追随他。事实是，服从或不遵守的决定来自规则之外。"❹ "如果社会风气如此，任何参与决斗的人都不应该说是违法的。"❺ 行业惯例的普遍适用往往并不涉及价值判断，但仅凭借法官的感性认识来完成对行业惯例的判定，实属不易。司法实践中也已出

---

❶ 广东省高级人民法院（2011）粤高法民三初字第1号民事判决书。
❷ 北京知识产权法院（2015）京知民终字第2200号民事判决书。
❸ 哈耶克. 自由秩序原理 [M]. 邓正来, 译. 上海: 三联书店, 1997: 72.
❹ 理查德·A. 波斯纳. 超越法律 [M]. 苏力, 译. 北京: 中国政法大学出版社, 2001: 154.
❺ 包斯维尔. 约翰逊传 [M]. 罗珞珈, 莫洛夫, 译. 北京: 中国社会科学出版社, 2004: 176.

现大相径庭的认定标准：在搜狗公司诉百度公司一案❶中，法院认为浏览器的广告过滤功能是一种通用、普遍存在的经营行为，属于行业惯例。在爱奇艺公司诉广州动景公司一案❷中，法院却认为，互联网时代经营者的跟随行为具有一定的普遍性，且能在短时间内形成规模效应，此类行为不一定能成为行业惯例。

司法并不否认行业惯例应当具有普遍适用性的特征，但如何从商业行为的普遍适用性推导出其属于行业惯例的范畴，却成为横亘在法官面前的一道难题。一般通过两种方式证成：一种方式是通过市场占比统计分析。一般来说，商业行为的普适性可以通过对其市场占比进行统计分析来予以证明，仅仅依靠对头部企业进行举例说明并不能达到这一目的，但列举的方式却可以适用于反向排除。在百度公司诉搜狗公司一案❸中，法院认为，微软输入法以及其他输入法在百度搜索环境中均未展现搜索候选。与此同时，各类输入法都进行了输入法与搜索引擎相结合的相关尝试，但其搜索候选的显示方式却不相同。因此，输入法是否具有搜索性能，以及如何展示搜索功能，并未形成行业惯例。另一种方式是判断其是否上升为行业行为规范。一种行业行为规范的形成，是源自社会实践的总结和升华，而不是简单的现象记录。在不断的反复检验后，这些实践被设定为一些制度和行业规范。行业行为规范是行业惯例的制度化和法律化，❹只有被实践检验的比较好的行业行为，才能成为行为规范。以《互联网终端软件服务行业自律公约》为例，其首先是由互联网协会的会员提出想法，再由行业自律工作委员会起草，最后得到了互联网行业的广泛同意。

---

❶ 北京市高级人民法院（2017）京民终5号民事判决书。
❷ 北京市海淀区人民法院（2015）海民（知）初字第23773号民事判决书。
❸ 北京市海淀区人民法院（2015）海民（知）初字第4135号民事判决书。
❹ 王运声. 中国行业行为规范初探［M］. 北京：法律出版社，2014：56.

由于这种自律公约具有一定的正当性，并且为业界认同，它具体反映了互联网行业的竞争需求。❶ 但行业行为规范的制定主体多为行业中的头部企业，从这一角度来说，行业行为规范中的实质内容，并不能完全代表行业整体意志。这应该结合互联网行业的其他很多因素来综合考虑。❷

3. 客观性

行业惯例的这一特征是将其放在客观的评价体系中进行衡量，即行业惯例可能是诚实的，也可能是不诚实的。限定词决定着其性质，即便我们将其限缩至"诚实的行业惯例"来解释行业惯例，亦无法摆脱自证的怪圈。行业惯例存在于以往的商业实践当中，这一客观性能够证明行业惯例已经经过商业实践的检验，符合当时行业发展规律。但这一客观性也仅能证明其当时存在的合理性，并不能排除具体竞争行为在时间、环境和表现形式等方面的特殊性，更无法像商业道德一词一样自带正义的光环，充当衡量一切不正当竞争行为的标尺。

4. 行业约束性

行业的约束性对于公平竞争具有重要的意义。首先，有规则才能保证竞争的公平性，才能确保成员获得利益的均等可能性，使各方都有参与的活力。其次，行业惯例使竞争以一种有秩序的方式进行，也就设定了判定胜负的规则。❸ 行业惯例对其行业成员具有约束的特性。既然它形成了行业内人员的共同认识，就代表了成员之间的相互信任和认可，并作为一种相互的承诺。它不允许和容忍任何破坏行业共识、践踏行业规范的行为，一旦违反，

---

❶ 最高人民法院（2013）民三终字第5号民事判决书。
❷ 北京市高级人民法院（2017）京民终5号民事判决书。
❸ 蒋悟真. 论竞争法的基本精神 [M]. 上海：上海三联书店，2008：158–159.

将会受到行业内部成员的共同抵制和惩罚；其约束力也来自主管部门的奖励以及惩罚，这种奖励或惩罚对行业的发展起到重要的规范、警示和倡导作用。

二、行业惯例的应用分析

在众多国外立法当中，行为准则成了无法绕过的词汇，其和本书讨论的行业惯例有异曲同工之妙，但在效力和认定途径上略有不同。

（一）行为准则：行业惯例的立法吸收

行业惯例作为行业发展的基石，对行业的发展和秩序的维护具有至关重要的作用。在法律没有明确规定的情况下，法官行使酌处权和确定竞争行为的前提是确认相关行业惯例的法律效力。在法院将其应用于特定案件之前，这样的规则只是一种习惯，绝不是法律。❶ 在案件认定中，法官在对行业实践的主客观因素进行判断后，需要对行业管理中蕴含的诸多利益进行衡量，并作出价值判断，从而对行业惯例的合法性和效力给予评价，完成对行业惯例的司法确认。经过这一过程，行业惯例完成从司法逻辑的小前提向大前提的过渡和转变，拥有和成文法一样的法律地位。

《欧盟不公平商业行为指令》❷ 明确指出："行为准则"是指与某些或特定商业行为或业务部门相关的协议或一系列规则，这些协议或规则未由法律、法规和行政法规实施，对商业行为进行了规范，并受商业承诺的约束。《澳大利亚竞争与消费者法》

---

❶ 哈特. 法律的概念 [M]. 许家馨，李冠宜，译. 北京：法律出版社，2011：43.
❷ Directive 2005/29/ec of the European Parliament and of the Council of 11 May 2005 concerning unfair business – to – consumer commercial practices in the internal market and amending Council Directive 84/450/EEC, Directives 97/7/EC, 98/27/EC and 2002/65/EC of（EC），preample (6).

(2010 年）对行业准则的规定是：指规制行业内经营者对其他经营者或行业内消费者行为的准则。❶《德国反不正当竞争法》❷ 对行为准则的阐述是：指在有关商业部门和个别商业行为方面，定义企业主受拘束的商业行为的协议或规则，但不包括法定或行政规章规定的义务。《奥地利反不正当竞争法》对行为准则的规定是：欧盟成员国法律、条例或行政规章未予以规定的协议或规则，企业决定受一个或多个具体商业机构或商业部门的规则拘束，其中规定了企业的行为规范，而欧盟成员国法律、条例或行政规章对此未予规定。《欧盟不公平商业行为指令》第 10 条中对行为准则规定：本指令不排斥成员国所鼓励的，行为准则的拥有者对不正当商业行为的管控，也不排除向与第 11 条所规定的法院或行政所实施的程序相关的机构求助，请求第 11 条规定中的个人或组织控制的机构对不正当商业行为进行管控。❸《澳大利亚竞争与消费者法》（2010 年）对可适用行业准则进行详细说明，第 51ACA 中规定了"可适用行业准则"的定义，即指与行业有关的强制性行业准则规定的条款，以及对公司具有拘束力的自愿性行业准则规定的条款。❹《英国保护消费者免受不正当交易条例》❺ 则认为行为准则是规制经营者行为的协议或规则（法律或行政规范并未强制规定），其承诺一个或多个商业行为或商业部门受其约束。

---

❶ Competition and Consumer Act 2010, No. 51, 1974. Compilation No. 118. Part IVB Industry codes, Division 1 Preliminary, Section 51ACA.
❷ 范剑虹，张琪，译. 德国《反不正当竞争法》[J]. 澳门法学，2017：69.
❸ Directive 2005/29/ec of the European Parliament and of the Council of 11 May 2005 concerning unfair business - to - consumer commercial practices in the internal market and amending Council Directive 84/450/EEC, Directives 97/7/EC, 98/27/EC and 2002/65/EC of (EC), art 10.
❹ Competition and Consumer Act 2010, No. 51, 1974. Compilation No. 118. Part IVB Industry codes, Division 1 Preliminary, Section 51ACA.
❺ The Consumer Protection from Unfair Trading Regulations 2008 (CPRs).

（二）行业惯例的作用

包括行业惯例在内的众多规范，可以把人们的生活控制在合理的范围之内。❶ 行业惯例的形成，应该是成本和收益的自发分析，能够实现资源向使用效率最高者手中流动，而非法律规定的人为结果。

1. 行业惯例对商业行为具有指引作用

行业惯例和行业的行规、习俗一起，构成行业行为规范最基本的内容，成为最具操作意义的一般准则。对于一个行业来说，只有通过了实践的检验，其行业惯例才能成为一种行业规范，才能起到示范作用。❷ 行业惯例对商业行为的指引作用体现在经济诱导方面。经济运行有其自身规律，符合经济运行规律的商业行为自然能够达到利益最大化。行业惯例是行业内普遍接受的行为方式，其自发性说明对企业具有经济利益的向心力，遵循行业惯例能够给众多企业带来经济效益，避免经济损失。体育赛事中，对他人转播比赛行为进行相关授权许可系国际、国内较长时期以来的通常做法，通过授予独家视频转播权的方式来回报转播方财力和人力等大量的投入。❸ 以司法判决的方式对比赛转播方的获益和权益予以支持和保护，刺激了资金和资本对各类赛事的投入，对相应的商业行为具有示范意义，同时形成了一种"类法"规定，可以为行为准则赋予条理化的特点，避免了行为准则的无序性。❹

2. 行业惯例具有填补法律漏洞的作用

从功能上来说，法律是滞后的，其无法囊括现实生活中各类

---

❶ 博登海默. 法学理：法律哲学与法律方法 [M]. 邓正来，译. 北京：中国政法大学出版社，2004：236.
❷ 王运声. 中国行业行为规范初探 [M]. 北京：法律出版社，2014：41.
❸ 上海市浦东新区人民法院（2015）浦民三（知）初字第191号.
❹ 康芒斯. 制度经济学 [M]. 赵睿，译. 北京：华夏出版社，2013：83.

纷繁复杂的情形，也无法对日新月异的社会变革及时作出反应和调整，在网络时代，法律适用上的空白确实显得尤为突出。法官无法拒绝判定目前还没有法律规定的案件，因此只能通过创设规则的方式来填补漏洞，其中的首要方法就是依照行业惯例进行填补。一种行业惯例形成行业行为规范，那它就具有了可以使行业科学化、制度化、法律化的特点。行业行为规范最基本的部分就是行业中的习俗、习惯，以及人们约定俗成的共识。行业规范还要充分考虑国家法律法规，相互补充和融合，并与社会道德结合起来，实现行业的规范化、合理化。❶

综合来说，行业惯例能够引领或扬弃现行法律。对于形成共识的商业道德，在对其判断时，应该结合行业经营者提供的证据，综合进行认定。要实现司法对市场竞争的有效指引，避免仅仅依靠法官的自由裁量，来对经营者的具体竞争行为作出否定性评价。

（三）适用行业惯例判定不正当竞争行为的局限

行业惯例在一定程度上代表了高效率的运作和低成本的投入，但遵守群体的比例和权威度的高低限制着其作用的发挥。

1. 新规则的形成缺乏相关的共识

斯密曾经说："来自同一行业的人们很少聚在一起，即使是在娱乐和娱乐领域，但对话的结果是要阴谋反对公众或提高价格。"❷行业惯例的行业特殊性和其发展变化都将我们置于这样一种境地：如果仰仗行业惯例来处理竞争中出现的问题，我们会发现不知从何判断其效力。在互联网环境下，技术和创新的推动加快了产业的升级换代和商业模式的更迭，同时，相关行业惯例可能还未形成或处于变动之中，只是呈现阶段性特征，内容明确、效力稳定

---

❶ 王运声. 中国行业行为规范初探 [M]. 北京：法律出版社，2014：21.
❷ 康芒斯. 制度经济学 [M]. 赵睿，译. 北京：华夏出版社，2013：182.

的行业惯例的适用对我们来说可能只是美好的愿望，仓促地应用于司法实践，只能得到同案不同判的结果。如果法官只是执行现有的规则，会使司法实践变得容易，不需要绞尽脑汁和辛勤努力，但即使有可适用的法律渊源，法律答案的选择也往往并不唯一，需要动态选择。行业惯例的制定主体决定了其代表利益的片面性，其制约主体仅为同意受其约束的行业成员，所维护的也主要应当是行业成员利益。有些时候，行业惯例所代表的利益甚至会和社会整体利益相背离；法律的正当性来源于代表利益的广泛性和立法程序的公正，这也保证了法律实施的公正和正当。行业惯例的这种自然缺陷使得我们无法直接将竞争行为的合法性作为通用术语的客观标准进行衡量。

2. 行业惯例缺乏权威性

由于行业惯例的非权威性，法官对其适用持谨慎态度。这和德国学者对商业道德的认定意见高度一致，即"如果仅仅根据行业约定的规则来确定商业道德，以确定这种行为是否正当，那就太草率了。即使经过反复实践，行业规则也可能违反竞争秩序""行业规则有时会限制竞争，如若引用行业规则判断行为的正当性，应十分谨慎"[1]。另外，麦克杜格尔指出，"在特定情况下，法治的每一项应用，无论是源自习惯、公约还是任何其他来源，实际上都需要政策选择"[2]。还有学者认为，普遍接受的商业道德可以指行业惯例，但它应该从保护经营者利益、消费者利益和社会福利三个维度来构建。[3] 竞争规则和行业惯例的形成有赖于经营者

---

[1] 叶明，陈耿华. 反不正当竞争法视野下商业道德认定的新思路——基于法律论证分析框架 [J]. 商业研究，2017（12）：187.
[2] 博登海默. 法理学：法律哲学与法律方法 [M]. 邓正来，译. 北京：中国政法大学出版社，2004：199.
[3] 李生龙. 互联网领域公认商业道德研究 [J]. 法律适用，2015（9）：35.

间的利益冲突、试错及共识。有学者指出，"很大程度上，市场秩序是耦合秩序，立法者会因经济生活和道德的流变面临适用的困难"。[1] 在缺乏可用的道德资源的情况下，法院容易将颠覆竞争秩序的技术创新打上不正当的标签。应当指出的是，对互联网不正当竞争行为判定标准的泛经济化和道德化的反思，不应被误读为否认二者在促进竞争、维护竞争方面的作用。[2]

道德性判定标准具有阶段性，在互联网环境下，很多的商业道德处于形成阶段，道德化评判缺乏现实可用的资源，但其中亦含有客观的成分，如行业惯例或行为准则。经济性判定标准更加注重对效率和资源配置的影响，但损害的常态性和中立性更容易使评价客体泛化，其背后多种利益的博弈和衡量亦可作为判断不正当竞争行为的考量。对此，司法应当保持最大限度的谦抑性，以免滥用相关标准阻碍市场竞争。同时，法院绝不能以相关标准的局限性为由拒绝裁判，而应寻求合理路径解决互联网不正当竞争行为判定的问题。

---

[1] 谢晓尧.未阐明的规则与权利的证成——不正当竞争案件中法律原则的适用[J].知识产权，2014（10）：4.

[2] 蒋舸.关于竞争行为正当性评判泛道德化之反思[J].现代法学，2013（6）：93.

| 第五章 |
互联网不正当竞争行为判定的新角度

在法律大厦中，在技术和经验受限的情况下，想用一盏灯同时照亮每一处极为困难。❶ 在用尽所有现行的判定标准后，我们依然无法对鲜活的技术创新和互联网竞争行为进行正当性评判。互联网技术的发展只有短短的几十年，但数据爬取、强制捆绑、产品不兼容、屏蔽广告、网站插标、流量劫持、恶意卸载等互联网竞争行为此起彼伏。面对日新月异的互联网技术和竞争表现，我们不可能从其行为本身来衡量其正当性，正如我们无法探查金钱背后隐藏的是欢悦还是痛苦。利益是深刻理解不正当竞争行为的钥匙❷，而流量中就包含了多种利益，只有明确利益冲突时衡量和选择的路径，我们才会理解流量代表利益的冲突和衡量，并作出最终的正当性判断。

第一节 利益衡量的进路

经济性和道德性判定标准的论证，必须依附于竞争行为所指

---

❶ 博登海默. 法理学：法律哲学与法律方法 [M]. 邓正来, 译. 北京：中国政法大学出版社, 2004：217.
❷ 王磊. 法律未列举的竞争行为的正当性如何评定——一种利益衡量的新进路 [J]. 法学论坛, 2018 (5)：127.

向的利益，选择利益衡量路径，而非单独的竞争秩序或道德性评价，这样更容易探究竞争行为的本义，厘清不正当性质的判断基准。利益是法律的真正缔造者❶，经营者天生具有逐利性，其经营行为必然围绕利益展开，利益的矛盾和冲突才造成了法律的产生。法律间的权衡常求助于法外行为的实质性判断，即"个案中的法益衡量"，才能产生确定的结果。❷ 任何判定标准都是以利益衡量为起点，探讨利益衡量就要对利益衡量的特点和层次性进行分析。

一、利益衡量的要求

利益的广义定义是指各种生活资源，其可以满足社会群体在生活中的任何需要。❸ 利益可以简单理解为需求，❹ 按照马斯洛提出的需求理论中的划分，生活中存在各个层次的需求，如生理、安全、社会、尊重等。这些需求存在时间远远早于法律，法律的诞生只是对其选择后加以确认，并上升为法律利益而已，法律并不创造利益，仅是对现存利益的确认和保护。生活中的诸多需求代表着生活利益，其通过转化为法律利益来表现出法律规范的可适用性和便利性。也就是说，由法律所保护的生活利益，也就构成了合法权益，其表现为正当性、普遍性、重大性和受保护性的特征。前三者是利益本身的特点，只有符合之，才有可能被法律所保护；而受保护性是由各个部门法律所决定，对于经济运行过程中所产生的各方利益，必然要出台基本法律，对经济发展和运行进行干预。经济法作为国家的干预形式，主要功能是保证市场

---

❶ 吴文嫔. 论民法法益 [J]. 中国检察官学院学报，2004 (1): 12.
❷ 余军. "公共利益"的论证方法探析 [J]. 当代法学，2012 (4): 22.
❸ 倪斐. 公共利益法律化研究 [M]. 北京：人民出版社，2017: 76-77.
❹ 罗斯科·庞德. 法理学：第3卷 [M]. 廖德宇，译. 北京：法律出版社，2007: 18.

运行，促进经济发展，保障经济效率，这和竞争法的内涵相契合。为经济法所调整的利益并非一定体现为经济性，像本书探讨的互联网竞争中的公共利益和消费者利益，已经大大超越了经济性的范畴。

（一）动态考量

竞争本身具有动态的特性。在资源配置达到均衡的过程中，网络技术创新和应用频繁发生，商业模式改变已成常态，互联网用户体验逐步提升，一切要素都在推动竞争在动态过程中展开，而各方利益在竞争过程中也呈现此消彼长、不断变化的态势。以公共利益为例，有限的范围和程度下的竞争，一般并不涉及公共利益的损害。只有在对多数竞争对手展开竞争行为后，正常的市场机制发生错位，竞争才会波及公共利益。即便是针对竞争对手的利益损害，也并非一蹴而就，对直接经济利益的掠夺、竞争优势的蚕食、商业机会的攫取、商业信誉的毁坏，都是一个动态的发展过程。

1. 对抗性竞争为主导

竞争不仅是一个动态过程，而且从内部结构上属于演进的动态过程，其中包含着创新与技术进步。法益损害的比较方式更符合动态竞争和竞争性损害的特点，而单向的和静态的损害认定会导致不正当竞争行为认定的扩大，对竞争的管控过于严格，不利于营造宽松和有效率的市场竞争环境。在互联网环境下，经营者采取 App 安装的方式，使得用户进行垂直搜索成为大势所趋。但单个软件的使用和应用不可能单独完成，必须调用基础性软件配合，互联网经营者之间竞争关系认定的消解和争夺流量的趋同性，导致平行竞争日渐稀少，对抗性竞争成为互联网竞争的主旋律。创造性破坏使市场真正成为一个多元化和充满张力的生态系统，在竞争中形成相互制衡的动态平衡结构，让市场处于平衡和可持续的状态中。❶ 市场竞争和反不正当竞争的属性应当是动态的或者效率的竞争观。动态竞争的特点就是对抗性竞争，这种竞争方式让竞争者充分感受到市场压力，化压力为动力，在压力中激发企业的创新和生产活力，以此来激活整个市场的活力。

2. 避免静态思维判定

市场竞争对于市场的维护是一种动态维护。具体竞争行为包含的各类利益的成分及其占比，要求我们在分析利益冲突时，避免出现刻舟求剑的情形。但在司法实践中，对竞争利益的衡量常常陷入一种静态思维：法院在对民事侵权行为进行要件判定时，一般遵循三要件，即损害、过错和因果关系，而相关权利的存在和享有是探讨此类纠纷的前置条件。在判定不正当竞争行为时，法院也遵循了类似路径：首先确认涉案竞争行为指向中存在的合法权利或权益；随即探讨竞争行为对相关权益的损害；然后对实施竞争行为主体的主观状态进行归纳，即存在主观过错；最后认定该竞争行为构成不正当竞争。以爱奇艺公司诉极科极客公司一案❷为例，法院首先论证了原告爱奇艺公司"免费视频+广告"商业模式的合法性和商业利益的可保护性，随后列明了被告极科极客公司干预爱奇艺公司的经营行为，并分析了被告的主观状态，即"明知"其插件将直接干预原告公司的经营，而诱导用户安装涉案插件明显具有过错，最后得出被告构成不正当竞争行为的结论。这一论证模式属于传统民事侵权行为的判断范式，只注重对保护利益和利益损害的分析，并未考虑竞争过程中各方利益的动态变化。

---

❶ 孔祥俊. 论反不正当竞争的基本范式 [J]. 法学家，2018（1）：50-68.
❷ 北京市海淀区人民法院（2014）海民（知）初字第21694号民事判决书。

（二）损害常态

1. 竞争外部性的推导

这里谈到的损害常态是指对经营者利益的损害。任何竞争行为都涉及对稀缺资源的争夺，即便最终的分配结果达到形式上的"平等"或平均，其所对应的经营者实力和竞争行为的投入也并不相同，二者之间的对应关系存在扭曲。从竞争行为的外部性考虑，经营者针对竞争对手的竞争行为的外部性必然为负，这是由经营者理性人的身份和竞争结果所决定的。所谓的双赢，也仅存在于不同的利益主体之间。以曾经风靡一时的网络有奖答题为例，经营者通过有奖答题这一商业模式，获得互联网用户的注意力和流量，互联网用户通过支付注意力获得经营者的金钱对价，二者之间的外部性均为正，但这一商业模式也因流量的现实转化率过低，最终陷入低潮。在竞争领域，经营者利益争夺或损害属于竞争的常态或必然结果，并不能当然推论为不正当竞争行为。司法实践中多以经营者利益的损害作为不正当竞争行为的判定标准，并以对竞争者的保护取代对竞争的保护。

2. 与侵权法的区分

从损害常态性来看，为了强调竞争损害涉及"竞争特权"，损害是常态，不正当竞争的构成不以损害特定私益为根本性要件，其判断思路与一般侵权行为有根本区别。[1] 国外学者曾坦率地指出，竞争带来的损害常态已是共识，除非造成损害的是违法行为，否则不应采取法律救济。[2] 市场竞争在本质上就是从他人处获利的

---

[1] 孔祥俊. 论反不正当竞争的基本范式 [J]. 法学家, 2018（1）: 50-68.
[2] 毛罗·布萨尼, 弗农·瓦伦丁·帕尔默. 欧洲法中的纯粹经济损失 [M]. 张小义, 钟洪明, 译. 北京: 法律出版社, 2005.17.

行为，竞争与损害仅一墙之隔，界限模糊。❶ 例如，《美国反不正当竞争法重述（第三版）》中规定，除非符合特别的规定，"凡从事商业或者贸易在商业关系中造成他人损害的，不需要对该损害承担责任"。该规定被认为对于不正当竞争行为采取"负面清单"或者"负面列表"的做法，市场竞争的行为人仅对列举的行为所造成的损害承担责任，即行为人承担责任是例外，不承担责任是原则。

（三）多要素结合

1. 多方利益的共生共存

经营者利益的实现必须借助于消费者需求的满足，消费者是经营者逐利之基础，经营者发展是消费者利益提升之依托。❷ 随着经营者生产规模的扩大，其边际成本处于递减状态，消费者可以较低的价格获得更为优质的服务。如果经营者提高其经营成本，消费者将"用脚投票"，抑制消费需求或寻找替代产品，最终导致买方市场萎缩，经营者丧失盈利基础；反之，消费者压缩经营者的利润空间的话，经营者将会采取降低经营成本的策略，降低提供产品或服务的品质，从而导致卖方市场萎缩，消费者丧失选择权和交易权。从一个较长时期的发展来看，社会整体、经营者和消费者之间的利益具有一致均衡性，但这种一致均衡态势只是静止的一个点。在竞争的大多数时间内，三者利益是处于冲突的不均衡态势，基于理性人的身份，经营者所考虑的第一要务不可能是其他经营者的利益、公共利益或消费者利益，而只可能是其自身利益，从而保证利润的最大化。

---

❶ 孔祥俊. 论反不正当竞争的基本范式 [J]. 法学家，2018（1）：50-68.
❷ 陈耿华. 论反不正当竞争法法益结构的转型 [J]. 商业研究，2019（10）：124.

2. 不正当竞争行为推导之需

"竞争"不仅充满罪恶的意味，还包含某种利己和对别人福利的漠不关心。[1] 在社会财富总量不变的前提下，经营者竞争行为所获得的利益，必然来自其他经营者的利益、公共利益或消费者利益的减损。从经营者的角度来说，其直接的投资回报、竞争优势、商业机会或商业信誉的损失原因，存在多种可能：生产效率的低下、市场需求的改变、技术发展的转型等，不正当竞争行为导致的利益损失只是诸多可能中的一种，我们仅从经营者利益损失无法推导出竞争行为的不正当性，因为任何一种竞争行为的产物中必然包含一方经营者利益的损失。如果仅仅存在单一主体的利益损害，则可能会走入侵权法的领域之中。像在互联网出现的竞争行为，如果只考虑具体消费者或具体经营者的利益损失，则竞争法已无存在之必要，也有违竞争法保护竞争，而非竞争者的初衷。只有结合多种利益要素进行衡量，才能发现具体竞争行为的不当之处，避免对竞争行为的规制走入歧途。

从多要素结合方式来看，由于竞争利益本身不具有可诉性或者说可救济性，单一利益衡量可以作为不正当竞争行为的判断因素，并与其他因素组合起来，作为判断不正当性的依据。[2] 就鼓励技术创新的公共利益而言，其考量了争议技术产品本身的技术中立，以及该新技术产品的经营者尝试和探索新的经营模式的空间和机会；对消费者利益的保护，则重点考量消费者自主决定权是否受到影响。可见，获得利益需要通过他人的作为或不作为来配合。利益以及对其价值的认定，依托于所在社会的"客观事实"。在互联网竞争中，互联网用户的访问需求建立在经营者真实、准

---

[1] 马歇尔. 经济学原理 [M]. 上卷. 朱志泰，译. 北京：商务印书馆，1964：8.
[2] 孔祥俊. 论反不正当竞争的基本范式 [J]. 法学家，2018 (1)：50-68.

确的信息和良好的商业信誉基础之上，并以有作为的形式体现；同时则需要其他竞争对手以不作为的形式，避免对经营者的信息提供和互联网用户的信息获得造成干扰。

利益并不具有天然的正当性。在商业竞争中，竞争者各方利益交织，各自利益的此消彼长并不能推断出一方利益增长的苛责性、另一方利益遭到损害的可补偿性。即便是从竞争秩序来说，也仅是多数竞争者利益的组合，并不能由此推断其正当性和合法性。相反，从竞争的角度来说，竞争必然导致利益的此消彼长，更能促进企业生产成本的最小化。从这个角度来说，利益仅为我们探索不正当竞争行为的判定提供了一个方向，或者说是判定标准中的一个要素。但利益衡量并非仅是指引方向，而是在互联网竞争关系的判定中起到了关键作用，这在司法实践中屡见不鲜。

二、利益冲突的解决方式

每项经济交易的参与者都想尽可能地少付出多获得，所以导致经济交易中总伴随着利益冲突，❶ 而利益冲突是立法的依据。❷ 公共利益是一种合法干预私人行为的手段，这一手段容易成为利益集团追求利益的工具。❸ 经营者交换价值的实现就意味着使用价值的让渡，其机会成本（opportunity cost）就是指对可能是最有价值的另一种选择成本的放弃。❹ 经营者对商品自然价格和市场价格所形成的消费者剩余的争夺和最大化，则和消费者的利益形成了

---

❶ 康芒斯. 制度经济学 [M]. 赵睿，译. 北京：华夏出版社，2013：128.
❷ 蒋悟真. 论竞争法的基本精神 [M]. 上海：上海三联书店，2008：186.
❸ 费恩塔克. 规制中的公共利益 [M]. 戴昕，译. 北京：中国人民大学出版社，2014：6.
❹ 波斯纳. 法律的经济分析 [M]. 蒋兆康，译. 北京：中国大百科全书出版社，1997：14 – 15.

角力态势。

（一）利益排序

法益衡量首先取决于价值秩序。当法益发生冲突时，应当对具有明显价值优势的法益予以保护。如果二者位阶相同，一方面应当衡量受保护的法益被影响的程度，另一方面还要考量拟作出让步利益的损害程度。❶ 各种价值之间并不具有通约性，但依然存在价值差异。在个案中进行价值衡量并不是对原被告利益的简单称重，而是要综合竞争行为所涉及和影响的多种利益，并将其纳入双方综合衡量。毕竟对一个社会而言，没有哪一种价值是绝对的，对于任何价值的保障和维护，都是相较于其他价值。❷ 在互联网竞争环境下，存在多方利益的冲突，应通过价值比较的方式来对需求正义进行比较。在诸多广告屏蔽软件案件中存在诸多利益：经营者利益、消费者利益（用户体验）、公共利益（技术创新），采取利益比较并排序的方式，决定屏蔽广告行为的正当性，两利相权取其重，体现了市场竞争中正当性判断的独特进路，而独立于侵权要件的判断思路。以互联网相关案件判决中诸多应用为例，基础软件之间所体现的价值会有所不同。"互联网安全软件，负有保障用户上网安全的重要职责，在没有不正当目的且有一定依据的情况下，对涉案网站进行访问风险提示并无不当。"❸ 包括随着技术的创新，安全软件的功能不仅仅局限于最初的监控、查找、防御、清除计算机病毒、木马等有危害的程序等基础安全防护，而是发展成为具备多种辅助用户功能的程序，包括计算机软件管

---

❶ 卡尔·拉伦茨. 法学方法论 [M]. 陈爱娥, 译. 北京：商务印书馆, 2003：285.

❷ 熊秉元. 法的经济解释：法律人的倚天屠龙 [M]. 北京：东方出版社, 2017：122.

❸ 北京市西城区人民法院（2015）西民（知）初字第 00506 号民事判决书。

理、用户体验优化等辅助管理功能。❶ 人们对于安全软件的需求，会高于对其他应用软件和基础软件，这就导致其价值的提高，从而完成利益先后顺序的排列。

若按照需求排序，不同个人的需求价值各不相同。一方面，对于不同层级的个人，其需求价值的体现各有不同；另一方面，即使处于同一层级中但拥有不同属性的个人，其需求价值的体现也有不同。互联网竞争当中，经营者的获利等需求所体现的价值要小于消费者获得良好的商品或服务的价值需求；另外，流量中所负载的有关对带有个人隐私的数据信息的保护需求排序应当先于其对商品或服务的需求；若按照需求溢出排序，需求溢出越多，代表这个需求的正义性就越强，那么它的价值排序就越靠前。互联网用户使用广告屏蔽软件的主要目的在于排除电脑病毒和恶意程序的威胁、降低不良内容广告的干扰、减少不必要的网站浏览时间、避免网页广告过多、保护个人隐私信息和预防未知方对于网络足迹的追踪。❷ 相较于提供插播广告内容的提供商，消费者对广告屏蔽软件提供商的需求溢出较多，其价值排序就靠前。针对用户的这种需求，网站可以通过与广告主共同研究新颖广告形式、创新广告内容，来激发互联网用户对广告的兴趣，或者主动采取创新技术对广告屏蔽软件进行反屏蔽，或主动帮助用户过滤问题广告等手段来提高需求溢出；若按照需求人的社会价值排序，则需求人的社会价值各不相同。

社会贡献优先原则中，个人的社会价值根据其作出的社会贡献来确定。互联网时代技术的迭代性非常之快，新旧技术对社会

---

❶ 北京市西城区人民法院（2015）西民（知）初字第16836号民事判决书。
❷ Matthew Cortland. 2017 Adblock Report [EB/OL]. (2017-02-01) [2019-10-14]. https://pagefair.com/blog/2017/adblock report/.

贡献的指数高低一目了然；未来价值标准按照人的未来价值确定社会价值，未成年人的社会价值高于成年人。因此，对未成年人的权益保护的力度要大于对成年人的权益保护；若按照需求人数排序，由于这一标准的适用具有严格的条件，只有当运用上述标准无法完成价值排序，需求人数排序才有价值，换言之，这一排序标准仅是上述标准的辅助。如果以简单地数人头代表对公共利益评估的话，公共利益的潜在功能会遭到破坏。人数的多寡并不能代表正义的压倒性优势，并且人数会在一定时间内发生变化。鉴于此，在识别公共利益的过程中，适用需求人数标准要尤为慎重。

（二）利益平衡

法益保护的论证不应当是绝对权保护的思路，而应当遵照利益平衡的原则。法益侵害不能直接判断行为的违法性，正是由于法益的归属和排除效能都不明确，所以只能根据个案情况由法官进行利益权衡之后，才能决定行为是否构成对利益主体的侵害，利益主体能否请求排除侵害。❶ 法益保护的重点是对被告的行为方式是否造成他人利益受损、主观是否故意实施侵害行为和行为后果是否违背公序良俗等多方面的综合衡量，不是判断被告是否尊重了他人"法益"。❷ 与法益保护相对应，绝对权保护的重点是对权利的范围和边界进行划定，而不是研究被告的行为，不论其行为方式如何，造成什么后果，只要诉讼中的行为在绝对权的适用范围内，并侵害或妨碍了此绝对权利的行使，就可以将该行为判

---

❶ 于飞．侵权法中权利和利益的区分方法［J］．法学研究，2011（4）：8．
❷ 王泽鉴．侵权行为法［M］．第1册．北京：中国政法大学出版社，2001：285．

定为侵权，其原理在于绝对权所拥有的支配和排除效力。❶

（三）比例原则

比例原则是在利益发生互相冲突时，进行协调和平衡的工具。运用这一原则时，要通过考察行为、手段等方式对冲突利益的影响，从中选择两种利益，进行客观性和实操性论证，以实现最大限度的兼容。比例原则由妥当性、必要性、均衡性三个子原则构成，妥当性体现在采取的措施须以实现追求的目的；必要性体现在采取的措施须避免给其他人造成更大伤害；均衡性体现在采取的措施和追求的结果成比例。应在个案中进行具体分析，选择出有利于合理实现目的的方案。❷

三、利益衡量标准适用的局限

利益衡量是指在个体利益与公众利益之间的权衡，以寻求在各方利益中最妥善的平衡，实现最大限度的公平正义。法律的功能是处理价值冲突，未必是追求公平正义。❸ 因为每个人都有自己的评价标准，只有法律才能呈现出相对公平的态势。这种经过有意选择的立法，本身就是一种处理价值冲突的成果，在各种利益之间取得一定意义上的利益衡平。将利益衡量的概念引入司法判决，是对现有法律解释的多角度的补充，对实践中社会利益个体及群体的多方位考量，是一种司法思维模式的创新，但其也存在一些局限：我们难以把握损害常态所到达的程度，消除价值判断的主观性。

---

❶ 刘维.论反不正当竞争法对知识产权补充保护之边界 [M]. 北京：法律出版社，2017：70.
❷ 余军."公共利益"的论证方法探析 [J]. 当代法学，2012（4）：22.
❸ 熊秉元.法的经济解释：法律人的倚天屠龙 [M]. 北京：东方出版社，2017：3.

（一）损害常态的判定难以把握

上文中已经论证过，竞争的结果必然造成利益损害，但对于利益衡量来说，损害常态并不能解决利益孰轻孰重，以及何种利益遭受的损害更为严重的问题。经营者的损害作为竞争的附随特征必然出现，不应当作为不正当竞争行为的要件予以考量。但损害的程度对司法的认定确实产生过较大影响，在德国最高法院审理的"电视精灵案"中，法院认定竞争必然会对竞争对手产生影响，只有在考量多重因素的情况下，才有可能对某一单独的竞争行为作出认定。法院认为广告屏蔽装置构成了被告商业创意和商业效果的核心，如果禁止的话，将会危及被告企业的生存，如果允许其继续生产和销售的话，只是加重了原告的经营负担，并未威胁其生存，这一论证思路是以竞争者的生存不受威胁为底线。❶从竞争行为本身出发，深入考察该行为对竞争对手各自利益的影响，已经脱离了简单的利益衡量原则。此时利益只是构成了衡量时的一个要素，竞争行为损害后果的区分就变得十分重要，但这一区分需要秉持竞争自由的理念，并充分考虑到消费者、经营者和其他市场参与者的利益。

（二）价值判断的主观性较强

利益由需求和价值两个要素构成。❷在商业竞争中，利益更多地体现为竞争行为所涉及的各方需求的满足和价值目标的体现。以互联网平台企业为例，其利益直接表现为互联网平台规模的扩大、投资和回报的因果关系等，价值目标体现在平台的良好运行秩序；对于平台内经营者，其利益表现为竞争优势的建立和交易

---

❶ 孔祥俊. 论反不正当竞争的基本范式 [J]. 法学家，2018（1）：50-68.
❷ 乔尔·范伯格. 对他人的损害 [M]. 方泉，译. 北京：商务印书馆，2013：38.

机会的获得，价值目标体现在提供的商品或服务交换价值的实现；对于平台用户，其利益表现为优良商品或服务的获得，价值目标体现在使用价值的实现。在互联网竞争中，对于利益的追求亦体现着人们对于价值的判断，在合一公司诉金山公司一案❶中，法院将互联网企业的利益表述为"吸引并维持用户"❷，对于原被告双方而言，用户数量、用户忠诚度、用户留存度等流量指标都是获得市场份额、获取利润的基础。

在反不正当竞争法中，利益的受损方并不一定会因为这种利益应受保护，而获得救济或补偿。商业机会并非法定权利，交易的达成遵从交易双方共同的意愿，而不是取决于单方意愿，因此他人拥有争取交易机会的权利。竞争者争夺商业机会是竞争的常态，能者多劳、劳而多得也是自由竞争提倡的。利益受损方要想获得补偿，必须证明竞争对手采取了不正当竞争的行为，如竞争时不诚实守信，使用虚假信息，违反商业道德，此时才会触及绝对权使用范围，竞争行为才会为反不正当竞争法所禁止。❸ 而消费者利益这一概念，在互联网领域体现为互联网用户的利益，社会公共利益也成为判定不正当竞争所必须考虑的重要因素。对于互联网领域内的不正当竞争案件，应当通过综合评估相关行为对网络服务提供者的利益、互联网用户利益和社会公共利益的影响，根据案件的具体情况，对这些利益审慎平衡再作出判断。❹

---

❶ 北京市第一中级人民法院（2014）一中民终字第3283号民事判决书。
❷ 倪斐. 公共利益法律化研究［M］. 北京：人民出版社，2017：20.
❸ 最高人民法院（2009）民申字第1065号民事裁定书。
❹ 北京市西城区人民法院（2015）西民（知）初字第506号民事判决书。

第二节　流量的消费者属性

流量就其本质而言，是访问者对其网络选择的数据化体现，带有强烈的个人色彩，而反不正当竞争法中将损害消费者的合法权益作为判定互联网不正当竞争行为的要件之一，众多案件也将对消费者的侵害作为互联网不正当竞争行为判定中的重要因素之一。在相关利益的考量中，传统不正当竞争理论当中的消费者以及网络中的流量访问者，往往容易被忽略。流量中蕴含的"人"的要素能否实现和消费者身份的统一，决定着在对流量的损害和消费者利益损害之间能否架设桥梁，最终实现流量成为判定互联网不正当竞争行为的新角度或补充。

一、互联网流量与消费者身份的统一

（一）消费者身份的认定

以流量作为互联网不正当竞争行为的判定标准，其前提是消费者身份的认定。这一概念不明晰的话，将会导致法律缺乏确定性和可操作性。根据《布莱克法律词典》❶ 和《牛津法律词典》❷ 对消费者的解释可以看出，在整个经济背景下，消费者的概念强调了消费与生产之间的关系，消费者主体与消费者对象之间的关系。❸ 在立法操作中，大多数国家采取类型化的方法，以消费者概

---

❶ 消费者就是指购买了产品或服务以供个人或家庭而使用的非转售的个人。参见《布莱克法律词典》。

❷ 消费者是指购买、购买和使用包括住房在内的各种商品和服务的个人。参见《牛津法律词典》。

❸ 王宏. 消费者知情权研究［M］. 济南：山东人民出版社，2015：23.

念为核心，在法律条文中作出明确规定。

1. 主观目的标准

根据《西班牙保护消费者及其使用法》第1条❶中对消费者的规定可以看出，对于消费者身份的认定，有的是从主观动机或目的进行判断，即把生活消费作为判断的根本目的。虽然我国《消费者权益保护法》对消费者没有明确界定，但第2条所保护的权益仅限于"消费者需要购买，使用商品或接收商品的范围及日常消费服务"。以上规定仅出于主观目的，并不规范消费形式。但消费动机有时候很难通过消费行为进行推知，即便是所谓的职业打假人也会为了生活需要进行消费。

2. 主观目的排除

消费形式的多样化导致消费目的的模糊，将商业目的反向排除的方式保证了最大范围涵盖消费者身份。《欧盟不公平商业行为指令》❷将消费者定义为"任何不参与本指令规定的贸易、商业、技术或专业的商业活动的自然人"；根据《德国民法典》，消费者是指所有不以商业或独立专业活动为目的而采取法律行为的自然人；《澳大利亚竞争与消费者法》❸将消费者定义为"由行业内经营者提供或可能提供产品或服务的个人"；《英国保护消费者免受不正当交易条例》将消费者定义为"与商业活动相关且不为商业目的进行活动的任何个人"。在互联网环境下，所有消费者行为都

---

❶ 消费者是从官方或私人或团体购买其生产、制造或提供的产品或服务以供最终消费的自然人或法人。参见《西班牙保护消费者及其使用法》。

❷ Directive 2005/29/EC of the European Parliament and of the Council of 11 May 2005 concerning unfair business-to-consumer commercial practices in the internal market and amending Council Directive 84/450/EEC, Directives 97/7/EC, 98/27/EC and 2002/65/EC of (EC).

❸ Competition and Consumer Act 2010, No. 51, 1974. Compilation No. 118. Part IVB Industry codes, Division 1 Preliminary, Section 51ACA.

是通过流量的形式体现，传统的使用商品或接受服务的方式只是构成了网络经济中消费的后续环节。各国立法通过对消费目的的正反向区分无可厚非，但对其自然人或法人主体身份的限定却不能为其权益的保证提供任何助力。上文中提到，互联网用户的注意力是稀缺资源，互联网经营者提供商品或服务只是为了获取用户的注意力。传统的线下交易只是货币和商品之间的交换，而在互联网环境下，即便存在线下交易作为后续环节，互联网经营者也不可能凭空获得流量来完成线下后续环节。注意力构成了互联网经济中的"货币"，其支付方式就是流量的产生和获取，而互联网用户自然就完成了和消费者的主体和行为的完美对接。从行为上说，互联网上的一次点击，就完成了一次消费，即便是一次错误的点击，用户也已支付了耗费时间成本的注意力，互联网用户必然存在"消费"行为。

3. 不同法律中的消费者概念

在讨论不正当竞争给消费者带来的利益损害时，首先要明确消费者的指向范围。首先，在反不正当竞争法中，"消费者"的概念通常是指"一般消费者"，而在消费者权益保护法中，消费者通常是指个人消费者，更加具体；其次，反不正当竞争法中，消费者是一个偏向于上层建筑的概念，指的通常是消费者群体的利益，而消费者权益保护法关注的通常是个别消费者的权益保护；最后，反不正当竞争法从维护竞争秩序的角度来保障消费者权益，而消费者权益保护法更加侧重从防止消费者的权益受到侵害的层面加以保护。一般来说，如果消费的内容与生活需要无关，尽管也存在交易行为，但不能算作消费者的消费。然而笔者认为这样的认识存在逻辑漏洞，因为如果按照这种消费内容是生活所需来界定消费者的身份，那么在网络交易中显然是行不通的。互联网空间（cyberspace）具有价值，并通过可为或不可为的行为或生活来彰显价值。❶ 在竞争法意义上，互联网消费者应当定义为向互联网经营者支付注意力的个人。

哈耶克指出，人对于规则的遵循是潜移默化的，都有某一特定文化中成长的印记，即"规则的影子"。❷ 人的概念通过人所享有的权利能力来体验。个体本能追求利益最大化，并且也享有运用自己的知识、经验和技能寻求个人利益最大化的权利，在人性问题上，法律并不禁止个人"利己主义者"的形象设定，也不阻止个人实施的投机行为，消费者的角色设定从来就不是"利他主义者"。同样，消费者的主体设计也丝毫不能改变个人选择中的特殊癖好。消费是人本能的行为，是展示自身存在的方式，而不是个人品质的决定因素。大众的生活经验不能作为拒绝将性格怪诞、不符合大众观点的人纳入消费者的依据，从人性的角度而言，我们应当尊重个性多样性，法律也应该站在公允的角度，对这种多样性持宽容态度。

确定消费者所代表的群体，是为了构建供需之间的平等关系，同时确立不同"人格体"进行社会活动时的基本价值观，奠定交易行为中的基本模式。在市场中，一般消费者实际上失去了自主选择交易对象、自由确定交易内容的权利。市场交易出现了"从契约到身份"的逆转，不再是以价格为中心。竞争秩序的基础之一就是交易各方地位平等，这种地位平等是从法律形式、经济模式、知识模式等多角度的衡量，"消费者"这个概念系统展示了社会主体经济的地位变迁，而对应的法律形象正回应了这种地位改变。消费者并非独立的个体，相反，消费者是消费者群体的一分

---

❶ Lawrence Lessig. CODE 2.0，Bisic Books [M]. New York，2006：85.
❷ 弗里德利希·冯·哈耶克. 法律、立法与自由 [M]. 第一卷. 邓正来，译. 北京：中国大百科全书出版社，2000：18.

子，必然存在所属群体的特征，一定是社会的、集体的。消费者不是单纯的个人的叠加，而具备多样性的集体人格。因而，对消费者的内涵分析应当具有一般性，抽象出"一般消费者"的概念来分析并应用之。❶ 定义可以告诉我们如何使用其现象类型与其他现象之间的关系。❷ 经过对消费者定义的讨论和分析，我们不难发现，流量中所包含的主体范围大于消费者的范围，这一身份的扩展使得我们在论证流量的主体属性时，更多地从其和消费者属性的统一性展开。

（二）互联网流量与消费者要素的契合

消费者是一切经济活动的最终归宿。❸ 在竞争理论发展的早期，消费者保护只被视为市场竞争的副产品。❹ 在市场经济环境下，经营者所对应的主体只可能是消费者，经营者之间争夺的竞争利益，其指向也只能是消费者，这是由市场供需的基础理论决定。高水平的消费者保护可以增强消费者的信心，而同等力度的保护措施将会激励经营者参与市场竞争。❺

1. 流量代表消费者个人的意志

互联网环境下信息的丰富和不对称，使得消费者需要付出成本来完成有价值信息的搜寻，即便仅仅是指时间成本。消费者对特定网站的访问，代表着消费者的个人意志，所产生的流量亦有

---

❶ 谢晓尧. 消费者：人的法律形塑与制度价值 [J]. 中国法学，2003（3）：14-22.

❷ 哈特. 法律的概念 [M]. 许家馨，李冠宜，译. 北京：法律出版社，2011：13.

❸ 孙向齐，杨柳. 反不正当竞争法的局限与完善——以规制网络市场竞争行为为例 [M]. 北京：法律出版社，2016：248.

❹ 博德维希. 全球反不正当竞争法指引 [M]. 黄武双，刘维，陈雅秋，译. 北京：法律出版社，2015：4.

❺ C. M. D. S. Pavillon. The Interplay between the Unfair Commercial Practices Directive and Codes of Conduct [J]. Erasmus L. Rev., 2012（5）：267.

此特征。即便是消费者受到错误信息的误导，进行网络访问，其中所产生的流量亦代表着消费者"错误"的个人意志。在传统经济中，消费者个人的意志一般属于主观范畴，我们只能从其消费行为进行推断；而在互联网经济中，消费者的点击访问行为所形成的流量，就代表着消费者个人的意志。这是消费者含义在互联网语境下的扩张。流量代表消费者个人的意志，表现在互联网产业中，就是消费者点击或访问目标网站的意愿得以实现，代表消费者请求的流量数据能够到达目标网站的服务器，最终在线上或线下获得其所选择的产品或服务。流量的传输如未发生技术故障，将会到达经营者的服务器，这是消费者个人意志的动态体现；随后，流量数据将存储于经营者的服务器中，流量数据的存储、开发和利用，已经在先得到了消费者的许可，这是消费者个人意志的静态体现。目前法律对于个人流量数据和二次开发的大数据的归属并没有明确规定，但消费者个人意志要素能在厘清对流量的获取和利用行为的正当性时，提供助力。

2. 流量体现消费者个人的选择

在传统经济中，消费者个人选择体现为根据自己的意愿选择经营者进行平等交易。在互联网经济中，消费者的个人选择只能通过流量来体现。在各种商业模式中，我们可以清晰地看到这种选择：免费商业模式下，经营者提供产品或服务，消费者再以流量的方式将注意力作为对价支付，以获得产品或服务，经营者再将消费者的注意力过渡给广告主，获得实际收益，这一过程中流通的硬通货就是体现消费者个人选择的流量；平台商业模式下，平台经营者或平台内经营者提供的服务或产品呈现趋同化的趋势，产品或服务的价格、交易对象、交易条款等都是经过程序设置，消费者个人的选择只能是通过网络访问来实现，所形成的流量构成了消费者对经营者交易邀约的选择——承诺，消费者个人的选择在互联网经济中已经简化为"点击"或"关闭",这是由生产成本的降低和规模效应的显现所决定的。即便是由于经营者提供失真信息或消费者由于信息不对称,产生违背其真实意思表示,形成访问流量,那也代表其个人选择。个人选择和真实意思表示是否一致,是我们探讨流量作为不正当竞争行为判定标准的另一个基点。从某种意义上也可以说,互联网流量是消费者客观选择行为的结果。

3. 流量负载消费者的个人利益

竞争更多地体现为经营者之间的你死我活或优胜劣汰,流量对经营者来讲体现为收益、商业机会、竞争优势和商业信誉。但经营者获得商业机会,意味着消费者获得商品或服务,流量的产生和起点应当是消费者。首先,流量中所包含的注意力资源,对于经营者来说属于稀缺资源,流量的产生意味着注意力资源分配的方向和目标。其次,流量中含有消费者的浏览、交易、消费习惯,对流量中这些信息数据的获取,能够帮助经营者完成消费者消费行为画像,使其精确掌握消费者剩余的边界,完善其定价,经营者之间实现非共谋的垄断机制,市场供需机制丧失作用空间。最后,流量中含有的消费者部分个人信息,构成了消费者个人隐私。互联网用户基于向他人提供信息的行为,有权了解他人使用自己信息的方式、范围,并对不合理的使用行为予以拒绝。[1] 这些信息有些来自消费者个人,有些来自大数据分析,它们能够作为大数据的基础数据,帮助经营者完成经营行为的校正和经营方向的调整,经营者通过这些数据的利用和共享获得现实收入,因此,这些信息带有消费者个人人格和财产的双重利益属性。

---

[1] 北京市海淀区人民法院(2015)海民(知)初字第12602号民事判决书。

二、消费者利益构成与消费者地位的演变

(一) 互联网环境下消费者利益的构成

所有的市场活动中,消费者是一切要义的中心角色,没有消费者,一切经济活动都将无从谈起,所有的商业利益和商业价值都是空谈。市场应该尊重消费者,法律更不能忽视消费者的相关权利和权益,这些权利构成完整的体系。1962年3月15日,时任美国总统肯尼迪在国会咨文中描绘了消费者权益保护的远景,时至今日,消费者权益保护已经发展成为八项具体权利❶。在互联网环境下,能够和互联网竞争行为产生直接关联的权益,包括消费者的知情权、自主选择权和隐私权。

1. 消费者知情权

消费者知情权是指消费者能够在获得真相的基础上作出选择,以避免广告和标签的欺诈或误导。知情权是消费者最基础的权利,因为消费者只有在掌握了商品的真实属性和商品交易的真正原则,了解到充分、准确的相关信息后,才能更好地进行选择和消费行为。但是在实际的交易过程中,消费者常常处于不利的地位,信息也经常不对称,甚至有大量偏差。日本政府在《关于保护消费者的咨询答复》中,将消费者知情权表述为:消费者有权利掌握和知晓要购买的商品或者采选服务的真实价格、具体内容、真实质量、以往价格,等等。❷ 消费者知情权的要素应当包括对消费者主体的尊重和保证消费者掌握足够多的、准确的信息,如性能、质量、价格等。

---

❶ 消费者权益保护八项具体权利包括基本需求满足权、安全保障权、知情权、选择权、建议权、求偿权、消费者接受教育权、健康生活权。
❷ 王宏.消费者知情权研究[M].济南:山东人民出版社,2015:13.

在传统经济中，消费者和不同行业的经营者同时发生联系存在时间和空间的障碍，且行业的鸿沟对于消费者具有隔绝的影响，这一隔绝充分体现了竞争关系这一要件的长久存在和绵延传承。在传统交易中，缺乏信誉和诚信精神的经营者总是利用信息的不对称向消费者隐瞒或伪造商品或服务的信息，以及经营者的线上信息。消费者获取信息的渠道较少，经营者的信息也易于隐藏或伪造，要想解决互联网交易的信用和安全问题，首要问题就是对消费者的知情权进行有效保障。❶ 在司法判定中，对消费者知情权的探究是一种法律事实的推测，消费者在传统经济和互联网经济中有着不同的能力，表现为不同的知情权的实现。在评价广告宣传是否构成误导时，证明其具有误导消费者的可能性至关重要。在这一方面，是否将消费者作为研究对象，作为一般意义上了解情况的个人或专家，具有很大的区别。在评判广告宣传误导消费者的可能性时，我们应当秉持消费者不属于不合理的谨慎，也不属于完全的粗心和过失。在互联网环境下评价是否存在误导消费者的信息时，我们应当考虑在线消费者具有专门的认知能力、感知能力和行为能力。在 2003 年布拉格高等法院的裁决中，法院在评价在线消费者对域名的认知能力时认为，互联网用户了解互联网网址中每一个字母和数字的重要性和域名中对准确性和精确性的需求，其不同于在传统线下商店中购买商品的消费者。法院认为互联网一般用户应当了解域名使用中的精确性原则。❷

在互联网环境中，信息呈几何数级增长，消费者对信息甄别

---

❶ Meirong Guo. A Comparative Study on E‑Commerce Consumer Right to Learn the Truth: Policies of Major Legal System [R]. International Conference on Engineering and Business Management, Scientific Research, 2011: 2497.

❷ Radim Polcak, Stone Roots. Digital Leaves: Czech Law against Unfair Competition in the Internet Era [J]. Rev. Cent. & E. Eur. L. 155., 2008 (33): 165–166.

和选择早已分身乏术。信息供给的不对称，使得消费者虽然具有主动的选择机会，但因为这种信息的不对称导致的诱导流量、虚假流量的竞争行为，使消费者知情的基础被篡改，消费者需求反应市场机制的作用被扭曲，更有甚者，暴力控制流量的行为，将消费者的知情权、选择权直接废除。对于控制流量的竞争行为，流量的访问是不受消费者控制的，消费者的知情权和选择权均不存在实现的基础；对于诱导流量的竞争行为，正是因为经营者提供信息的不真实，才会诱使和误导消费者作出虚假或错误的选择，从而产生流量；虚假流量的产生，对消费者知情权也造成了侵害。流量代表着产品或服务的提供数量，间接反映了产品或服务的质量，同时，还可能负载消费者的评价信息。流量和评价信息的失真，将会使消费者获得错误的产品或服务信息，其选择权也难以自主公平地实现。

2. 消费者自主选择权

自主选择权是指消费者能够从大量的商品和服务中进行选择，享受到以公平的价格购买优质产品的权利。消费者对产品或服务及提供主体的选择代表的是市场需求，而自主选择就是市场需求的正常反应，如果消费者的选择权遭到抑制或扭曲，则市场供求信号就会失真。消费者的选择权具有以下作用。首先，消费者行使选择权能够促进竞争。消费者不是被动接受产品或服务，其有权决定选择经营者和其提供的产品或服务的类型。消费者选择权作为竞争的指挥棒，引导着经营者改善经营、改进技术，以满足消费者的需求，最终获得其选择。消费者选择权引导下的自由竞争，并不需要法律的介入，如果经营者提供的产品或服务难以获得消费者的认可，市场机制发挥作用，经营者只能选择改进产品或服务、优化商业模式，或者被淘汰。消费者选择权构成了消费者利益的表达入口和关键环节，互联网环境中的流量，如果代表了消费者选择权的正常行使，自然能够起到引导市场竞争的正向作用。

其次，消费者行使选择权可以制约经营者权力滥用。经营模式的创新和实施属于经营者的经营自由，通过竞争获取商业机会和压缩消费者剩余，都是经营者获得经济利润最大化的手段。但在经营者提供产品或服务的过程中，消费者通过价格体验和消费体验来决定选择权的行使，以限制经营者对经营自由的滥用。在传统经济时代，货比三家、价比三家成为消费者价格体验的主要方式，以决定选择权的行使；但在互联网经济环境下，信息的不对称使消费者失去了对产品或服务的直观接触，无法进行价格体验和选择；而行为数据画像又使得经营者对消费者剩余了然于心，能够榨干消费者口袋里每一个铜板，这种未经共谋的垄断现象使消费者的选择权成为一种虚设。在提供视频服务的行业里，"免费视频+广告"的商业模式比较盛行，经营者为了盈利，通过频繁弹窗广告、延长广告时长等方式，损害消费者的观看体验。消费者选择安装屏蔽广告软件，可以在一定程度上减轻经营者滥用权力，但国内的多数司法判决并未支持消费者的此类行为，而将提供屏蔽广告软件的行为认定为不正当。

消费者选择权的行使必须以知情权为前提。如果存在更低的价格或更优的商品，且超过信息收集的成本，消费者将进行外部信息搜寻。❶ 消费者在消费的过程中，可以进行自主选择的基本前提是，充分掌握了商品或者服务的具体信息，如价格、质量、后期维护等，即掌握了知情权。二者相伴相辅，对促进消费者的消费积极性有很大关系，也是市场上各商家、各大竞争对手之间公平竞争的基础和前提条件。顾客就是上帝，在互联网时代，产品

---

❶ 戴维·L.马瑟斯博，德尔·I.霍金斯.消费者行为学［M］.陈荣，许销冰，译.北京：机械工业出版社，2018：370.

和服务信息的充斥使得消费者在面对强大的经营者时，无法对产品或服务的质量、成分等内容进行全面、客观的评估和判断，在行使选择权时容易受到限制。我们应该继续尊重和保护消费者的权益，促进市场的公平交易和竞争。经营者和消费者之间存在天然的不平等关系，经营者往往掌握了更多的信息，如生产信息、销售策略信息、系统信息等，而消费者能看到的就只有经营者愿意呈现给市场的信息。

3. 消费者隐私权

隐私权是一项重要的权利，是人权的一种。隐私其实是相对的，没有绝对的存在，它会随着社会的发展和时间的迁移，不断地变化更新概念；也会随着场景的不同或切换而不具有特定性。美国法院主流判决确定了四种不同类型的侵犯隐私权的行为：对他人隐居的不合理侵扰、对他人姓名或肖像未经许可的使用、对他人进行虚假宣传报道和对他人私生活不合理的宣传报道。❶ 互联网环境中的消费者隐私权是指消费者作为信息和信息持有者，在网络活动中对与其活动、消费有关的各类信息拥有可支配的权利。具体包括消费者的浏览行为习惯、交易消费习惯和含有个人身份信息的账户，等等。数据保护的理念与隐私概念以及所在网络密切相关，数据保护的核心概念是个人有权控制能够确认其身份的数据的收集和使用（个人数据）。网络隐私的一个重要问题就是隐私和数据保护之间的确切关系，重要的数据保护原则能够从人类隐私权中直接推导出来。在网络经济中，在满足了知情权和选择权要件的情况下，流量代表了消费者真实的访问意愿，其提供个人信息是为了互联网互通互联的特性和经营者提供产品或服务之

---

❶ Lake v. Wal-Mart-Stores Inc., 30 July 1998, Minnesota Supreme Court, C7-97-263.

需，非为以上之目的，对流量中包含的消费者个人信息的使用和披露，均无合理性和正当性的基础。

在互联网环境下，个人信息的提供、朋友间生活的分享，这些内容都会被记录，并作为数据被存储下来，并被公私机构视作金矿，从中攫取利润。行为追踪、知产保护、健康监测、派系甄别和安全防控，对我们的个人数据的收集和使用并不仅仅停留在广告层面，而已深入生活，无所不在。❶ 流量数据中含有个人信息已经人尽皆知，经营者通过对流量数据的整合得出用户行为特点，预测行业趋势和行业热点，实现大数据的开发、利用和共享，具有很高的商业价值。互联网经营者都主张在对消费者的流量数据进行收集和匿名化的处理后，已经不构成对消费者隐私权的威胁和侵害，但事实并非如此。在互联网环境下，一个人无法做到不交流。只要产生流量，相关信息就有可能被添加到我们的"数字人生"中。❷ 数据画像的应用已经使传统意义上隐私权的客体变得不是那么清晰，经营者不需要知道你是谁，依然可以找到你。

在互联网追踪技术下，对于追踪的认定相当困难。追踪技术通过专门的设计，可以在消费者无法察觉的情况下在后台运行。在从事交易的过程中，用户仅能显露其真实信息，而无法人为操作系统。事实上，从消费者隐私保护的角度来看，目前最大的挑战是如何使追踪对消费者可见并警觉之。当消费者完成一笔互联网交易后，发现定向广告的投放，就能够推测到有人跟踪了其在线购买行为，仅仅删除定向广告并不能对追踪行为造成影响。在

---

❶ Terence Craig, Mary E. Ludloff. Privacy and Big Data [M]. Sebastopol：O'Reilly Media, Inc., 2011：44.
❷ 维克托·迈尔－舍恩伯格. 删除：大数据取舍之道 [M]. 袁杰，译. 杭州：浙江人民出版社，2013：112.

线追踪的终极目标是个性化服务的提供，网站经营者向被动的消费者选择预置的内容或广告，行业内也常常宣称，个性化服务除了有益于商业模式外，最终也会有益于消费者，这些内容是消费者想要的，观看定向广告也是符合消费者兴趣的。私人定制则是指消费者主动选择定制服务的方式。由于用户通过主动的选择，将其指示明确告知经营者，所以并不需要进行大规模的数据收集和算法计算，以生成预测文件。研究表明，在对出售杂货和提供新闻的两个网站进行比较发现，有 50% 的用户选择了定制服务，而只有 6% 的用户钟情于个性化服务。[1] 除了更为消费者垂青，且更有利于隐私利益，定制服务还能够提供更加准确的用户消费需求。有研究表明，相对于为个性化服务提供数据，消费者更愿意为定制服务提供信息。

（二）消费者利益在竞争法中的发展

1. 反射利益的地位

现代竞争法发端于法国判例法当中有关反不正当竞争的判决，其隶属于民法典中新的侵权责任的类型，即包括仿冒混淆、商业诋毁、虚假宣传和侵害商业秘密等行为。作为侵权类型之一，其构成要件当中主体要件仅为经营者，消费者无法涉足其中。而当时反不正当竞争法始终着眼于经营者利益，构成了竞争法上直接的保护法益。[2] 20 世纪 30 年代世界经济大危机的发生，使得竞争法关注的重点转向维护竞争和秩序。消费者运动的兴起，使学者和大众均认识到，消费者是法律承认经营者与消费者之间存在差

---

[1] Galina I. Fomenkova. For your eyes only? A "Do Not Track" proposal [J]. Information & Communications Technology Law, 2012, 21 (1): 642.

[2] 陈耿华. 互联网时代消费者在中国竞争法中的角色重塑与功能再造——兼论《反不正当竞争法》的修改 [J]. 江西财经大学学报, 2018 (2): 119.

异和不平等的产物，在消费者保护运动的推动下，竞争法的社会功能愈加显现，反不正当竞争法对消费者权益的保护也逐渐提上日程。各国虽将消费者权益纳入竞争法的范畴，但消费者权益保护法对消费者的直接保护和竞争法对消费者个体权益的忽略，使得"消费者在不正当竞争中是间接受害，损害性质为事实上之反射"❶的论断依然喧嚣不断。从狭义竞争关系的角度来说，经营者之间提供产品或服务的相同与不同，直接占据了法官的视野，而竞争行为致害对象的直接性和表面性，使大家形成错觉：反不正当竞争法保护的光辉直接照射的是诚实的经营者，并经由经营者反射至消费者，消费者只是经营者保护的副产品。❷

2. 直接保护的地位

市场竞争是一个争夺消费者的过程，消费者的获得意味着交易的开始和进行，对经营者意味着商业收益的实现、商业机会的开始、竞争优势的形成和商业信誉的积累。不正当竞争行为就是通过对消费者知情权和选择权的侵害，以改变消费者的购买决策，来获得竞争利益。此外，竞争关系从狭义向广义的过渡，考量因素从竞争行为向利益影响过渡，反不正当竞争法也从群体权益的维护，向市场管理维护转变。保护竞争而非竞争者，其中的竞争，更多地体现为竞争目的的实现，即消费者需求的满足和对竞争机制的正常作用。市场经济的"统治者"之一就是消费者偏好，即消费者可以根据自己的喜好，并以货币（包括注意力）来解决社会资源的最终用途。❸ 竞争行为之所以不正当，是由于其行为效果

---

❶ 李建荣. 欺罔或显失公平行为之禁止［M］. 台北：元照出版公司，2005：442.

❷ 陈耿华. 互联网时代消费者在中国竞争法中的角色重塑与功能再造——兼论《反不正当竞争法》的修改［J］. 江西财经大学学报，2018（2）：119.

❸ Christina Bohannan, Herbert Hovenkamp. Creation Without Restraint: Promoting Liberty and Rivalry in Innovation［M］. New York: Oxford University Press, 2012: 11-12.

对市场机制造成了扭曲，破坏了市场结构，但经营者和消费者构成了市场，考察市场机制的扭曲，必然要观察经营者或消费者受到的影响。❶ 在竞争法意义上，对竞争者的保护只是对相关利益考量后，对竞争后果和竞争性质判定之后的外观结果。竞争行为是否直接指向竞争对手，并不能成为判断其不正当的依据，而只要对消费者利益造成了损害，则难言其正当性。

3. 裁判者地位的形成

从判定竞争手段的不正当性来说，需要对其是否具有正当的经济依据进行考量。价格竞争的合理依据是社会成本价格和个人成本价格的比较，竞争行为应当是有利于成本的降低和社会效率的提高。但即便是单纯的价格竞争手段，由于信息的不对称，经营者能够了解每一个消费者对产品或服务价格的弹性，这种个性化的服务体验也能够最大限度地消除价格竞争，并挤压消费者剩余。技术措施的应用产生了以上变化，并对消费者需求信息产生了抑制，妨碍了竞争机制自发作用；在非价格竞争手段下，无论是技术、创新竞争，抑或组织、营销形式的创新，其合理的经济依据必然是复杂多变的市场需求，放置于个体即为消费者需求，这些竞争手段应当有利于消费者需求，如果对消费者权益造成损害，则竞争手段或竞争行为可被认定为不正当。

在互联网环境下，注意力经济的兴起使注意力成为稀缺资源，消费者作为这些稀缺资源的携带者，受到众多经营者的追捧。在市场中处于支配地位的消费者，成为一切经营活动的核心，获取流量成为互联网经营者生存或竞争制胜的法宝，即生产的唯一目的就是满足消费者的需求。互联网环境下的消费者已经摆脱了传统经济中的被动的"场外人"角色，能动地参与竞争机制，其逐

---

❶ 兰磊. 反垄断法上消费者利益的误用批判（下）[J]. 竞争政策研究，2016（11）：82.

渐以裁判者的姿态存在于不正当竞争行为的判定之中。❶ 在这一蜕变过程中，需要明确一个概念：反不正当竞争法视野中的消费者利益，并非个体利益，而是整体利益，是一种终极意义上的保护，而消费者权益保护法则是对消费者具体、特定以及直接的人身伤害和财产损失给予救济。二者之间如果不做区分，对竞争行为的区分和保护就会陷入消费者权益保护法的范围。

反不正当竞争法并不仅仅旨在维护经营者竞争行为的正当性，还关注于消费者利益的损害。不同于消费者权益保护法和合同法对消费者的保护，反不正当竞争法更多的是制止这种损害以恢复市场运行机制。反不正当竞争法中的消费者诉求独立于其他法律角度消费者的诉求和救济，且损害较之损失具有更宽泛的含义，它不仅包括对商誉、个人隐私及人格权等要素的损害，还涉及对连通性、信息流动和信息社会的信用等价值要素的负面影响。这些价值对仅存在于互联网上的商业机构尤为重要。如果信息或通信结构遭受损害，则其存在也立刻变得岌岌可危。因此，我们可以得出这样的观点：反不正当竞争法应当更多地关注互联网竞争行为。❷

第三节 适用流量判定不正当竞争行为的进路

一、流量要素在不正当竞争行为认定中的地位

消费者地位在竞争行为中的上升和凸显，为流量作为判定互

---

❶ 陈耿华. 互联网时代消费者在中国竞争法中的角色重塑与功能再造——兼论《反不正当竞争法》的修改 [J]. 江西财经大学学报，2018（2）：120.
❷ Radim Polcak, Stone Roots. Digital Leaves: Czech Law against Unfair Competition in the Internet Era [J]. Rev. Cent. & E. Eur. L. 155., 2008 (33): 162.

联网不正当竞争行为的一个角度，铺垫了坚实的内在属性基础；消费者要素在立法和司法中所获得的认可和保护，为流量的介入指引了方向；消费者在不正当竞争行为判定中的地位，为流量在互联网不正当竞争行为判定中发挥作用扫清了身份障碍。

（一）消费者在互联网不正当竞争行为认定中的作用

1. 不正当竞争行为认定中对消费者要素的依赖

任何一种不正当竞争行为都可以从消费者利益损害的角度进行把握。传统市场中的不正当竞争行为更多的是对消费者的诱导，在贬损竞争对手的同时，尽量虚构己方的实力，或者依附于竞争对手提供商品或服务的行为，进行仿冒，使消费者对经营者之间的不同产品或服务产生混淆。在上述情形中，对消费者的损害后果未必发生，依据消费者要素对不正当竞争行为进行判定，多是基于消费者权益受损的应然状态。在互联网环境中，竞争行为均以获取代表消费者注意力的流量为目标，以改变消费者的访问意愿为媒介，掠夺更多的竞争优势。互联网市场的技术特性使之区别于传统市场，消费者在互联网竞争行为中多处于被动的弱者地位，任一互联网不正当竞争行为均会对消费者利益造成影响。在竞争行为实施之时，对消费者的损害多处于实然状态。同时，不正当竞争行为认定中对消费者要素的依赖，体现在对相关竞争行为进行论证时，一定要考虑是否存在消费者利益损害的结果，但不能"为赋新词强说愁"，对消费者利益进行人为分割，将消费者损害结果由实然状态带入应然状态，或直接进入预测或妄想状态。在涉屏蔽广告软件不正当纠纷案件中，法院没有发现屏蔽广告软件的涉案功能对消费者利益造成的损害，而是对消费者的长期利益损害进行了展望，即由于屏蔽广告软件的存在，视频分享网站无法获得广告收益，将不能继续采购视频版权，最终损害广大视频消费者的利益。❶ 从众多判决中我们不难发现，法官对消费者权益的重视。从某种程度上来说，消费者群体利益的保障延伸了公共利益的长度和维度，正如反不正当竞争法所追求的目标，建立有序的竞争秩序，而这正是与公共利益相符的。❷ 在北京淘友公司诉微梦创科公司一案❸中，法院认为，一种行为如果损害了消费者的权益但没有对公平竞争秩序构成损害，则不属于不正当竞争行为。这种论证将消费者权益和公平竞争秩序对立，但我们无从发现二者对立的情形，因为公平竞争秩序与消费者利益是相辅相成、协调一致的关系。

2. 流量在互联网竞争正当性判定中的独特作用

一方面，流量之间不具有消费者的个体差异，满足一般消费者的认定标准。从流量自身的属性来讲，其个体的差异对流量的产生和获取并没有任何影响，流量仅表现为物理数据形式的一致性，在数据内容上的差异性对于流量的竞争并不影响。反过来讲，消费者的个体差异在互联网环境下流量的入口并无二致，只是选择不同的访问路径和目标网站，而这一选择所体现的物理结果和消费者的个体差异并无关联。一个孩子和一位老人访问视频网站所产生的流量，对于经营者的意义并无区别，而对上述流量造成的损害在竞争法的层面也没有细分的必要。此外，从竞争法对消费者的要求来说，也必须是一般消费者。作为判断不正当竞争行为的消费者，必须摒弃两极，只能是合理谨慎、理性的普通消费者。❹ 即便是存在经营者可预见的精神或身体缺陷，年龄或其他轻

---

❶ 上海知识产权法院（2016）沪73民终33号民事判决书。
❷ 北京知识产权法院（2015）京知民初字第13号民事判决书。
❸ 北京知识产权法院（2016）京73民终588号民事判决书。
❹ 陈耿华. 互联网时代消费者在中国竞争法中的角色重塑与功能再造——兼论《反不正当竞争法》的修改［J］. 江西财经大学学报，2018（2）：125.

信因素，存在容易受到竞争行为影响的特殊群体，一般消费者也应当是该消费群体中的一般成员。❶ 流量的无个体差异性，完全契合不正当竞争行为判定中一般消费者的要求标准。

另一方面，流量中包含的多重利益，使之具备了利益衡量操作的基础。竞争的本质是一种带有侵害倾向的行为，市场主体对竞争者的一般性侵犯符合竞争的本质。如果某领域的竞争行为被认定具有违法性，必须综合考量各方面因素之后再作结论。利益衡量，重点是针对相关法益进行衡量。竞争导致获得流量的此消彼长，代表着竞争者之间利益的动态变化，流量的归属和经营者获取流量的手段代表着流量中的消费者利益。互联网技术手段的创新和特定软件的应用对流量的介入，可能代表着公共利益的生成。流量中众多利益的交织为利益衡量操作提供了理想版本，流量对经营者来说，如果在自由竞争中产生冲突，很难直接分出竞争双方的法益孰轻孰重。在判断冲突各方的行为是否违法时，需要借助利益衡量的规则。

无论竞争行为的正当与否，在市场竞争中始终存在多重利益。竞争者、消费者等相关主体利益和公共利益交织在一起，贯穿市场竞争的始终。利益是竞争行为的最终指向，企业逐利的天性决定着一切的竞争行为都是围绕利益展开，利益的衡量指导着市场主体的决策和具体行为。从利益衡量的角度对不正当竞争行为进行评判，契合于反不正当竞争法保护各方市场主体合法权益的立法目的。法官对于反不正当竞争案件的处理实质上也是在平衡各方利益。

---

❶ Directive 2005/29/EC of the European Parliament and of the Council of 11 May 2005 concerning unfair business – to – consumer commercial practices in the internal market and amending Council Directive 84/450/EEC, Directives 97/7/EC, 98/27/EC and 2002/65/EC of (EC), art 5.

(二) 消费者要素的法律评述

反不正当竞争法的最初立法目的是保护诚实的经营者，其立足私法，借助侵权行为法来实现立法目的。反不正当竞争法和侵权法、知识产权法关系密切，究其原因：一是起源于侵权法的保护模式更多的是基于侵权行为构成要件，对侵权行为主体进行论证，以判断是否构成不正当竞争；二是不正当竞争行为的损害后果和知识产权法客体损害的效果比较相似，像仿冒和混淆，更多的是对提供产品或服务经营者的混淆或仿冒，但这种对利益的保护在程度范围上弹性较大，不具有权利的刚性。另外，不正当竞争行为类型的多样性和差异性，在法律上难以形成统一的客体，也就不存在类似客体的分类，需要个案考量。伴随着消费者运动的兴起，许多国家将消费者保护和公共利益保护引入立法目标，考量不正当行为的视角由个别受害者转到整个竞争秩序❶，逐步实现反不正当竞争法向市场管理法的转变，其更多的是和反垄断法一起完成对竞争秩序的维护。在反不正当竞争法的立法领域，世界各国主要在两个方面加强消费者要素：一是明确对消费者利益的保护，二是将消费者利益要素作为判定不正当竞争行为的标准。

1. 明确对消费者利益的保护

《巴黎公约》中引入了"公众"的表述，但在第 1 条和第 2 条中将工业产权作为保护对象，其所保护的个人权利也是相互竞争的经营者的个人权利，消费者利益仅仅是不正当竞争行为认定中的副产品。❷《欧盟不公平商业行为指令》重在对商家侵害消费者的商业行为进行规制，即 B2C（Business to Consumer）行为。但对

---

❶ 王晓晔. 竞争法学 [M]. 北京：社会科学文献出版社，2006：11-12.
❷ 博登浩森. 保护工业产权巴黎公约指南 [M]. 汤宗舜，段瑞林，译. 北京：中国人民大学出版社，2003：95.

于商业行为产生损害后果的逻辑顺序，不公平商业行为实施所产生的后果一般不具有唯一性特点，其只有距离不公平商业行为的远近之别，抑或直接间接之分，该指令只是将消费者因素作为不公平商业行为的判断依据。其结论是"直接保护消费者利益免受其和商家之间不公平商业行为的侵害"❶。

《澳大利亚竞争与消费者法》规定立法目的为"通过提升竞争、公平贸易和消费者保护的规定，以增加澳大利亚人的福祉"❷。《匈牙利竞争法》❸ 序言中规定"公共利益与竞争性市场环境有关，后者确保经济效率和社会发展，以及符合商业公平要求的企业和消费者利益"。相较于别国，《德国反不正当竞争法》将保护范围扩大至市场参与者❹，保护力度和范围更大，这体现了德国法为消费者提供不正当竞争救济，保护消费者的目标。❺ 而包括日本在内的一些国家还关注经营者利益，《日本防止不正当竞争法》❻中仅规定对"确保公平竞争、相关国际协议的妥善执行，有助于国民经济的健康发展"，并未涉及消费者。

---

❶ Directive 2005/29/EC of the European Parliament and of the Council of 11 May 2005 concerning unfair business – to – consumer commercial practices in the internal market and amending Council Directive 84/450/EEC, Directives 97/7/EC, 98/27/EC and 2002/65/EC of (EC), preamble (8).

❷ Competition and Consumer Act 2010, No. 51, 1974. Compilation No. 118. Preliminary Part I. Section 1.

❸ The Competition Act (Act LVII of 1996), Consolidated version effective as of 1 January 2007, Hungarian Competition Authority.

❹ 范剑虹，张琪，译.德国《反不正当竞争法》[J].澳门法学，2017：69.

❺ 王先林.竞争法律与政策评论2015年第1卷 [M].上海：上海交通大学出版社，2015：158.

❻ Unfair Competition Prevention Act, up to the revisions of Act No. 54 of 2015 (Effective January 1, 2016).

第五章　互联网不正当竞争行为判定的新角度

2. 将消费者利益因素作为判定标准

世界各国大多借助不正当竞争专门立法或消费者保护立法，将对消费者权益的侵害作为评判商业行为正当性的依据。《巴黎公约》第5条C（3）中规定：对商标的使用不能导致公众误解，且不能违反公共利益。❶ 其中引入"公众"的表述，表明消费者已经作为不正当竞争行为认定的判定标准之一。所谓"不正当"，在《巴黎公约》中是指违反诚实惯例。所有竞争行为的共同属性都是"吸引消费者"。

在区域性条约中，以《欧盟不公平商业行为指令》最具代表性。该指令对不公平商业行为的判定存在选择次序：在经过具体行为判定之后，即进入抽象判断的范畴，从一般消费者经济行为的严重扭曲来综合评估商业行为是否公平。这一逻辑适用顺序最大限度保障对商业行为公平性判定的一致性和稳定性，降低抽象判定的错误比例。消费者要素贯穿了判断"应当禁止的不公平商业行为"的整个过程：首先，违背专业勤勉注意义务的判断，是指"针对消费者时被合理期待的，所应具备的专业技能和关注的标准"；其次，从特定消费群体中的一般消费者的经济行为遭到严重扭曲来判断；再次，从年龄、生理或心理缺陷特别容易受到一些商业行为或基础产品的影响的一般消费者角度进行评判；最后，类型化的误导性和侵犯性商业行为的评判也是从消费者的意愿表达的自由度出发的，例如明显损害普通消费者作出知情决定的能力，从而导致其作出本不会作出的交易决定。❷

---

❶ 博登浩森. 保护工业产权巴黎公约指南 [M]. 汤宗舜, 段瑞林, 译. 北京：中国人民大学出版社, 2003：95.
❷ Siobhan McConnell. Consumer Protection from Unfair Trading Regulations 2008—What Constitutes a Commercial Practice [J]. J. Crim. L., 2013 (77)：367.

《德国反不正当竞争法》❶从消费者的角度对商业行为的正当性进行判断，这一判断的角度不是基于消费者的个体，而是基于一般消费者或特定消费者群中的一般成员，对必须达到显著扭曲消费者的商业行为，才认定为不正当和不合法的。上述规定和《欧盟不公平商业行为指令》是一致的，这也是欧盟法律转化为各国国内法的强制规定；《奥地利反不正当竞争法》按照《欧盟不公平商业行为指令》的规定，将"实质性扭曲一般消费者针对各自产品的经济行为"❷认定为不正当商业行为；在《匈牙利竞争法》❸第2条，将侵害或危害消费者合法利益的行为，认定为不正当经济活动；《英国保护消费者免受不正当交易条例》❹中将扭曲一般消费者的经济行为认定为不公平商业行为。❺上述国家已将消费者利益作为商业行为正当性的判断依据。

在《欧盟不公平商业行为指令》的指引下，欧洲各国对不公平商业行为的判定都是遵循从具体逐步走向抽象的顺序。首先，应用黑名单标准，在该指令附件一中罗列了31种在所有情形下均被认定为不公平的商业行为（虽然其中的部分概念并未厘清）；其次，应用类型化商业行为标准进行判定（第6~8条），根据误导性和侵犯性商业行为的特征进行综合判断；最后，进入抽象判断（第5条），根据职业注意要求、一般消费者、实质扭曲或可能实

---

❶ 范剑虹，张琪，译. 德国《反不正当竞争法》[J]. 澳门法学，2017：69.
❷ Federal Act Against Unfair Competition of 1984 (Bundesgesetz gegen den unlauteren Wettbewerb1984 – UWG) as annotated (Federal Gazette I Nr 79/2007), art1 (1).
❸ The Competition Act (Act LVII of 1996), Consolidated Version Effective as of 1 January 2007, Hungarian Competition Authority.
❹ The Consumer Protection from Unfair Trading Regulations 2008 (CPRs).
❺ 博德维希. 全球反不正当竞争法指引[M]. 黄武双，刘维，陈雅秋，译. 北京：法律出版社，2015：744.

质扭曲与产品有关的行为等要素，综合评估商业行为是否公平。这一逻辑适用顺序最大限度保障对商业行为公平性判定的一致性和稳定性，降低抽象判定的错误比例。

我们可以将诚实正直、尽责的竞争参与者所遵从的道德观点、习俗和惯例作为判定的标准，同时，一个诚实正直的竞争者也不应当忽视消费者的利益。❶ 对消费者的保护已经成为竞争法首要的终极目标，对市场竞争行为予以禁止或保护的起点和归宿，都是以是否对消费者有利为判定标准。世间万物的多样性和技术发展的超前性决定了法律的滞后适用和抽象倾向，虽然我们一再关注流量的注意力特性和其中附着的经济学价值，想从源头解决竞争关系和利益损失的判定，但这仅仅代表了竞争的衍生物，并不能据此对竞争的正当性进行论证和判断。除非我们按照《欧盟不公平商业行为指令》黑名单标准对不公平商业行为进行单个具体设定。但即便是我国 2019 年修正的《反不正当竞争法》，也只在互联网专条中设置了兜底条款。如果一味追逐法律的确定性，则很可能进入无法可依或法官造法的两难境地。这时，确定商业行为或不正当竞争行为判定要件就成为解决这一难题的必由之路。

3. 我国竞争法实践中对消费者要素的适用

我国《反不正当竞争法》将损害消费者的合法权益作为判定互联网不正当竞争行为的一个要件，消费者要素已慢慢走入司法实践的视野，法官也开始尝试使用消费者要素来判断不正当竞争行为。但诸多要素的存在产生另外的问题：判断互联网不正当竞争行为是否需要考察上文中论证的所有要素？诸多要素之间是平行关系还是重合关系？众多判决针对上述问题给出了大相径庭的

---

❶ Radim Polcak, Stone Roots. Digital Leaves: Czech Law against Unfair Competition in the Internet Era [J]. Rev. Cent. & E. Eur. L. 155., 2008 (33): 160 – 161.

回答。

消费者反射利益观点认为消费者利益属于经营者利益保护的反射，即便产生保护消费者权益的效果，也仅为"附带效果"。在金山公司诉合一公司一案❶中，法院将经营者利益凌驾于消费者利益之上，认为"只有平等对待其他经营者，才能使相关消费者利益受到平等的尊重"。在竞争理论中，经营者不负有尊重其他竞争对手的义务，且损害竞争对手的利益亦是竞争的常态。虽然其结论认为任何不正当竞争行为都会损害经营者利益和相关消费者利益，但因不存在论证路径，并无参考价值。

多要素平行的观点是从被诉竞争行为角度对消费者要素进行分析，同时辅以经济性和道德性判定标准，不考虑各类判定标准的比重和具体案件的契合度，只是为了追求大而全，防止出现判定标准的遗漏。在福州友宝公司诉北京友宝公司一案❷中，法院认定北京友宝公司的涉案竞争行为，降低了消费者对原告网站的访问，同时提高了消费者对被告网站的访问，侵害了原告福州友宝公司的利益并违反了诚实信用原则。更有甚者，将所有判定标准要素进行罗列，一个都不能少。在新浪微博诉脉脉一案❸中，法院虽然主张在互联网不正当竞争行为认定中，法院应当秉持谦抑的态度，对于利用新技术手段或新商业模式的商业行为，应当首先推定为正当，但其仍将经营者利益、消费者利益、诚实信用、商业道德和市场竞争秩序等判定标准要素进行综合论述，并认为竞争行为需要违反了所有要素，才能认定为不正当。这种意见，将一种竞争行为放置于组合要素的审核判定中，放行了多数的不正

---

❶ 北京市海淀区人民法院（2013）海民初字第17359号民事判决书。
❷ 北京市朝阳区人民法院（2015）朝民（知）初字第38799号民事判决书。
❸ 北京知识产权法院（2016）京73民终588号民事判决书。

当竞争行为，会对竞争造成实质性伤害。

多要素重合的观点并不依赖于消费者要素，而是通过利益关系的延伸和重合来导出自己需要的竞争行为正当与否的结论。在搜狗公司诉百度公司一案❶中，法院将百度公司在用户通过百度搜索下载"搜狗输入法"等软件时，并未向用户作出任何告知，强制捆绑百度手机助手的行为，认定为侵害了消费者的知情权和选择权。法官通过论证消费者利益与公共利益的交叉和重合，得出消费者利益代表或者延伸了公共利益，合法有序的竞争秩序最终必然有利于公共利益的结论，最终将危及合法有序竞争秩序的涉案行为认定为不正当。这种多要素重合的观点从表面上肯定了消费者利益存在和受损的事实，但仅将其作为竞争行为不正当论证的进路，反而变相否定了消费者要素作为判定标准的可能性。

消费者作为裁判者角色的观点，直接以消费者的利益受损与否作为不正当竞争行为判定的依据。在腾讯公司诉奇虎公司一案❷中，法院认为消费体验的最佳判断者只能是消费者，在充分了解互联网各个经营者的真实信息之后，消费者会对其提供的互联网产品作出判断和选择，消费者选择和接受与否，主要受市场需求和竞争状况的调节，如果消费者不接受某种产品或服务，自然会拒绝或选择他方的产品。如果经营者采取中立的技术措施或手段，以满足用户体验和需求，不会受到法律的禁止，而会得到市场激励。但这一论证仍未建立经营者利益损害的中性观念和主观性判断模式。

---

❶ 北京知识产权法院（2015）京知民初字第13号民事判决书。
❷ 最高人民法院（2013）民三终字第5号民事判决书。

二、互联网不正当竞争行为现行判定标准的改良

消费者的作用是作为一种论据出现的❶，但这一论据是为了支撑不正当竞争行为判定的论点。互联网环境下，消费者的身份和利益构成的扩张，能够对流量形成一定的理论支撑，流量的适用必须在契合互联网竞争特征的基础上，结合现行判定标准进行多角度的判定。

（一）互联网环境下竞争关系的创新应用

在传统经济时代，由于特定地域内经营者提供产品或服务构成稀缺资源，消费者接受产品或服务受时空和行业的限制，竞争关系成为判定不正当竞争行为的前置条件，为竞争法的适用和竞争秩序的稳定作出了贡献。但随着产品或服务的丰富和竞争形态的多样化，若局限于以狭义理解的竞争关系来判断竞争行为是否正当，已经无法保护受损方利益，难以维持公平竞争的市场秩序。即便是扩展至广义的竞争关系，也需要依据行为标准或利益标准来分析竞争行为对竞争者利益的影响或损害。在互联网环境下，经营者的竞争行为往往不具有相同性或相似性，风马牛不相及的竞争行业和行为依然会对其他经营者造成影响。而将竞争关系的边界延伸至利益标准，也无法区分哪些经营者之间具有竞争关系，反而会走上行为法益化和法益权利化的错误路径，将竞争法的规制路径与侵权法的处理混同。

通过竞争关系的存在来论证竞争行为的存在，本身就是一个逻辑怪圈，而竞争关系的存在，已经成为判定不正当竞争行为的

---

❶ 保罗·纽尔. 竞争与法律——权力机构、企业和消费者所处的地位 [M]. 刘利，译. 北京：法律出版社，2004：57.

头道过滤器或直接构成羁绊。最高人民法院在司法政策中指出，凡是参与市场经济活动，受到不正当竞争行为影响的竞争者，均可认定竞争关系的存在。在互联网环境下，流量构成了经营者竞争的唯一指向和最终目标，无论互联网经营者的技术应用创新多么超前，竞争行为的表现形态如何复杂，只要其处于互联网的产业生态之中，必然会以流量作为争夺的目标。流量的争夺，必然会影响到经营者的经营活动，流量的无差别性和整体性决定了无须对流量的争夺再进行分类和限制。在互联网的环境下，经营者已陷入流量的争夺，而部分司法判决也并未对竞争关系进行专门审查，这表明了竞争关系认定条件的放宽，较好地反映了互联网竞争的特点。

（二）经济性判定标准的利益化衡量进路

经济性判定标准通过一定的形式表现出来，才能够作为判断依据。竞争秩序体现为竞争机制的正常作用，经营者之间利益的此消彼长，均可能反映竞争秩序的效率和可预期特性，但具体竞争行为对众多经营者利益的影响权重并不相同，此时经济性判定标准的介入只能得出经营者利益受损的结论，无法作出竞争行为不正当的判断；但竞争秩序的公平性和整体性特征又必须引入消费者利益和社会公共利益进行考量。经营者为自身经济利益最大化而进行的竞争，能够和竞争秩序自发的结果保持一致，是经济性判定标准发挥判定作用的体现，能够通过对竞争行为中各方利益的衡量来作出初步判断，毕竟利益衡量过程已经包含有价值的判断。利益衡量要经过比例原则妥当性、必要性、均衡性三个子原则的逐一适用。

我们以互联网竞争中的广告过滤软件为例，来说明比例原则三个子原则的适用路径：在腾讯公司诉世界星辉公司一案❶中，世纪星辉公司的竞争行为表现为通过开发、运营世界之窗浏览器，实现对其他经营者视频中广告的过滤功能。该案存在多种利益冲突，腾讯公司能够在视频播放的同时通过广告获得直接收益；世界星辉公司在浏览器中采用广告过滤技术，获得流量；消费者通过使用该浏览器的广告过滤技术，获得更好的观看体验。

该案中，妥当性原则比较容易查明，世界星辉公司实施广告过滤技术的目的之一，是消费者能够通过屏蔽广告获得较好的观看体验，当然，同时其也能够获得更多的流量。考察必要性原则的前提是存在多个能够实现目的的行为方式，世界星辉公司要想达到提高消费者观看体验的目的，一是可以采取过滤视频广告的方式，二是直接成为视频的提供者。相较之，如果世界星辉公司直接复制视频，将会替代腾讯公司的角色，对后者利益损害将会更大。考量均衡性原则，如果世界星辉公司采取购买版权的方式提高消费者的观影体验，一方面存在经济性的因素，另一方面因为版权的占有和控制，并不可行。广告过滤技术的应用会对腾讯公司贴片广告的收益造成损害，但仅限于一部分广告收入损失（该软件并不能识别嵌入视频中的广告）。另外，腾讯公司可以通过技术手段来限制广告过滤软件的应用。广告过滤软件的工作原理是将广告视频流量数据予以截取，使其无法到达消费者的服务器，从而达到过滤广告的功能。但腾讯公司完全可以采取技术手段对浏览器的过滤广告功能进行限制或拒绝浏览器对视频的访问。互联网竞争本身就是你来我往的攻防战，魔高一尺、道高一丈的技术竞争最终推动全体社会成员福祉的增进。

---

❶ 北京市朝阳区人民法院（2017）京 0105 民初 70786 号民事判决书，北京知识产权法院（2018）京 73 民终 558 号二审民事判决书。

司法的介入直接打破了这一均衡，任何对于视频广告采取的过滤技术都被判定为不正当。广告过滤技术的应用对腾讯公司造成的损害，与其给世界星辉公司和消费者带来的收益相比并不明显失衡，我们可以推定该技术的应用具有合法性。该案二审判决中表现出对互联网用户利益的担忧，即在广告过滤技术应用下，消费者只能选择支付经济成本，而不能选择支付时间成本，且最终因腾讯公司经营利益的丧失，导致消费者利益的损害。广告过滤软件对于消费者来说，其作用并非只是过滤广告那么简单：它不仅减少了网页的下载次数，延长了终端的电池寿命，减少了流量的花费，更重要的是，广告过滤软件的使用，能够作为抵御恶意软件的首道防线，保护终端用户的个人信息。❶ 研究表明，广告过滤软件的使用者大多是精通互联网技术的一代，是广告主青睐的受众，而且因为广告过滤软件的使用者浏览的广告要少于其他用户，所以其更愿意关注能打动自己的广告，并与之互动。但需要注意的是，这些广告需要尊重这些用户，不能嵌入追踪器或让人过于讨厌，网站尽量不要疏远这些消费者。❷ 互联网经营者、用户、广告主三方之间的平衡，并非简单地以一方的现实利益或一方中的少数人利益来决定，竞争的结果也远非一条抛物线，可以准确落入我们的测算。在著作权领域，曾经有学者质疑知识产权保护的例外将会抑制创造热情，无法激励创造者继续提供智力成果，但知识产权法仅仅是在自由竞争的公共领域创设了一些权利的孤岛。❸ 权利和传播的平衡并未因例外的产生而被打

---

❶ Tyler Barbacovi. Blocking Ad Blockers［J］. J. Marshall Rev. Intell. Prop. L., 2017（16）：274.
❷ Tyler Barbacovi. Blocking Ad Blockers［J］. J. Marshall Rev. Intell. Prop. L., 2017（16）：289.
❸ 崔国斌. 知识产权法官造法批判［J］. 中国法学，2006（1）：157.

破，而对广告过滤技术的禁止却产生了意想不到的副作用[1]，收费机制并没有阻止广告的进入，消费者需要为观看视频支付更多的费用。

综上，经济性判定标准虽然具有中立性，无法仅仅依据经营者利益受损就作出不正当竞争行为的判断，但其可对竞争行为所引发的经营者之间的利益变动作出区分，并对竞争行为进行妥当性和必要性判断，这就为其他判定标准的适用打下了基础。

（三）道德性判定标准的客观化适用进路

在传统领域不正当竞争行为认定中，商业道德处于主导地位。[2] 有学者认为，基于行业惯例与商业道德具有相同的起源，二者良善标准相契合，在表征上具有一致性等原因，提出行业惯例可以作为认定商业道德的标准。[3] 最高人民法院司法政策规定，对于法律未给予明确禁止的行为，如果违反了诚实信用和公认的商业道德而具有不正当性，可以适用原则规定，这就为道德性标准的客观化适用打开了通道。司法实践亦认可特定商业领域内的行为标准，如果被普遍认知和接受，具有公知性和一般性，将会表现为客观性。[4] 由于互联网技术和创新的快速发展，该领域的商业道德正在形成之中，若要以商业道德作为评价不正当竞争行为的标准，就需要引入行业惯例或行为准则这一更加客观的表现

---

[1] 2019 年 12 月，腾讯公司运营的爱奇艺和腾讯视频在播出电视剧《庆余年》的过程中，宣布在会员的基础上，推出超前点播业务，即在会员费的基础上额外收费。爱奇艺创始人兼 CEO 龚宇对此表示："在网上为内容付费实在是太便宜了。" 而其会员费收入在 2019 年第二季度达到 34 亿元，超过投放广告带来的收益。

[2] 朱理. 互联网领域竞争行为的法律边界：挑战与司法回应 [J]. 竞争政策研究，2015（7）：15.

[3] 叶明，陈耿华. 反不正当竞争法视野下商业道德的认定困局及破解 [J]. 西南政法大学学报，2017（5）：79.

[4] 最高人民法院（2009）民申字第 1065 号民事裁定书。

形式。

行为准则是指导某一行业的决定、程序和体系的原则、价值、标准或行为规则,为行业内的主要利益相关者创造福利并尊重受准则实施影响的所有业内人士的权利。❶ 在存在反复交易特性的环境内,行为准则为评估行为、建立商誉和强调行为的一致性提供了框架。在缺乏正式执法机制时,行为准则作为评估行为的参考,能够对我们的行为进行规制和设置界限。完善的行为准则将会使利益群体进行自我规范、建立信任并鼓励频繁交往。《欧盟不公平商业行为指令》中的职业勤勉义务要件是建立在惯例和规范性标准的综合之上,规范性标准确保经营者不会自行决定诚实商业行为标准的最底线,在上述行为指令的制定过程中,欧盟委员会放弃了给予行为准则以安全港地位的立法条文。根据行为指令,遵守行为准则并不能必然豁免于不正当竞争行为的指控,甚至不会推导出(商业行为)符合法定标准的推论。❷ 商业道德体现在行业惯例和行为准则之中,但并非所有的行业惯例和行为准则都具有商业道德,二者不能混为一谈。对于行业惯例和行为准则的应用,必须建立在内容合法、公正和客观的基础之上,才能作为商业道德的参考依据。

综上,在完成竞争关系认定条件的放宽处理、经济性判定标准的利益化和道德性判定标准客观化标准适用后,如果出现对行业惯例或行为准则的质疑,我们就需要引入非行业代表利益来进一步论证❸,以消除行业惯例或行为准则代表利益的局限性。在互

---

❶ Thomas McCarthy, Alison Russell. Roadmap for a Code of Conduct for Cyberspace [J]. Fletcher Sec. Rev. 1, 2015: 2.
❷ C. M. D. S. Pavillon. The Interplay between the Unfair Commercial Practices Directive and Codes of Conduct [J]. Erasmus L. Rev., 2012 (5): 279.
❸ 范长军. 行业惯例与不正当竞争 [J]. 法学家, 2015 (5): 87.

联网环境下，非行业代表利益表现为流量中的用户利益。

三、流量在互联网不正当竞争行为判定中的进路

流量要在互联网不正当竞争行为判定中发挥作用，就必须对在其形成过程，也即经营者的行为进行明确划分：第一个阶段是经营者对流量形成的影响，第二个阶段是经营者对流量数据的争夺。第一个阶段主要表现为经营者对互联网用户访问意愿的影响，这属于互联网不正当竞争行为的主战场；第二个阶段中，基于用户的访问行为，经营者已经获得用户的流量数据，对流量数据后续利用的正当性审查，就构成了流量发挥判定作用的另一路径。

（一）初始兴趣混淆理论的借鉴

1. 初始兴趣混淆理论综述

初始兴趣混淆是指当消费者被产品或服务所吸引而发生的暂时性售前混淆，从而相信该经营者和其他经营者有关联。这是由司法创制的原则，即便消费者未实际购买侵权产品亦可适用。❶ 互联网应用的普及使消费者混淆的概率也随之递增，初始兴趣混淆也拓展至互联网领域。该理论在互联网适用的首案是布鲁克通信公司诉西海岸娱乐公司案（Brookfield Communs. Inc. v. West Coast Entm't Corp）❷，该案原告在网页检索中使用了被告的"MovieBuff"商标，导致用户在以"MovieBuff"商标检索时，会进入被告网站。消费者初始兴趣的转变是一种混淆的形式，违反了法律的规定。

---

❶ J. Thomas Imccarthy, Mccarthyon Trade 5arks and Unfair Competition § §23 - 28 (4th ed. 2009).

❷ Brookfield Communs. Inc. v. West Coast Entm't Corp., 174 F. 3d 1063 (9th Cir. 1999).

美国诸多法院的裁决也支持这一观点,并认为《美国兰哈姆法》和《美国反不正当竞争法》都可以制止对消费者混淆的这种侵害。

在星际飞船服务公司诉 Epix 公司(Interstellar Starship Servs. v. Epix, Inc.)一案[1]中,法官再次论述了初始兴趣混淆,即被告以使用原告商标的方式吸引消费者的最终注意力,即便作为混淆结果的实际销售并未最终完成。初始兴趣混淆允许混淆的可能发生,虽然消费者很快会意识到销售者的实际身份,并未完成购买。为了判断混淆的可能性,法官提供了适用于初始兴趣混淆的一些要素:标识的近似性;产品或服务的关联性或近似性;注册商标的强度;采用的营销渠道;选购商品的购买者可能的关注度;被诉侵权者选择标识的意图;实际混淆的证据;产品线延伸的可能性。八项标准的重要性并不相同。在互联网环境下,有三项要素在判断混淆可能性中尤为重要:标识的近似性、产品或服务的关联性以及各方将互联网作为营销渠道同时使用标识。[2] 如果适用这三项要素仍不能清晰判定消费者混淆的可能性,则只能在个案中平衡分析所有要素。但在丰田汽车销售公司诉塔巴里一案(Toyota Motor Sales v. Tabari)[3] 中,法官承认,随着对互联网新奇感的消失和在线商务活动的司空见惯,消费者关注的过错等级在水涨船高。在关键词广告案中,最具关联性的混淆可能性要素包括标志的强度、实际混淆的证据、消费者可能实际购买的产品类型和关注度、赞助广告的标签和外观以及搜索结果界面的周围情景。如果认定为初始兴趣混淆,标志的所有人必须证明混淆的可能性,而非仅仅是兴趣的转移。但在网络自动化公司诉高级系统概念公司

---

[1] Interstellar Starship Servs. v. Epix, Inc., 304 F. 3d 936, 941 (9th Cir. 2002).
[2] Goto. Com, Inc. v. Walt Disney Co. 202 F. 3d 1125.
[3] Toyota Motor Sales v, Tabari, 638 F. 3d 1137 (9th Cir. 2011).

一案（Network Automation, Inc. v. Advanced Sys. Concepts, Inc.）[1]中，法院在推翻下级法院的裁决之时，重申了其长期坚持的两项原则：以前案件中陈述的因素并不详尽；特别是在互联网经济的大背景下，应当灵活运用各要素。事实上，法院认为初审法院在适用互联网三要素处理关键词纠纷时，并未充分考虑所有要素，且互联网三要素标准只能适用于互联网域名侵权案件，而不能替代上述原则。[2]

有学者主张废除初始兴趣混淆原则[3]，原因之一是互联网用户对网络的认识日益老练，虽然使用计算机曾是精英群体的专有领域，但现在的外行人也都能够畅游网络。另外初始兴趣混淆原则违反了1962年修订的《美国兰哈姆法》的规定，相关的混淆并不只是涉及购买者，而是会涉及任何人，包括消费者、潜在消费者、终端用户等。在先判例多是关注初始兴趣，而忽略了混淆要素，适用初始兴趣混淆原则必须在混淆可能性分析的框架之内，不能仅仅依靠兴趣的转移来认定混淆的可能性，必须结合混淆可能性要素，初始兴趣混淆的认定并不必然涉足商标侵权的认定。[4]

2. 初始兴趣混淆理论的引入

美国商标法的首要目标是保护消费者，初始兴趣混淆是将商标法适用的节点前移，其维护消费者免受欺骗和保护商标权人商

---

[1] Network Automation, Inc. v. Advanced Sys. Concepts, Inc., 638 F. 3d 1137, 1142 (9th Cir. 2011).

[2] Connie Davis Nichols. Initial Interest Confusion Internet Troika Abandoned: A Critical Look at Initial Interest Confusion As Applied Online [J]. Vand. J. Ent. &Tech. L., 2015 (17): 907.

[3] Priya Singh. Abolish Trademark Law's Initial Interest Confusion and Permit Manipulative [J]. Internet Search Practices, 3 J. Bus. Entrepreneurship & L., (2009): 15.

[4] Elizabeth S. Ritter, Mark H. Jaffe. The Uncertain Future of Initial Interest Confusion [J]. Landslide 55, 2012 (4): 58.

誉的立法目的并未改变。❶ 我国《反不正当竞争法》将"混淆"解释为引人误认为是他人商品或与他人存在特定联系，即承认来源混淆和特定关系混淆，并未列明初始兴趣混淆。互联网不正当竞争行为更多地表现为初始兴趣混淆。以上文中流量为依据进行的类型划分为例，在涉及域名的纠纷中，经营者注册使用的域名与竞争对手提供的产品、服务或网站混淆，误导用户访问❷；在软件干扰行为中，软件经营者提供的软件有和其他软件竞争者软件一样的功能表现，使用户在不知情的情况下使用其软件❸；在网络搜索关键词服务中，经营者购买与竞争对手关系密切的关键词，使用户产生混淆❹；在弹窗广告领域，初始兴趣混淆理论进一步表明，当竞争对手的广告部分覆盖了平面网页，互联网的特性将会使消费者产生错误认识，即竞争对手和网站经营者之间存在某种联系，或网站经营者授权弹窗广告。这一混淆将会使对网站具有初始兴趣的消费者点击弹窗广告，进入竞争对手的网站。仅仅初始兴趣混淆理论并不会产生侵权责任，但在解释消费者使用互联网购买产品或服务的过程中，是如何混淆经营者之间的赞助或附属关系时，颇有助力。❺

在互联网环境下，新技术可以产生多种可能，并催生多种形态。例如，互联网横幅广告不仅可以用于吸引潜在消费者，而且可以主动将其引导至目标网页，因此，横幅广告可以使消费者对

---

❶ 周樨平. 商业标识保护中"搭便车"理论的运用——从关键词不正当竞争案件切入［J］. 法学, 2017（5）: 131.
❷ 北京市东城区人民法院（2015）东民（知）初字第16273号民事判决书。
❸ 北京知识产权法院（2015）京知民终字第2200号民事判决书。
❹ 四川省成都市中级人民法院（2016）川01民初2470号民事判决书。
❺ Erich D. Schiefelbine. Stopping a Trojan Horse: Challenging Pop – up Advertisements and Embedded Software Schemes on the Internet through Unfair Competition Laws［J］. Santa Clara Computer & High Tech. L. J., 2003（19）: 529.

点击广告的后果产生合理预期。如果没有达到合理预期，则我们认为这些横幅广告构成误导。有些横幅广告或弹出窗口并不显示广告内容，而是进行程序公告或系统警告。如果弹出窗口显示"你的电脑存在严重错误"之类的信息，则用户合理预期就会发生转变，希望可以通过点击弹窗予以解决，然而实际上，用户被引导至一些商业性内容。❶ 在上述互联网不正当竞争行为中，经营者使用与竞争对手联系紧密的标识或服务形式，将会使用户产生混淆，并根据情形的不同，形成了混淆和初始兴趣混淆等情形。初始兴趣混淆是指消费者在实际购买之前发生的混淆，其强调的是潜在消费者在购买之前的混淆所导致的购买兴趣的变化，这一混淆的时机从购买之时拓展到购买之前。❷以消费者购买作为节点的话，则经营者和消费者之间具有合同关系，但从互联网竞争角度来说，以误导性或非法比较性广告为例，无论其是否形成合同，都将影响消费者和经营者的经济利益。❸

引入初始兴趣混淆理论是为了降低消费者的搜索成本和社会成本，这一行为给商标权人造成了损害并违背了市场公平竞争。在布鲁克通信公司诉西海岸娱乐公司一案❹中，美国第九巡回法庭举了一个很形象的例子。作为经营者西海岸公司的竞争对手，布鲁克百事达（Blockbuster）公司在高速公路上竖起一块广告牌，上写"西海岸公司影碟出租：前方2公里7号出口"，实际上布鲁克

---

❶ Radim Polcak, Stone Roots. Digital Leaves: Czech Law against Unfair Competition in the Internet Era [J]. Rev. Cent. & E. Eur. L. 155., 2008 (33): 167.

❷ 邓宏光. 商标混淆理论之新发展：初始兴趣混淆 [J]. 知识产权，2007 (3)：73.

❸ Directive 2006/114/EC of the European Parliament and of the Council of 12 December 2006 concerning misleading and comparative advertising [2006] L 376/21.

❹ Brookfield Communs. Inc. v. West Coast Entm't Corp., 174 F. 3d 1064 (9th Cir. 1999).

百事达公司在该出口，而西海岸公司位于 8 号出口。在广告牌的指示下，寻找西海岸公司的顾客将会从 7 号出口下高速，找到布鲁克百事达公司并完成租碟消费。即便是偏爱西海岸公司的顾客也不会掉头转向 8 号出口，因为其已经在布鲁克百事达公司满足了需求。消费者并不会产生混淆，因为其知道自己接受的是布鲁克百事达公司提供的服务，也不会认为二者之间存在什么特别关系。我们将上述两家公司修改为两家互联网经营者，就会发现，竞争对手的诱导行为会引导用户进入其网站，产生流量。用户在进入网站后，会认识到并非目标网站，其也可以退出竞争对手的网站，重新返回目标网站，但上述竞争对手诱导用户进入网站获取流量的行为已经产生。如果互联网经营者提供的服务并不存在混淆情形，并有效保证用户选择权的实现，则不能据此认定其具有不正当性。❶ 基于以上对流量中用户注意力的论证，互联网消费者如果对访问目标充分了解（well‐informed）的话，会产生初始兴趣，但如果在其支付注意力，形成流量之前，互联网经营者利用信息的不对称对其进行诱导，使其作出错误的意思表示，则构成"初始兴趣混淆"，经营者上述行为构成不正当竞争。

（二）流量的归属主体判定

流量的归属❷，首先是从应然的角度进行设定。在用户选择没有外化时，商业交易并未达成。这时的商业机会对于经营者来说是均等的，都可以通过竞争手段来获取消费者的注意力，使其充分了解并作出选择，从而获得流量。故流量的归属前提是将互联网用户置于充分行使知情权和自由选择权的基础上考量。在消费

---

❶ 北京知识产权法院（2015）京知民终字第 2200 号民事判决书。
❷ 本章探讨的流量归属，仅用来指代消费者互联网访问对象的应然，区别于实际访问对象，而非指财产权意义上的所有或占有。

者已经充分、有效了解其所接触到的互联网经营者真实信息后，根据一般消费者的标准选择经营者，外化为访问行为，并形成流量，其访问的对象即为流量的归属。在用户作出自主选择后，其流量的归属方和获得方是同一经营者，这将对互联网经营者产生激励作用，并引导经营者提升服务质量，或对自身的商业模式做出改善与创新，以实现竞争的获利和用户福祉的提升。如果互联网经营者提供的产品或服务不能满足用户的需要，或出现更好的选择时，用户将会根据对真实情况的了解，作出新的选择，产生新的流量，并产生新的流量归属。用户这种选择的变化，将会产生不同的流量，其选择的经营者构成流量的归属。这种"用手投票"的方式决定着竞争的走向，经营者通过技术和商业模式的创新，力求为用户创造更好的服务体验，以期获得流量。

流量的动态考量，对流量归属的判定意义重大，并反映了竞争行为的激烈和竞争表现的多样。

1. 体现了流量归属的迅速变化

从流量入口开始，用户会选择访问某一搜索引擎或浏览器，此时流量是属于访问对象的，但这一步仅是用户访问行为的开始，而非结束。搜索引擎在获得大规模流量的情况下，必须按照用户的需求提供搜索结果，当然其中夹杂着商业利益，如广告展示或竞价排名。用户会根据其对搜索结果的了解作出选择，对下级目标网站进行访问，由此产生新的流量，访问对象即构成流量的归属。在用户通过浏览器选择目标网站的过程中，也会经过这样的多次流量生成，生成的流量也各有所属。

2. 体现了互联网竞争行为的激烈和竞争表现的复杂

用户的访问行为通常并不是单一经营者在提供服务。用户在使用搜索引擎的过程中，一般会借助输入法工具来完成搜索内容的录入；用户在观看视频网站的视频时，通常也会借助浏览器中的播放装置来完成观看；浏览器在提供流量入口的同时，也会和搜索引擎合作，为消费者提供更好的使用体验；在用户进行访问、产生流量的同时，安全软件也在为用户提供安全的体验保障。这些行为的交叉充分显示了互联网互通互联的特性；同时，对流量的追逐激发了互联网经营者建设生态系统的热情。安全软件的经营者可能也是浏览器的运营方，输入法的开发者也会进行搜索引擎的尝试，这在满足用户选择的同时，也加剧了互联网竞争，为流量归属的确定带来了挑战。

（三）流量数据利用主体的判定

流量数据是指与用户访问网站行为相关的数据。[1] 用户在发送访问请求之后，流量数据就已经产生。按照其包含的内容和经营者利用的方式，流量数据分为原始数据和二次数据。原始数据是基于用户的访问行为所产生，其中包含用户的个人信息；二次数据是指互联网经营者在对原始数据进行加工整理后，所形成的数据，一般称为大数据。一旦数据离开收集者之手，作为消费者，对数据的使用主体和目的完全失去控制。[2]

原始数据中包含个人信息不容置疑。在朱某诉百度公司一案[3]中，法院对百度公司利用 cookies 技术追踪、收集原告的上网信息数据，并针对性推送个性化服务的行为，持肯定态度，并认定该数据信息的匿名化特征不符合个人信息的可识别要求。在此之前的美国加利福尼亚州地方法院审理的凯文·洛诉领英公司一案

---

[1] Gerrie Ebersohn. Internet Law： Cookies, Traffic Data and Direct Advertising Practices ［M］. 16 S. Afr. Mercantile L. J, 2004：742.
[2] Terence Craig, Mary E. Ludloff. Privacy and Big Data ［M］. Sebastopol：O'Reilly Media, Inc. , 2011：62.
[3] 南京市中级人民法院（2014）宁民终字第5028号民事判决书。

(Kevin Low v. LinkedIn Corporation)❶ 中，法官虽然作出了相同的判决结果，但却认为网络服务提供商收集的用户网络行为数据属于个人信息。在美国，个人信息被认为是商品，而在欧盟，个人信息被视为一项基本人权。❷ 根据立法❸和国家有关部门的规定，个人上网原始数据属于个人信息❹，当互联网经营者收集个人敏感信息时，必须得到用户的明示同意，而收集用户的一般信息时，如果用户明确反对，则要停止或删除个人信息。在2018年通过的我国《电子商务法》中，立法基于电子商务经营者提供服务的需要，允许其收集消费者原始数据，规定了消费者的选择权，但对原始数据的权属和消费者享有的权益并未明晰。❺ 对于个人信息，国外立法将其分为直接个人信息与间接个人信息两类❻，但无论其被直接还是间接识别，流量数据上必然负载着用户的身份信息和浏览信息，均能起到识别个人身份的作用。

原始数据的产生是基于互联网用户的访问行为，反映了用户的活动轨迹和行为表现，无论其中的个人信息是否达到"阴私"

---

❶ 900 F. Supp. 2d 1010（N. D. Cal. 2012）.

❷ Terence Craig, Mary E. Ludloff. Privacy and Big Data [M]. Sebastopol：O'Reilly Media, Inc., 2011. 26.

❸ 2017年实施的《中华人民共和国网络安全法》第76条第5款规定："个人信息，是指以电子或者其他方式记录的能够单独或者与其他信息结合识别自然人个人身份的各种信息，包括但不限于自然人的姓名、出生日期、身份证件号码、个人生物识别信息、住址、电话号码等。"

❹ 原国家质量监督检验检疫总局、国家标准化管理委员会2012年11月5日批准发布的《信息安全技术公共及商用服务信息系统个人信息保护指南》（GB/Z28828—2012）明确个人信息是指可为信息系统处理、与特定自然人相关、能够单独或通过与其他信息结合识别给特定自然人的计算机数据。

❺ 《中华人民共和国电子商务法》第18条规定："电子商务经营者根据消费者的兴趣爱好、消费习惯等特征向其提供商品或者服务的搜索结果的，应当同时向该消费者提供不针对其个人特征的选项，尊重和平等保护消费者合法权益。"

❻ 梅夏英，朱开鑫. 论网络行为数据的法律属性与利用规则 [J]. 北方法学，2019 (2)：34.

的高度❶，互联网经营者都是经过用户的访问行为而获得用户的流量数据，其对原始数据的收集和利用具有合理性和正当性，亦符合用户的心理预期，法律中往往也规定了互联网经营者收集个人信息的目的和范围。应当说，互联网经营者收集和存储的个人原始数据，是建立在"知情同意原则"❷基础之上的，其他竞争对手对原始数据的利用，既不符合经营者收集和存储原始数据的目的，也是对流量主体访问行为附随意愿的违反。从用户的角度来说，其可以就竞争对手未经同意利用原始数据的行为主张侵权，至于能否认定财产损失或人格权受到侵害，则要个案具体分析。❸

在淘宝公司诉安徽美景公司一案❹中，法院认为原始数据是用户诸多网络行为信息外化的表现形式，用户个人信息构成了原始数据的实用价值。在大众点评网诉百度地图一案❺中，百度公司使用了大众点评网上部分用户的点评信息。从互联网用户的角度来说，百度公司的使用行为对信息的传播具有促进作用，丰富了用户对点评信息的选择，但其又超过了必要的限度，无法通过经济性判定标准的法益衡量。竞争对手对原始数据未经同意的利用，

---

❶ 刘德良. 个人信息法律保护的正确观念和做法 [J]. 中国信息安全, 2013 (2): 47. 阴私是指包括裸照以及与性行为、性生活、恋爱经历、不为人所知的重大疾病和生理缺陷等在内的信息，该类信息一经披露会对主体的尊严、社会评价造成严重伤害。

❷ 龙卫球. 数据新型财产权构建及其体系研究 [J]. 政法论坛, 2017 (4): 63. 知情同意原则是指政府机关和其他商事机构只有在明确告知信息主体个人信息的收集和使用状况并获得明确同意的情况下，才可以对其个人信息进行收集和利用。

❸ 在朱某诉百度公司一案中，二审法院未支持原告隐私权受到侵害的原因，一是认为该类行为数据不具有可识别性，二是未满足隐私权受到侵害的"公开"要件，而如果竞争对手未经同意利用个人信息，则该要件得以满足。另 Kevin Low v. LinkedIn Corporation 一案中，法官未支持原告的理由是数据中包含的人身和经济利益未达到隐私权和财产权保护的基本要求。

❹ 浙江省杭州市中级人民法院 (2018) 浙 01 民终 7312 号民事判决书。

❺ 上海知识产权法院 (2016) 沪 73 民终 242 号民事判决书。

首先对流量主体的权益（个人信息或财产）造成损害，其次是对"知情同意原则"的违反，最后是对经营者"资产"权益的侵害。从竞争法的角度来说，行为数据属于个人信息的范畴，而点评信息和个人信息的联系较弱。原始数据属于用户个人信息的范畴，互联网经营者虽然获得了原始数据，但仍受制于互联网用户的控制，其仅可依据和用户之间的契约关系来排除竞争对手的利用。综上，流量原始数据的收集者只能是用户的访问目标，其他竞争对手因为无法获得用户的知情同意，自然无法成为原始数据的利用主体，如果其竞争行为涉及对流量原始数据的利用，则属于不正当竞争行为。

对于欧盟立法来说，从2002年的《关于电子通信领域个人数据处理和隐私保护指令》到2020年的《一般数据保护条例》的演进，有效地保证了对流量数据使用目的的限定和最小化原则的实现。互联网经营者获取个人数据等难度剧增，用户同意的认定必须是明示，默示同意被视为无效，数据共享必须经过数据主体的同意，经营者获取和使用用户数据的经营成本和违法成本都成倍递增。❶ 欧盟并非没有认识到大数据的经济价值，但囿于法律传统的保守力量，对包含大数据在内的流量数据依然持谨慎态度。互联网经营者除了能够监控用户的在线行为、收集使用数据、基于信息作出商业决策外，将收集到的信息贩卖给第三方，或与合作伙伴、关联公司分享是可能的。❷ 但这一可能性必须建立在对原始数据进行匿名化处理，将其中的个人可识别信息予以删除，将公

---

❶ Gerrie Ebersohn. Internet Law: Cookies, Traffic Data and Direct Advertising Practices [M]. 16 S. Afr. Mercantile L. J, 2004.754.

❷ Galina I. Fomenkova. For your eyes only? A "Do Not Track" proposal [J]. Information & Communications Technology Law, 2012, 21 (1): 33–52.

开个人身份信息的风险降至最低。❶ 匿名化处理已经最大限度阻断了用户对二次数据的控制和联系，将流量数据当中的人格权益予以剔除。对原始数据的加工整理能够产生价值，这一加工整理劳动是赋予二次数据价值的必要过程❷，属于对个人信息的二次开发利用。❸ 在淘宝公司诉安徽美景公司一案❹中，法院认为淘宝公司为"生意参谋"中的数据产品支出了大量的人财物，具备实用性。这就反映了二次数据作为大数据的特点和价值，其具有强大的市场反馈和预测价值、市场链接价值。❺

按照传统法律架构，对流量数据进行保护存在难以逾越的障碍，不能适应互联网的发展。以原始数据为例，其中隐含着人格权益，如果将数据权益完全归于用户，则数据的流动受到很大的限制，互联网经营者将时刻处于侵权的危险和动荡之中，其对于自我权益的维护，也会因用户意志的转移而陷入未知。美国学者劳伦斯·莱斯格作为数据财产论的代表，认为应当授予用户以数据财产权，这样才会更有效率。❻ 其目的是将对数据的规范从事后转变为事前预防，避免对个人数据的大规模损害。但这一观点并未考虑到流量数据的经济价值，这和互联网发展初期信息经济化程度不高、未体现信息的财产意义有关。在大数据的背景下，如果没有解脱用户对流量数据，特别是对二次数据的控制和束缚，

---

❶ 金耀. 个人信息去身份的法理基础与规范重塑［J］. 法学评论，2017（3）：122.
❷ 史宇航. 数据的法律属性与保护模式［J］. 网络信息法学研究，2019（1）：193.
❸ 二次开发利用是指信息控制者将其所收集掌握的个人信息，通过一定程序算法的分析、筛选、对比、加工等方法，进行整理和重新组合，形成附加值更加突出的个人信息数据库，再对该数据库进行利用的过程。张涛. 个人信息权的界定及其民法保护［D］. 吉林：吉林大学，2012：70.
❹ 浙江省杭州市中级人民法院（2018）浙01民终7312号民事判决书。
❺ 陈兵. 大数据的竞争法属性及规制意义［J］. 法学，2018（8）：112.
❻ Lawrence Lessig. CODE 2.0, Bisic Books［M］. New York, 2006：228-230.

就不可能开展数据经营活动,完成对数据的大规模收集、加工、利用乃至创造,并实现数据权益的最大化。从竞争法的角度来说,大数据已经构成了互联网经营者重要的企业资产,经营者收集、加工和整理行为已经形成基于数据的经营权益和资产权益,在法律未明确赋予权利的情况下,其可以借助权益模式来实现竞争法意义上的被动保护。一旦上升至权利层面,这些权利将具有绝对性和排他性,接受侵权法的强保护。对于二次数据的竞争行为,除了需要注意效率要素,数据安全也是考虑的重点,其代表着公共利益和流量用户的利益,优先于经营者利益。

在新浪微博诉脉脉一案[1]中,法院确立了数据信息使用的三重授权原则,即数据提供方向第三方开放数据,应当明确告知用户其使用的目的、方式和范围,并取得用户的同意。这一原则的确立给予用户极大的知情权和自由选择权,使得数据分享成为虚设,一是平台并无分享数据的动力;二是这一原则名义上促进了数据的保护,但使各类数据成为收集平台的私产,为数据二次使用设置了无法逾越的障碍。互联网经营者对他方数据资源的抓取,可能构成对经营资源的侵害,但同时可能构成技术创新;如果此类资源构成有效竞争的关键部分,则拒绝数据抓取的一方可能构成恶意不兼容。

综上所述,在因用户的访问行为产生流量数据之后,对于原始数据,互联网经营者因为和用户之间的契约关系获得了合法的利用主体身份。在用户的明示同意下,竞争对手对原始数据的利用行为可以认定为不正当竞争;对于二次数据,互联网经营者对数据进行了收集、加工和整理,因其劳动提升了数据的价值,从而获得了针对大数据的经营权益和资产权益,以对抗竞争对手的

---

[1] 北京知识产权法院(2016)京73民终588号民事判决书。

不正当竞争行为。

（四）流量损害的认定

对流量归属的判定，直接影响流量损害的认定。具体竞争行为会导致大相径庭的结果。司法实践已经进行了一些探索：在百度公司诉搜狗公司一案[1]中，法院对搜狗公司提供的搜狗拼音输入法通过提供下拉菜单的形式覆盖和隐藏百度搜索引擎的下拉菜单的行为，进行了多角度论证。在商业交易未达成之前，其他经营者都可以参与搜索引擎市场，开展竞争，前提是要在用户未选择使用百度搜索引擎之前。但这样就产生一个疑问，如果用户已使用百度搜索引擎，其他互联网经营者能否展开竞争，让用户用脚投票，离开百度，以获得更好的消费体验？答案是肯定的，法院的论证并未将流量放置于动态层面进行考量，属于典型的静态竞争观念。在用户访问百度搜索引擎之时，就意味着该流量归属于百度，但在搜狗输入法作为基础性输入工具，介入百度搜索引擎时，若没有损害用户的知情权，向用户提供搜索引擎服务只会丰富用户的体验和选择。在百度公司诉搜狗公司一案[2]中，法院判决印证了本书的观点。该案中，竞争行为的表现是在搜狗手机浏览器顶部栏预设百度搜索引擎中输入搜索内容，浏览器区域以全屏模式自动出现一系列浏览建议，包括垂直结果与搜索推荐词两部分，其中垂直结果的内容为搜狗公司提供，点击后会进入搜狗公司的页面。法院认为用户仅在搜索引擎的框内输入相关文字内容，出现垂直内容，这一服务内容带来的流量并不属于百度公司，而判定搜狗公司竞争行为的正当与否，要看上述流量是否属于百度公司。当搜索引擎的框内输入内容完毕，并点击搜索之后，产生的流量才归属于百度公司，这和用户的知情权、选择权相吻合。

---

[1] 北京市海淀区人民法院（2015）海民（知）初字第4135号民事判决书。
[2] 北京知识产权法院（2015）京知民终字第557号民事判决书。

结　　语

在流量的归属和数据利用主体确定之后，如果发现流量的应然归属方和实然归属方不一致，我们就可以认为是对互联网用户访问意志的违背，从而认定流量受到损害。具体体现在用户的知情权、选择权和隐私权的损害。上文中按照对流量的干扰程度，将互联网竞争行为分类为控制流量的行为、诱导流量的行为和虚假流量的产生，我们对各类行为对流量造成的损害进行分析：控制流量的竞争行为，并未考虑用户的知情权和自由选择权，用户访问的对象并不是其自主选择的结果。在软性流量劫持行为和软件冲突中，互联网经营者表面上向用户提供了多项选择方式，但其实质上具有胁迫的性质，像恶意捆绑、静默安装、恶意不兼容等竞争行为的实施，已使流量中用户的知情权和自由选择权都受到损害；诱导流量的竞争行为，均是在侵害用户知情权的基础上实施的，商业诋毁、虚假宣传和仿冒混淆等传统竞争形态，在互联网环境下依然表现为对经营者信息和提供产品或服务信息的歪曲，关键词搜索直接阻断了经营者和提供产品或服务的自然竞争联系，均属于对用户知情权的侵害，而对流量原始数据的竞争行为，由于未得到用户和经营者的同意，将会侵害到用户和经营者的权益；对于二次数据的利用，如果没有征得互联网经营者的同意，依然要因为对经营者数据权益的侵害而判定为不正当。

互联网不正当竞争行为形式多样，并伴随着技术和创新的发展不断呈现新的形态，但和传统竞争形态的共性使得现行判定标准依然拥有一席之地。在互联网不正当竞争行为判定中,在放宽竞争关系认定的大背景下,经济性判定标准可以解决经营者之间利益的冲突,能够在竞争机制发挥作用的背景下对二者利益进行取舍和平衡。道德性判定标准客观性的发挥,将竞争行为置于行业惯例、行为准则的刻度下,以此发现互联网不正当竞争行为。在行业惯例和行为准则的公平性和代表性出现质疑之时,通过对流量的归属和流量利用主体的确定和明晰,来发现竞争行为对流量的损害,从而完成对互联网不正当竞争行为的多角度判定。

参考文献

一、著作类

[1] 薛虹. 网络时代的知识产权法 [M]. 北京：法律出版社, 2000.

[2] 薛虹. 知识产权与电子商务 [M]. 北京：法律出版社, 2003.

[3] 薛虹. 国际电子商务法通论 [M]. 北京：中国法制出版社, 2019.

[4] 韩赤风. 德国知识产权与竞争法经典案例评析 [M]. 黄双武, 等译. 北京：法律出版社, 2014.

[5] 吴汉东. 知识产权制度基础理论研究 [M]. 北京：知识产权出版社, 2009.

[6] 阿里尔·扎拉奇, 莫里斯·E. 斯图克. 算法的陷阱：超级平台、算法垄断与场景欺骗 [M]. 余潇, 译. 北京：中信出版社, 2018.

[7] 艾哈德. 来自竞争的繁荣 [M]. 祝世康, 等译. 北京：商务印书馆, 1983.

[8] 艾伯特·O. 赫希曼. 转变参与：私人利益与公共行动 [M]. 李增刚, 译. 上海：上海人民出版社, 2017.

[9] 边沁. 道德与立法原理导论 [M]. 时殷弘, 译. 北京：商务印书馆, 2000.

［10］柏拉图．理想国［M］．郭斌和，张竹明，译．北京：商务印书馆，2002．

［11］伯纳多·A. 胡伯曼．万维网的定律：透视网络信息生态中的模式与机制［M］．李晓明，译．北京：北京大学出版社，2009．

［12］邦雅曼·贡斯当．古代人的自由与现代人的自由［M］．阎克文，刘满贵，译．北京：商务印书馆，1999．

［13］保罗·纽尔．竞争与法律：权力机构、企业和消费者所处的地位［M］．刘利，译．北京：法律出版社，2004．

［14］波斯纳．法律的经济分析［M］．蒋兆康，译．北京：中国大百科全书出版社，1997．

［15］博登浩森．保护工业产权巴黎公约指南［M］．汤宗舜，段瑞林，译．北京：中国人民大学出版社，2003．

［16］博德维希．全球反不正当竞争法指引［M］．黄双武，等译．北京：法律出版社，2015．

［17］本杰明·N. 卡多佐．司法过程的性质［M］．苏力，译．北京：商务印书馆，1998．

［18］本杰明·N. 卡多佐．法律的成长法律科学的悖论［M］．董炯，等译．北京：中国法制出版社，2002．

［19］陈舜．权利及其维护：一种交易成本观点［M］．北京：中国政法大学出版社，1999．

［20］陈威如，余卓轩．平台战略：正在席卷全球的商业模式革命［M］．北京：中信出版社，2017．

［21］程啸．侵权责任法［M］．北京：法律出版社，2015．

［22］杜义飞，等．潜模式：大数据时代下的商业模式创新新思维［M］．北京：科学出版社，2018．

［23］大卫·弗里德曼．经济学语境下的法律规则［M］．杨

欣欣,译.北京:法律出版社,2004.

［24］大卫·罗杰斯.智慧转型:重新思考商业模式［M］.胡望斌,等译.北京:中国人民大学出版社,2017.

［25］戴奎生.竞争法研究［M］.北京:中国大百科全书出版社,1993.

［26］戴维·L.马瑟斯博,德尔·I.霍金斯.竞争与法律:权力机构、企业和消费者所处的地位［M］.刘利,译.北京:法律出版社,2004.

［27］迪特尔·格罗赛尔.德意志联邦共和国经济政策及实践［M］.晏小宝,等译.上海:上海翻译出版公司,1992.

［28］E.博登海默.法理学:法哲学及其方法［M］.邓正来,译.北京:中国政法出版社,1999.

［29］冯晓青.企业知识产权战略［M］.北京:知识产权出版社,2008.

［30］冯晓青.知识产权法利益平衡理论［M］.北京:中国政法大学出版社,2006.

［31］冯玉军.法经济学范式［M］.北京:清华大学出版社,2009.

［32］范长军.德国反不正当竞争法研究［M］.北京:法律出版社,2010.

［33］费恩塔克.规制中的公共利益［M］.戴昕,译.北京:中国人民大学出版社,2014.

［34］菲利普·黑克.利益法学［M］.傅广宇,译.北京:商务印书馆,2016.

［35］弗里德利希·冯·哈耶克.法律、立法与自由［M］.邓正来,等译.北京:中国大百科全书出版社,2000.

［36］弗雷德里希·奥古斯特·冯·哈耶克.自由宪章［M］.

杨玉生，等译．北京：中国社会科学出版社，1999．

［37］公丕祥．马克思法哲学思想论述［M］．郑州：河南人民出版社，1992．

［38］高天亮．基于价值网理论的商业模式研究［M］．广州：世界图书出版公司，2011．

［39］胡世良．移动互联网商业模式创新与变革［M］．北京：人民邮电出版社，2013．

［40］哈特．法律的概念［M］．许家馨，李冠宜，译．北京：法律出版社，2011．

［41］朱国春．核心竞争力与企业家文化［M］．北京：中国物资出版社，2003．

［42］哈耶克．经济、科学与政治［M］．冯克利，译．南京：江苏人民出版社，2000．

［43］哈耶克．自由秩序原理［M］．邓正来，译．上海：上海三联书店，1997．

［44］哈罗德·德姆塞茨．竞争的经济、法律和政治维度［M］．陈郁，译．上海：上海三联书店，1992．

［45］黄茂荣．法学方法与现代民法［M］．北京：中国政法大学出版社，2001．

［46］霍布斯．利维坦［M］．黎思复，黎廷弼，译．北京：商务印书馆，1996．

［47］霍布斯．论公民［M］．应星，冯克钊，译．贵阳：贵州人民出版社，2003．

［48］黑格尔．法哲学原理［M］．范杨，等译．北京：商务印书馆，1961．

［49］海德格尔．存在论：实际性的解释学［M］．何卫平，译．北京：人民出版社，2009．

［50］蒋悟真.论竞争法的基本精神［M］.上海：上海三联书店，2008.

［51］J. A. 熊彼特.资本主义、社会主义与民主主义［M］.绛枫，译.北京：商务印书馆，1979.

［52］贾森·布伦南，彼得·M. 贾沃斯基.道德与商业利益［M］.郑强，译.上海：上海社会科学院出版社，2016.

［53］孔祥俊.司法哲学与裁判方法［M］.北京：人民法院出版社，2010.

［54］孔祥俊.反不正当竞争法的创新性适用［M］.北京：中国法制出版社，2014.

［55］孔祥俊.反不正当竞争法的适用与完善［M］.北京：中国大百科全书出版社，1997.

［56］孔祥俊.反不正当竞争法新论［M］.北京：人民法院出版社，2001.

［57］孔祥俊.商标与不正当竞争法：原理和判例［M］.北京：法律出版社，2009.

［58］柯华庆.合同法基本原则的博弈分析［M］.北京：中国法制出版社，2006.

［59］克里斯蒂娜·博翰楠，赫伯特·霍温坎普.创造无羁限：促进创新中的自由与竞争［M］.兰磊，译.北京：法律出版社，2016.

［60］康德.法的形而上学原理：权利的科学［M］.沈叔平，译.北京：商务印书馆，1991.

［61］康芒斯.制度经济学［M］.赵睿，译.北京：华夏出版社，2013.

［62］卡尔·拉伦茨.法学方法论［M］.陈爱娥，等译.台北：五南图书出版公司，1996.

[63] 李国光. 知识产权诉讼教程[M]. 北京：人民法院出版社, 1999.

[64] 李明德. 美国知识产权法[M]. 北京：法律出版社, 2014.

[65] 李彬. 竞争法的基本范畴研究[M]. 北京：知识产权出版社, 2016.

[66] 吕明瑜. 竞争法[M]. 北京：法律出版社, 2004.

[67] 梁慧星. 民法学说判例与立法研究[M]. 北京：中国政法大学出版社, 1993.

[68] 梁慧星. 为权利而斗争[M]. 北京：法制出版社, 2000.

[69] 刘伟. 资源配置与经济体制改革[M]. 北京：中国财政经济出版社, 1989.

[70] 刘剑文, 崔正军. 竞争法要论[M]. 武汉：武汉大学出版社, 1996.

[71] 刘春田. 知识产权法[M]. 北京：中国人民大学出版社, 2002.

[72] 廉茵. 商业道德[M]. 北京：清华大学出版社, 2011.

[73] 柳经纬. 民法总论[M]. 厦门：厦门大学出版社, 2005.

[74] 洛克. 政府论[M]. 叶启芳, 瞿菊农, 译. 北京：商务印书馆, 1981.

[75] 卢梭. 社会契约论[M]. 何兆武, 译. 北京：商务印书馆, 1980.

[76] 罗伯特·霍恩, 等. 德国民商法导论[M]. 楚建, 译. 北京：中国大百科全书出版社, 1996.

[77] 罗斯科·庞德. 通过法律的社会控制：法律的任务

[M]. 北京：商务印书馆，1984.

［78］路易斯·D. 布兰代斯，等. 隐私权［M］. 宦胜奎，译. 北京：北京大学出版社，2014.

［79］周枏. 罗马法原论［M］. 北京：商务印书馆，1994.

［80］赵国浩，等. 企业核心竞争力理论与实务［M］. 北京：机械工业出版社，2005.

［81］拉德布鲁赫. 法学导论［M］. 米健，朱林，译. 北京：中国大百科全书出版社，1997.

［82］里斯本小组. 竞争的极限［M］. 张世鹏，译. 北京：中央编译出版社，2000.

［83］理查德·波斯纳. 论剽窃［M］. 沈明，译. 北京：北京大学出版社，2010.

［84］理查德·A. 波斯纳. 法理学问题［M］. 苏力，译. 北京：中国政法大学出版社，2002.

［85］马俊驹，余延满. 民法原论［M］. 北京：法律出版社，2010.

［86］马俊驹，辜明安. 民法［M］. 武汉：武汉大学出版社，2012.

［87］苗力田. 古希腊哲学［M］. 北京：中国人民大学出版社，1990.

［88］孟玉. 人身权的民法保护［M］. 北京：北京出版社，1989.

［89］马尔库塞. 理性和革命：黑格尔和社会理论的兴起［M］. 程志民，等译. 重庆：重庆出版社，1993.

［90］马歇尔. 经济学原理·上卷［M］. 朱志泰，译. 北京：商务印书馆，1964.

［91］马特斯尔斯·W. 斯达切尔. 网络广告：互联网上的不

正当竞争和商标［M］．陈若鸿，译．北京：中国法制出版社，2012．

［92］芒泽．财产理论［M］．彭诚信，译．北京：北京大学出版社，2006．

［93］梅因．古代法［M］．沈景一，译．北京：商务印书馆，1959．

［94］摩狄曼·J. 阿德勒．六大观念：真、善、美、自由、平等、正义［M］．陈珠泉，杨津国，译．北京：团结出版社，1989．

［95］孟德斯鸠．论法的精神［M］．张雁深，译．北京：商务印书馆，1978．

［96］曼昆．经济学原理：微观经济学分册［M］．7 版．梁小民，梁砾，译．北京：北京大学出版社，2015．

［97］倪斐．公共利益法律化研究［M］．北京：人民出版社，2017．

［98］彭志强．商业模式的力量［M］．北京：中信出版社，2018．

［99］彭学龙．商标法的符号学分析［M］．北京：法律出版社，2007．

［100］逄锦聚，等．政治经济学［M］．北京：高等教育出版社，2003．

［101］帕斯卡尔．思想录［M］．何兆武，译．北京：商务印书馆，1985．

［102］齐振海．认识论新论［M］．上海：上海人民出版社，1988．

［103］齐佩利乌斯．法学方法论［M］．金振豹，译．北京：法律出版社，2009．

［104］邵建东．德国反不正当竞争法研究［M］．北京：中国

人民大学出版社，2001.

［105］孙笑侠．法的现象与观念［M］．济南：山东人民出版社，2001.

［106］孙凡卓．微商引流全攻略［M］．北京：电子工业出版社，2017.

［107］孙晋．中国竞争法与竞争政策发展研究报告：1980—2015［M］．北京：法律出版社，2016.

［108］史尚宽．民法总论［M］．北京：中国政法大学出版社，2000.

［109］塞缪尔·P. 亨廷顿．变化社会中的政治秩序［M］．王冠华，等译．北京：生活·读书·新知三联书店，1989.

［110］科斯，等．财产权利与制度变迁：产权学派与新制度学派译文集［M］．刘守英，等译．上海：格致出版社，上海三联书店，上海人民出版社，2014.

［111］托马斯·阿奎那．阿奎那政治著作选［M］．马清槐，译．北京：商务印书馆，1982.

［112］王宏．消费者知情权研究［M］．济南：山东人民出版社，2015.

［113］王晓晔．竞争法研究［M］．北京：中国法制出版社，1999.

［114］王晓晔．欧共体竞争法［M］．北京：中国法制出版社，2001.

［115］王晓晔．竞争法学［M］．北京：社会科学文献出版社，2006.

［116］王泽鉴．侵权行为法［M］．北京：中国政法大学出版社，2001.

［117］王泽鉴．王泽鉴法学全集［M］．北京：中国政法大学

出版社，2003．

［118］王伟光．利益论［M］．北京：中国社会科学出版社，2010．

［119］王先林．竞争法学［M］．北京：中国人民大学出版社，2015．

［120］王先林．竞争法律与政策评论［M］．北京：法律出版社，2017．

［121］王运声．中国行业行为规范初探［M］．北京：法律出版社，2014．

［122］王明湖．反不正当竞争法概论［M］．北京：中国检察出版社，1994．

［123］王雨田．控制论、信息论、系统科学与哲学［M］．北京：中国人民大学出版社，1986．

［124］王利明．侵权行为法归责原则研究［M］．北京：中国政法大学出版社，1992．

［125］王利明．民法学［M］．上海：复旦大学出版社，2015．

［126］王利明．中华人民共和国侵权责任法解读［M］．北京：中国法制出版社，2010．

［127］吴宏伟．竞争法有关问题研究［M］．北京：中国人民大学出版社，2000．

［128］乌茨·施利斯基．经济公法［M］．喻文光，译．北京：法律出版社，2003．

［129］维克托·迈尔·舍恩伯格，肯尼思·库克耶．大数据时代生活、工作与思维的大变革［M］．盛杨艳，周涛，译．杭州：浙江人民出版社，2013．

［130］维克托·迈尔·舍恩伯格．删除：大数据取舍之道［M］．袁杰，译．杭州：浙江人民出版社，2013．

305

［131］托克维尔．论美国的民主［M］．董果良，译．北京：商务印书馆，1991．

［132］徐国栋．民法基本原则解释：诚信原则的历史、实务、法理研究（再造版）［M］．北京：北京大学出版社，2013．

［133］徐火明．公平交易法论：不正当竞争防止法［M］．台北：三民书局，1997．

［134］徐梦洲，孟雁北．竞争法［M］．北京：中国人民大学出版社，2014．

［135］熊秉元．法的经济解释：法律人的倚天屠龙［M］．北京：东方出版社，2017．

［136］熊秉元．解释的工具：生活中的经济学原理［M］．北京：东方出版社，2014．

［137］西塞罗．国家篇法律篇［M］．沈叔平，苏力，译．北京：商务印书馆，2005．

［138］休谟．人性论［M］．关文运，译．北京：商务印书馆，1980．

［139］小奥利弗·温德尔·霍姆斯．普通法［M］．冉昊，等译．北京：中国政法大学出版社，2006．

［140］应飞虎．信息、权利与交易安全：消费者保护研究［M］．北京：北京大学出版社，2008．

［141］云度．注意力革命［M］．合肥：古吴轩出版社，2016．

［142］原磊．商业模式与企业创新［M］．北京：经济管理出版社，2017．

［143］杨立新．侵权责任法［M］．北京：法律出版社，2010．

［144］杨立新．人身权法论［M］．北京：中国检察出版社，1996．

［145］杨紫烜．经济法研究［M］．北京：北京大学出版

社，2005．

［146］约翰·伊特韦尔，默里·米尔盖特，彼得·纽曼．新帕尔格雷夫经济学大词典（第1卷）［M］．陈岱孙，等译．北京：经济科学出版社，1992．

［147］约翰·埃利奥特·凯尔恩斯．政治经济学的特征与逻辑方法［M］．刘璐，译．北京：商务印书馆，2016．

［148］约翰·亨利·梅丽曼．大陆法系［M］．顾培东，禄正平，译．北京：法律出版社，2004．

［149］约翰·亚格钮．竞争法［M］．徐海，等译．南京：南京大学出版社，1992．

［150］约翰·罗尔斯．正义论［M］．苏力，何怀宏，何包钢，等译．北京：中国社会科学出版社，1988．

［151］亚里士多德．政治学［M］．吴寿彭，译．北京：商务印书馆，1965．

［152］亚当·斯密．国民财富的性质和原因的研究·上卷［M］．郭大力，王亚南，译．北京：商务印书馆，1972．

［153］郑成思．知识产权法：新世纪初的若干研究重点［M］．北京：法律出版社，2004．

［154］郑玉波．民法总则［M］．台北：三民书局，1979．

［155］张文显．法学基本范畴研究［M］．北京：中国政法大学出版社，1993．

［156］张文显．当代西方法学思潮［M］．沈阳：辽宁人民出版社，1988．

［157］张文显．法理学［M］．北京：高等教育出版社，北京大学出版社，1999．

［158］张严方．消费者保护法研究［M］．北京：法律出版社，2003．

[159] 张乃根. 西方法哲学史纲 [M]. 北京：中国政法大学出版社，1997.

[160] 张雷. 媒介革命：西方注意力经济学派研究 [M]. 北京：中国社会科学出版社，2009.

[161] 卓泽渊. 法律价值 [M]. 重庆：重庆大学出版社，1994.

[162] 种明钊. 竞争法学 [M]. 北京：高等教育出版社，2002.

[163] 种明钊. 竞争法 [M]. 3版. 北京：法律出版社，2016.

[164] 朱鸣雄. 整体利益论：关于国家为主体的利益关系研究 [M]. 上海：复旦大学出版社，2006.

二、期刊类

[1] 曹泮天，尹维丁. 论竞争秩序的实现 [J]. 兰州学刊，2005（5）：150-160.

[2] 曹险峰. 在利益和法益之间：对侵权行为客体的解读 [J]. 当代法学，2005，19（4）：85-90.

[3] 崔国斌. 知识产权法官造法批判 [J]. 中国法学，2006（1）：144-164.

[4] 陈耿华. 论反不正当竞争法法益结构的转型 [J]. 商业研究，2019（10）：120-127.

[5] 金耀. 个人信息去身份的法理基础与规范重塑 [J]. 法学评论，2017（3）：120-130.

[6] 董笃笃. 互联网领域"公认的商业道德"的司法适用 [J]. 重庆邮电大学学报（社会科学版），2016（5）：36-40.

[7] 董文军. 私法公法化视野中的消费者权利保护 [J]. 当

代法学，2007（3）：77-82.

［8］冯兴元. 哈耶克与欧肯的竞争秩序观及其意蕴［J］. 浙江工商大学学报，2014（6）：60-68.

［9］冯兴元. 哈耶克的竞争观［J］. 学海，2014（5）：152-156.

［10］冯兴元. 竞争是通往繁荣的必由之路［J］. 关注，2018（5）：41-42.

［11］高富平. 竞争法视野下创新和竞争行为调整的体系化思考［J］. 法商研究，2015（3）：72-81.

［12］蒋悟真. 传承与超越：经济法主体理论研究：以若干法律经济为视角［J］. 法商研究，2007（1）：80-88.

［13］蒋舸. 关于竞争行为正当性评判泛道德化之反思［J］. 现代法学，2013（6）：85-95.

［14］蒋岩波. 互联网产业中相关市场界定的司法困境与出路：基于双边市场条件［J］. 法学家，2012（6）：58-74，175-176.

［15］季境. 互联网新型财产利益形态的法律建构——以流量确权规则的提出为视角［J］. 法律科学（西北政法大学学报），2016（3）：182-191.

［16］孔祥俊. 论反不正当竞争的基本范式［J］. 法学家，2018（1）：50-67.

［17］龙卫球. 数据新型财产权构建及其体系研究［J］. 政法论坛，2017（4）：63-77.

［18］刘德良. 个人信息法律保护的正确观念和做法［J］. 中国信息安全，2013（2）：47-49.

［19］李龙生. 互联网领域公认商业道德研究［J］. 法律适用，2015（9）：57-61.

［20］李扬，李晓宇. 大数据时代企业数据权益的性质界定及其保护模式建构［J］. 学海，2019（4）：180-186.

[21] 兰磊. 反垄断法上消费者利益的误用批判（上）[J]. 竞争政策研究, 2016 (9)：62–83.

[22] 兰磊. 反垄断法上消费者利益的误用批判（下）[J]. 竞争政策研究, 2016 (11)：73–84.

[23] 刘文琦.《反不正当竞争法》互联网条款下商业行为正当性判别 [J]. 电子知识产权, 2018 (8)：41–49.

[24] 刘继峰. 竞争法中的消费者标准 [J]. 政法论坛, 2009 (5)：127–135.

[25] 刘依佳, 焦清扬. 流量劫持的不正当竞争认定问题研究 [J]. 法律适用, 2018 (24)：12–19.

[26] 梅夏英, 朱开鑫. 论网络行为数据的法律属性与利用规则 [J]. 北方法学, 2019 (2)：32–41.

[27] 钱玉文. 消费者权的法律解释：基于判例与法理视角 [J]. 法学, 2008 (8)：101–112.

[28] 覃腾英.《反不正当竞争法》视域下屏蔽广告行为的定性：以消费者利益保护为视角 [J]. 电子知识产权, 2018 (6)：62–71.

[29] 邱本. 论市场竞争法的基础 [J]. 中国法学, 2003 (4)：96–108.

[30] 邓宏光. 商标混淆理论之新发展：初始兴趣混淆 [J]. 知识产权, 2007 (3)：72–77.

[31] 王磊. 法律未列举的竞争行为的正当性如何评定：一种利益衡量的新进路 [J]. 法学论坛, 2018 (11)：126–136.

[32] 王倩瑜. 互联网领域的竞争与公平 [J]. 时代金融, 2018 (9)：37–38.

[33] 王艳芳.《反不正当竞争法》在互联网不正当竞争案件中的适用 [J]. 法律适用, 2014 (7)：2–7.

[34] 王玉林，高富平．大数据的财产属性研究［J］．图书与情报，2016（1）：29-43．

[35] 吴青．人工智能时代下流量竞争行为的法律规制［J］．竞争政策研究，2018（6）：73-82．

[36] 徐士英．市场秩序规制与竞争法基本理论初探［J］．上海社会科学院学术季刊，1999（4）：93-102．

[37] 薛军．质疑"非公益必要不干扰原则"［J］．电子知识产权，2015（Z1）：67．

[38] 杨立新．侵权责任立法最新讨论的50个问题［J］．河北法学，2009（12）：2-12．

[39] 杨明．高科技环境下民法基本原则功能的发挥［J］．华东政法学院学报，2005（6）：35-41．

[40] 杨华权，郑创新．论网络经济下反不正当竞争法对消费者利益的独立保护［J］．知识产权，2016（3）：52-60．

[41] 于飞．侵权法中权利和利益的区分方法［J］．法学研究，2011（4）：104-119．

[42] 赵英华．审理消费者知情权纠纷的几个问题［J］．人民司法，2002（10）：55-57．

[43] 赵军．网络市场不正当竞争行为的法律规制［J］．特区经济，2010（6）：230-231．

[44] 张士元，杨微．论网络环境中对不正当竞争行为的法律规制［J］．安徽大学法律评论，2006（6）27-33．

[45] 张占江．不正当竞争行为的认定的逻辑与标准［J］．电子知识产权，2013（11）：22-27．

[46] 朱理．互联网领域竞争行为的法律边界：挑战与司法回应［J］．竞争政策研究，2015（7）：11-19．

[47] 郑宗金．大数据的法律属性研究［J］．天水行政学院学

报，2019（3）：63-66.

[48] 史宇航. 数据的法律属性与保护模式[J]. 网络信息法学研究，2019（1）：171-200.

[49] 范长军. 行业惯例与不正当竞争[J]. 法学家，2015（5）：84-94.

[50] 周樨平. 商业标识保护中"搭便车"理论的运用：从关键词不正当竞争案件切入[J]. 法学，2017（5）：126-138.

三、报纸类

[1] 姜福东. 法官在法律发现过程中的价值[N]. 法制日报，2010-03-31.

[2] 袁曙宏. "公共利益"如何界定[N]. 人民日报，2004-08-11.

[3] 莫于川. 判断"公共利益"的六条标准[N]. 法制日报，2004-05-27.

四、外文类

[1] ADRIAN BANNON, 2010. Romania retrenches on data retention [J/OL]. International Review of Law, Computers & Technology, 24（2）：145-152 [2010-01-11]. http：//dx. doi. org/10. 1080/13600861003748201.

[2] ALMARCELLA, CAROL STUCKI, 2014. Privacy and Security Part Ⅲ：Worlds in Collision [J/OL]. EDPACS：The EDP Audit, Control, and Security Newsletter, 50（4）：1-20 [2014-01-23]. http：//dx. doi. org/10. 1080/07366981. 2014. 925759.

[3] AMITAI ETZIONI, 2012. Privacy and the private realm [J/OL]. Innovation：The European Journal of Social Science Research,

25（4）：57－66［2012－02－22］. http：//dx. doi. org/10. 1080/13511610. 2012. 655574.

［4］ANDREW CHARLESWORTH, SIANI PEARSON, 2013. Developing accountability－based solutions for data privacy in the cloud［J/OL］. Innovation：The European Journal of Social Science Research, 26（1－2）：7－35［2013－02－05］. http：//dx. doi. org/10. 1080/13511610. 2013. 732753.

［5］BART VAN DER SLOOT, 2015. How to assess privacy violations in the age of Big Data? Analysing the three different tests developed by the ECtHR and adding for a fourth one［J/OL］. Information & Communications Technology Law, 24（4）：74－103［2015－02－16］. http：//dx. doi. org/10. 1080/13600834. 2015. 1009714.

［6］BENOÎT OTJACQUES, PATRIK HITZELBERGER, FERNAND FELTZ, 2007. Interoperability of E－Government Information Systems：Issues of Identification and Data Sharing［J/OL］. Journal of Management Information Systems, 23（4）：29－51［2014－12－08］. http：//dx. doi. org/10. 2753/MIS0742－1222230403.

［7］CAITLIN D. COTTRILL & SYBIL DERRIBLE, 2015. Leveraging Big Data for the Development of Transport Sustainability Indicators［J/OL］. Journal of Urban Technology, 22（4）：45－64［2015－02－03］. http：//dx. doi. org/10. 1080/10630732. 2014. 942094.

［8］C. M. D. S. PAVILLON, 2012. The Interplay between the Unfair Commercial Practices Directive and Codes of Conduct［J］. Erasmus L. Rev.（5）：267－288.

［9］CONSTANCE F. CITRO, 2014. Principles and Practices for a Federal Statistical Agency：Why, What, and to What Effect［J/OL］. Statistics and Public Policy, 1（4）：51－59［2008－01－25］.

http：//dx. doi. org/10. 1080/2330443X. 2014. 912953.

[10] DAVID J. STOREY, 2010. The competitive experience of UK SMEs：Fair and unfair [J]. Small Enterprise Research, 17 (1)：19 – 29.

[11] DAVID S. EVANS, 2013. Attention Rivalry among Online Platform [J]. Journal of Competition Law and Economics, 9 (2)：313 – 358.

[12] DALE ASKEY, KENNING ARLITSCH, 2015. Heeding the Signals：Applying Web Best Practices When Google Recommends [J/OL]. Journal of Library Administration, 55 (1)：49 – 59 [2014 – 11 – 20]. http：//dx. doi. org/10. 1080/01930826. 2014. 978685.

[13] DONALD CHISSUM, MICHAEL JACOBS, 1992. Understanding Intellectual Property Law [M]. London：Mattew Bender：129.

[14] DAVID FLINT, 2009. Law shaping technology：Technology shaping the law [J/OL]. International Review of Law, Computers & Technology, 23 (1 – 2)：5 – 11 [2010 – 11 – 18]. http：//dx. doi. org/10. 1080/13600860902742505.

[15] DAVID LYON, 2002. Everyday Surveillance：Personal data and social classifications [J/OL]. Information, Communication & Society, 5 (4)：242 – 257 [2010 – 12 – 09]. http：//dx. doi. org/10. 1080/13691180210130806.

[16] ERICH D. SCHIEFELBINE, 2003. Stopping a Trojan Horse：Challenging Pop – up Advertisements and Embedded Software Schemes on the Internet through Unfair Competition Laws [J]. Santa Clara Computer & High Tech. L. J. (19)：499 – 530.

[17] ERIC K. CLEMONS, JOSHUA S. WILSON, 2015. Family Preferences Concerning Online Privacy, Data Mining, and Targeted

Ads: Regulatory Implications [J/OL]. Journal of Management Information Systems, 32 (2): 40 – 70 [2015 – 08 – 28]. http://dx.doi.org/10.1080/07421222.2015.1063277.

[18] GARY GUMPERT, SUSAN J. DRUCKER, 2001. Public boundaries: Privacy and surveillance in a technological world [J/OL]. Communication Quarterly, 49 (4): 115 – 129 [2009 – 05 – 21]. http://dx.doi.org/10.1080/01463370109385620.

[19] GALINA I. FOMENKOVA, 2012. For your eyes only? A 'Do Not Track' proposal [J/OL]. Information & Communications Technology Law, 21 (1): 33 – 52 [2012 – 02 – 21]. http://dx.doi.org/10.1080/13600834.2012.642614.

[20] GERRIE EBERSOHN, 2004. Internet Law: Cookies, Traffic Data and Direct Advertising Practices [J]. S. Afr. Mercantile L. J. (16): 741 – 764.

[21] GEOFFREY SAMUEL, 2003. Epistemology and Method in Law [M]. Ashgate Publishing: 8.

[22] GEORGE BENJAMIN THOMPSON JD & LYNDA S. HAMILTON JD, 2003. How Safe Are the Harbors? [J/OL]. Journal of Promotion Management, 9 (1 – 2): 199 – 215 [2008 – 09 – 23]. http://dx.doi.org/10.1300/J057v09n01_15.

[23] IRVINE CLARKE III & THERESA B. FLAHERTY, 2008. RFID and Consumer Privacy [J/OL]. Journal of Internet Commerce, 7 (4): 513 – 527 [2008 – 1 – 25]. http://dx.doi.org/10.1080/15332860802507370.

[24] JACQUELYN BURKELL, ALEXANDRE FORTIER, LORRAINE (LOLA) YEUNG CHERYL WONG& JENNIFER LYNN

SIMPSON, 2014. Facebook: public space, or private space? [J/OL]. Information, Communication & Society, 17 (8): 974 - 985 [2014 -01 -02]. http: //dx. doi. org/10. 1080/1369118X. 2013. 870591.

[25] JAWAHITHA SARABDEEN, GWENDOLYN RODRIGUES, SREEJITH BALASUBRAMANIAN, 2014. E - Government users' privacy and security concerns and availability of lawsin Dubai [J/OL]. International Review of Law, Computers & Technology, 28 (3): 261 - 276 [2014 - 04 - 15]. http: //dx. doi. org/10. 1080/13600869. 2014. 904450.

[26] JUDITHL. LEWANDOWSKI, 2003. Stepping Off the Sidewalk [J/OL]. Journal of School Violence, 2 (4): 19 - 63 [2008 - 09 - 25]. http: //dx. doi. org/10. 1300/J202v02n01_03.

[27] JUDITH RAUHOFER, 2014. 'Look to yourselves, that we lose not those things which we have wrought.' What do the proposed changes to the purpose limitation principle mean for public bodies' rights to access third - party data? [J/OL]. International Review of Law, Computers & Technology, 28 (4): 144 - 158 [2013 - 07 - 01]. http: //dx. doi. org/10. 1080/13600869. 2013. 801592.

[28] KENNETHC. C. YANG, YOWEI KANG, 2015. Exploring Big Data and Privacy in Strategic Communication Campaigns: A Cross - Cultural Study of Mobile Social Media Users' Daily Experiences [J/OL]. International Journal of Strategic Communication, 9 (2): 87 - 101 [2015 - 04 - 07]. http: //dx. doi. org/10. 1080/1553118X. 2015. 1008635.

[29] KEVJNLIM, 2015. Big Data and Strategic Intelligence [J/OL]. Intelligence and National Security, 31 (4): 619 - 635 [2015 -

07 - 03]. http: //dx. doi. org/10. 1080/02684527. 2015. 1062321.

[30] LORD HAMILTON. Shetland News v. Shetland Times [EB/OL]. (1996 - 10 - 24) [2017 - 08 - 11]. http: //www. linksandlaw. com/decisions - 87. htm.

[31] LONL. FULLER, 1969. Human Purpose and Natural Law [J]. The Journal of Philosophy, 53 (22): 698.

[32] LAWRENCE LESSIG, 2006. CODE 2. 0 [M]. New York: Basic Books.

[33] MICHAELR. CURRY, 1997. The Digital Individual and the Private Realm [J/OL]. Annals of the Association of American Geographers, 87 (4): 681 - 699 [2010 - 03 - 15]. http: //dx. doi. org/10. 1111/1467 - 8306. 00073.

[34] MICHAEL KIRBY, 2000. Privacy Protection - A New Beginning? [J/OL]. Prometheus, 18 (4): 125 - 132 [2010 - 08 - 18]. http: //dx. doi. org/10. 1080/01629778700000021.

[35] NICK TAYLOR, 2014. To find the needle do you need the whole haystack? Global surveillance and principled regulation [J/OL]. The International Journal of Human Rights, 18 (1): 45 - 67 [2015 - 04 - 27]. http: //dx. doi. org/10. 1080/13642987. 2013. 871109.

[36] NICOLE LAZAR, 2013. The Big Picture: Big Data Computing [J/OL]. CHANCE, 26 (2): 28 - 32 [2013 - 04 - 23]. http: //dx. doi. org/10. 1080/09332480. 2013. 794612.

[37] NICOLE LAZAR, 2012. The Big Picture: Big Data Hits the Big Time [J/OL]. CHANCE, 25 (3): 47 - 49 [2012 - 09 - 10]. http: //dx. doi. org/10. 1080/09332480. 2012. 726564.

[38] NICOLE LAZAR, 2015. The Big Picture: Big Data and Privacy [J/OL]. CHANCE, 28 (4): 39 - 42 [2015 - 02 - 11].

http://dx.doi.org/10.1080/09332480.2015.1016848.

[39] PRIYA SINGH, 2009. Abolish Trademark Law's Initial Interest Confusion and Permit Manipulative Internet Search Practices [J]. Journal of Business, Entrepreneurship & the Law, 3 (1): 15-38.

[40] PAULIEN COPPENS, CARINA VEECKMAN & LAURENCE CLAEYS, 2015. Privacy invocation-based social networks: privacy scripts & user practices [J/OL]. Journal of Location Based Services, 9 (4): 1-15 [2015-03-13]. http://dx.doi.org/10.1080/17489725.2015.1017015.

[41] PETER SCULL, ADAM BURNETT, EMMALEE DOLFI, ALI GOLDFARB, PETER BAUM, 2015. Privacy and Ethics in Undergraduate GIS Curricula [J/OL]. Journal of Geography, 115 (1): 24-34 [2014-15]. http://dx.doi.org/10.1080/00221341.2015.1017517.

[42] RADIUM POLLACK, 2008. Stone Roots, Digital Leaves: Czech Law against Unfair Competition in the Internet Era [J]. Review of Central and East European Law (33): 155-180.

[43] RAYMOND J. ELSON, REY LECLERC, 2006. Customer Information: Protecting the Organization's Most Critical Asset from Misappropriation and Identity Theft [J/OL]. Journal of Information Privacy and Security, 2 (1): 3-15 [2014-09-10]. http://dx.doi.org/10.1080/15536548.2006.10855783.

[44] RICHARD ARNOLD, 2013. English Unfair Competition Law [J]. International Review of Intellectual Property and Competition Law, (1): 63.

[45] REINER MUENKER, 2015. Enforcement of unfair competition and consumer protection laws by a private business association in

Germany: the Wettbewerbszentrale [J]. Journal of Intellectual Property Law & Practice, 10 (1): 638-644.

[46] R. MATTHEW WARD, ROBERT SCHMIEDER, GARETH HIGHNAM, DAVID MITTELMAN, 2013. Big data challenges and opportunities in high-throughput sequencing [J/OL]. Systems Biomedicine, 1 (1): 29-34 [2013-01-01]. http://dx.doi.org/10.4161/sysb.24470.

[47] SERMONETTE VEZZOSOZAI, 2015. Internet Competition and E-Books: Challenging the Competition Policy Acquits [J]. MPI Studies on Intellectual Property and Competition Law, 23: 25-40.

[48] SIOBHAN MCCONNELL, 2013. Consumer Protection from Unfair Trading Regulations 2008 - What Constitutes a Commercial Practice [J]. Journal of Criminal Law, 77 (5): 365-370.

[49] STINE GOTVED, 2015. Privacy with public access: digital memorials on quick response codes [J/OL]. Information, Communication & Society, 18 (3): 269-280 [2008-12-15]. http://dx.doi.org/10.1080/1369118X.2014.989250.

[50] SIVA VAIDHYANATHAN & CHRIS BULOCK, 2014. Knowledge and Dignity in the Era of "Big Data" [J/OL]. The Serials Librarian, 66 (1-4): 49-64 [2008-1-25]. http://dx.doi.org/10.1080/0361526X.2014.879805.

[51] TYLER BARBACOVI, 2017. Blocking Ad Blockers [J]. J. MarshallRev. Intell. Prop. L. (16): 273-290.

[52] TERESA SCASSA, 2003. Originality and Utilitarian Works The Uneasy Relationship between Copyright Law and Unfair Competition [J]. University of Ottawa Law & Technology, 2003 (1): 51-74.

[53] TERENCE CRAIG, MARY E. RUDOLF, 2011. Privacy and

Big Data [M]. O'Reilly Media, Inc., Sebastopol, 2011: 26 -66.

[54] THOMAS B. LEARY, 2000. Unfairness and the Internet [J]. Wayne L. Rev. (46): 1711 -1733.

[55] TOM TOFIGH, SASAN ADIBI, AMIN MOBASHER & MASOOD MORTAZAVI, 2015. Novel approach to big data collaboration with network operators network function virtualization (NFV) [J/OL]. International Journal of Parallel, Emergent and Distributed Systems, 30 (4): 65 - 78 [2014 - 07 - 10]. http://dx.doi.org/10.1080/17445760.2014.930145.

[56] URS GASSET, 2006. Regulating Search Engines: Taking Stock and Looking Ahead [J]. Yale J. L., &Tech., 2006 (8): 209.

[57] VICTORIA VESNA, 1998. Marketplace: From agents and avatars to the information personae [J/OL]. Digital Creativity, 9 (4): 129 -136 [2008 -05 -30]. http://dx.doi.org/10.1080/14626269808567118.

[58] XIAOLU GAO, YASUSHI ASAMI, YANMIN ZHOU, TORU ISHIKAWA, 2013. Preferences for Floor Plans of Medium - Sized Apartments: A Survey Analysis in Beijing, China [J/OL]. Housing Studies, 28 (4): 429 - 452 [2008 - 01 - 25]. http://dx.doi.org/10.1080/02673037.2013.759542.

[59] ZHUMING BI, DAVID COCHRAN, 2014. Big Data Analytics with Applications [J/OL]. Journal of Management Analytics, 1 (4): 249 - 265 [2014 - 12 - 20]. http://dx.doi.org/10.1080/23270012.2014.992985.

[60] RUPPRECHT PODSZUN, 2015. The More Technological Approach: Competition Law in the Digital Economy [J]. MPI Studies on Intellectual Property and Competition Law, 23: 101 -108.